DR. OETKER

SCHNELL UND EINFACH

VON A–Z

Dr. Oetker Verlag

Abkürzungen

EL	=	Esslöffel
TL	=	Teelöffel
Msp.	=	Messerspitze
Pck.	=	Packung/Päckchen
g	=	Gramm
kg	=	Kilogramm
ml	=	Milliliter
l	=	Liter
evtl.	=	eventuell
geh.	=	gehäuft
gem.	=	gemahlen
ger.	=	gerieben
gestr.	=	gestrichen
TK	=	Tiefkühlprodukt
°C	=	Grad Celsius
Ø	=	Durchmesser

Kalorien-/Nährwertangaben

E	=	Eiweiß
F	=	Fett
Kh	=	Kohlenhydrate
kJ	=	Kilojoule
kcal	=	Kilokalorien
BE	=	Broteinheiten

Bei den Nährwertangaben in den Rezepten handelt es sich um auf- bzw. abgerundete ganze Werte. Lediglich die Broteinheiten werden in 0,5er-Schritten mit einer Stelle nach dem Komma angegeben.
Aufgrund von ständigen Rohstoffschwankungen und/oder Rezepturveränderungen bei Lebensmitteln, kann es zu Abweichungen kommen. Die Nährwertangaben dienen daher lediglich Ihrer Orientierung und eignen sich nur bedingt für die Berechnung eines Diätplans, zum Beispiel bei Krankheiten wie Diabetes.
Bei krankheitsbedingten Diäten richten Sie sich daher bitte nach den Anweisungen Ihres Diätassistenten bzw. Ihres Arztes.

Allgemeine Hinweise zu den Rezepten

Lesen Sie vor der Zubereitung – besser noch vor dem Einkauf – das Rezept einmal vollständig durch. Oft werden Arbeitsabläufe oder -zusammenhänge dann klarer.

Zutatenliste

Die Zutaten sind in der Reihenfolge ihrer Bearbeitung angegeben.

Arbeitsschritte

Die Arbeitsschritte sind einzeln hervorgehoben, in der Reihenfolge, in der sie von uns ausprobiert wurden.

Zubereitungszeiten

Die Zubereitungszeit ist ein Anhaltswert für die Zeit der Vorbereitung und der eigentlichen Zubereitung. Sie variiert je nach Geschick und Übung. Die Garzeiten, die nicht in diese Zeit fallen, sowie Backzeiten, sind gesondert ausgewiesen.

Backofeneinstellung und Garzeiten

Die in den Rezepten angegebenen Gartemperaturen und -zeiten sind Richtwerte, die je nach individueller Hitzeleistung Ihres Backofens über- oder unterschritten werden können.
Die Temperaturangaben in diesem Buch beziehen sich auf Elektrobacköfen. Die Temperatureinstellungsmöglichkeiten für Gasbacköfen variieren je nach Hersteller, sodass wir keine allgemeingültigen Angaben machen können. Bitte beachten Sie deshalb bei der Einstellung des Backofens die Gebrauchsanleitung des Herstellers. Ein Backofenthermometer eignet sich dabei gut, um die Backofentemperatur im Blick zu haben.

Vorwort

Wenn der Hunger nicht mehr warten kann, kommen diese Rezepte genau richtig. Ob spontane Gäste, hungrige Schulkinder oder der eigene knurrende Magen. Hier warten über 260 der schnellsten Gerichte auf Sie, die ganz einfach im Handumdrehen zubereitet werden können.

Nach maximal 30 Minuten kommen Asia-Bratnudeln und Rührei mit Gambas von der Pfanne auf den Teller, liegen Fischburger und Gyros-Pilz-Taschen gut in der Hand, lassen sich Maultaschen- und Brokkolicremesuppe wahlweise löffeln oder auch schlürfen und der Zitronen-Pasta- oder der Rote-Linsen-Salat sind ideal zum Aufgabeln.

Auf den Brotauflauf mit geräucherter Forelle oder die Fladenbrot-Hähnchen-Pizza warten wir – weil sie aus dem Ofen kommen und einfach sooo lecker schmecken – auch gerne mal 10 Minuten länger. Dafür ist dann aber auf jeden Fall noch Platz für einen Nachschlag.

Was in der Express-Küche natürlich nicht fehlen darf: die schnellen Süßen zum Sattessen! Von Apfelpfannkuchen, über Kaiserschmarren und Milchreis bis zu French Toast reicht die Auswahl an verführerischem Seelenfutter.

Alle Rezepte wurden wie immer von uns getestet und so beschrieben, dass sie von Ihnen garantiert schnell und einfach zuzubereiten sind.

Allgäuer Käsesuppe I

Mit Alkohol

4 Portionen

Pro Portion: E: 33 g, F: 32 g, Kh: 23 g, kJ: 2304, kcal: 550, BE: 2,0

200 g	*Weißbrot*
750 ml	*Fleischbrühe*
400 g	*ger. Allgäuer Emmentaler*
250 ml	*trockener Weißwein*
	Salz
1 Prise	*Zucker*
1 EL	*klein geschnittene Petersilie*

Zubereitungszeit: 30 Minuten

1. Die Rinde von dem Brot entfernen. Das Brot in Würfel schneiden.

2. Die Brühe in einem Topf zum Kochen bringen. Die Brotwürfel hinzugeben, kurz aufkochen lassen und anschließend pürieren.

3. Den Käse langsam nach und nach unter Rühren in die Brühe geben. Anschließend noch den Weißwein hinzugießen.

4. Die Suppe unter Rühren nochmals erhitzen, mit Salz und Zucker abschmecken.

5. Die Allgäuer Käsesuppe mit Petersilie bestreuen und servieren.

Amerikanischer Bohneneintopf mit Erdnüssen I

Macht richtig satt

4 Portionen

Pro Portion: E: 33 g, F: 57 g, Kh: 49 g, kJ: 3536, kcal: 844, BE: 3,5

150 g	*Erdnusskerne*
1 Bund	*Frühlingszwiebeln*
4 Stangen	*Staudensellerie (etwa 250 g)*
2	*mittelgroße Kartoffeln (etwa 200 g)*
150 ml	*Erdnussöl*
500 g	*passierte Tomaten (aus dem Tetrapak)*
125 ml	*Gemüsebrühe*
1 TL	*gerebelter Thymian*
1 TL	*gerebeltes Bohnenkraut*
etwa 800 g	*abgetropfte Kidneybohnen (aus Dosen)*
	Salz
	gem. Pfeffer
5 Tropfen	*Tabascosauce*
½ Bund	*glatte Petersilie*

Zubereitungszeit: 30 Minuten

1. Die Hälfte der Erdnusskerne fein mahlen. Restliche Erdnusskerne in einer Pfanne ohne Fett unter Rühren leicht rösten.

2. Frühlingszwiebeln und Staudensellerie putzen, abspülen, abtropfen lassen und in etwa 1 cm breite Scheiben schneiden. Kartoffeln schälen, abspülen, abtropfen lassen und in Würfel schneiden.

3. Erdnussöl in einem Topf erhitzen. Frühlingszwiebel-, Selleriescheiben und Kartoffelwürfel darin unter Rühren andünsten. Mit den gemahlenen Erdnusskernen bestreuen.

4. Tomaten und Brühe hinzugießen, unter Rühren zum Kochen bringen. Mit Thymian und Bohnenkraut würzen. Den Eintopf etwa 15 Minuten bei schwacher Hitze kochen lassen.

5. Kidneybohnen hinzugeben und etwa 5 Minuten miterhitzen. Den Eintopf mit Salz, Pfeffer und Tabascosauce abschmecken.

6. In der Zwischenzeit die Petersilie abspülen und trocken tupfen. Die Blättchen von den Stängeln zupfen. Blättchen klein schneiden.

7. Petersilie und die gerösteten Erdnusskerne auf den Eintopf streuen.

Tipp: Sehr lecker schmeckt der amerikanische Bohneneintopf auch, wenn Sie statt der Kartoffeln die gleiche Menge rotfleischige Süßkartoffeln verwenden. Diese wie im Rezept angegeben schälen, abspülen, abtropfen lassen und in Würfel schneiden. Die Garzeit ändert sich dadurch nicht.

Apfelmusgrieß mit Mandelsplittern I

Süße Mahlzeit

4 Portionen

Pro Portion: E: 8 g, F: 4 g, Kh: 36 g, kJ: 903, kcal: 216, BE: 3,0

500 ml	*fettarme Milch (1,5 % Fett)*
	Salz
1 EL	*Zucker*
1 Prise	*gem. Zimt*
50 g	*Hartweizengrieß*
1	*frisches Eiweiß (Größe M)*
360 g	*Apfelmus (aus dem Glas)*
1 geh. EL	*gestiftelte Mandeln*

Zubereitungszeit: 20 Minuten

1. Milch mit 1 Prise Salz, Zucker und Zimt in einem Topf unter Rühren zum Kochen bringen. Den Topf von der Kochstelle nehmen. Den Grieß einstreuen und unter Rühren bei schwacher Hitze nach Packungsanleitung in 5–10 Minuten ausquellen lassen.

2. In der Zwischenzeit Eiweiß steif schlagen. Den Topf von der Kochstelle nehmen. Den Eischnee unter den heißen Grießbrei heben. Dann Apfelmus unterziehen.

3. Apfelmusgrieß in 4 tiefen Desserttellern anrichten. Mandeln in einer Pfanne ohne Fett leicht bräunen, auf den Apfelmusgrieß streuen und sofort servieren.

Hinweis: Für den Apfelmusgrieß nur ganz frische Eier verwenden, die nicht älter als 5 Tage sind (Legedatum beachten!). Apfelmusgrieß im Kühlschrank aufbewahren und innerhalb von 24 Stunden verzehren.

Apfelpfannkuchen I

Für Kinder

2 Stück

Pro Stück: E: 12 g, F: 13 g, Kh: 97 g, kJ: 2355, kcal: 562, BE: 8,0

Für den Teig:

150 g Weizenmehl (Type 1050)
1/2 TL Natron
150 ml naturtrüber Apfelsaft
150 ml Sojamilch
1 EL Zitronensaft
1 EL Zucker
1 Msp. gem. Zimt
1 Prise Salz
2 mittelgroße, säuerliche Äpfel, z. B. Boskop

Außerdem:

2 EL Speiseöl, z. B. Sonnenblumenöl
je 1 EL selbst gemachte Marmelade oder Konfitüre, Ahornsirup oder Dicksaft von Agave oder Birne

Zubereitungszeit: 10 Minuten, ohne Ruhezeit

1. Für den Teig das Mehl mit Natron in einer Rührschüssel mischen. Den Apfelsaft und Sojamilch mit Zitronensaft, Zucker, Zimt und Salz hinzufügen. Die Zutaten mit einem Mixer (Rührstäbe) zunächst kurz auf niedrigster, danach auf höchster Stufe in etwa 2 Minuten zu einem glatten Teig verarbeiten. Den Teig etwa 10 Minuten ruhen lassen.

2. Äpfel schälen, vierteln, entkernen und in dünne Spalten schneiden Von dem Öl 1 Esslöffel in einer großen Pfanne erhitzen. Den Teig gut durchrühren. Die Hälfte des Teiges mit einer Suppenkelle in die Pfanne geben und etwas verstreichen. Sofort mit der Hälfte der Apfelspalten belegen. Den Pfannkuchen bei mittlerer bis starker Hitze von beiden Seiten goldbraun backen. Aus dem restlichen Teig und den restlichen Apfelspalten in dem restlichen Öl einen weiteren Pfannkuchen backen.

3. Pfannkuchen mit Marmelade, Konfitüre, Ahornsirup oder Dicksaft bestreichen und servieren.

Tipps: Bereits gebackene Pfannkuchen können im vorgeheizten Backofen bei etwa 80 °C (Ober-/Unterhitze) bzw. etwa 60 °C (Heißluft) warm gehalten werden. Die einzelnen Pfannkuchen mit wenig Zucker bestreuen, damit sie nicht zusammenkleben.

Variante: Für **pikante Pfannkuchen** 150 g Weizenmehl (Type 1050) mit 3/4 Teelöffel Natron mischen. 300 ml Sojamilch, 1 1/2 Esslöffel Zitronensaft und 1 Prise Salz zufügen. Alle Zutaten verrühren, quellen lassen und in 2 Portionen wie beschrieben backen.

Apfelreis (Frühstücksreis mit Apfelstücken) | Preiswert – für Kinder

4 Portionen

Pro Portion: E: 3 g, F: 1 g, Kh: 57 g, kJ: 1035, kcal: 247, BE: 4,5

750 ml	*Wasser*
50 g	*Zucker*
1 Pck.	*Dr. Oetker Finesse Geriebene Zitronenschale*
	Salz
450 g	*Äpfel*
1 TL	*Zitronensaft*
150 g	*Milchreis (Rundkornreis)*
etwas	*Zucker*
einige	*Minzeblättchen*
1 EL	*Zimt-Zucker*

Zubereitungszeit: 30 Minuten

1. Wasser mit der Hälfte des Zuckers und die Zitronenschale in einem Topf zum Kochen bringen, 1 Prise Salz hinzufügen.

2. Äpfel abspülen, abtropfen lassen, vierteln und entkernen. Ein Apfelviertel mit Zitronensaft beträufeln und zum Garnieren beiseitelegen.

3. Restliche Apfelviertel schälen, in Stücke schneiden und mit dem Reis ins kochende Wasser geben, unter Rühren wieder zum Kochen bringen und zugedeckt nach Packungsanleitung bei schwacher Hitze quellen lassen. Apfelreis mit Zucker abschmecken.

4. Beiseitegelegtes Apfelviertel mit der Schale in dünne Scheiben schneiden.

5. Den Apfelreis mit Apfelscheiben und abgespülten, trocken getupften Minzeblättchen anrichten und mit Zimt-Zucker bestreuen.

Arabische Zwiebel-Pasta I

Für Gäste

4 Portionen

Pro Portion: E: 38 g, F: 8 g, Kh: 82 g, kJ: 2334, kcal: 557, BE: 6,5

400 g Hähnchen- oder Putenbrustfilet
2 Knoblauchzehen
1 Gemüsezwiebel (etwa 200 g)
1/2 Bio-Zitrone (unbehandelt, ungewachst)
2 EL Olivenöl
1 Lorbeerblatt
gem. Zimt, Cumin (Kreuzkümmel), Piment und Kardamom
Salz
gem. Pfeffer
grob geschroteter Chili
400 g Pizzatomaten in Tomatensaft (aus der Dose)
150 ml Gemüsebrühe
3–4 l Wasser
3–4 gestr. TL Salz
300–400 g Penne (Röhrennudeln)
125 g getrocknete Pflaumen oder Aprikosen ohne Stein (Soft-Früchte)
2 EL klein geschnittene Petersilie

Zubereitungszeit: 30 Minuten

1. Filet kurz unter fließendem kalten Wasser abspülen, trocken tupfen und in breite Streifen schneiden. Knoblauch abziehen und in Scheiben schneiden.

2. Die Zwiebel abziehen, halbieren und in Scheiben schneiden. Zitrone heiß abspülen, abtrocknen, halbieren und in Scheiben schneiden.

3. Olivenöl in einer großen Pfanne erhitzen. Zwiebel- und Knoblauchscheiben darin unter Rühren braun anbraten. Fleischstreifen hinzugeben und kurz von allen Seiten kräftig anbraten. Lorbeerblatt, 1 Prise Zimt, je etwa 1/4 Teelöffel Cumin, Piment und Kardamom, Salz, Pfeffer und Chili zu den Fleischstreifen geben, unter Rühren etwa 1 Minute anrösten.

4. Pizzatomaten mit dem Saft, Zitronenscheiben und Brühe hinzufügen, zum Kochen bringen und etwa 5 Minuten ohne Deckel kochen lassen.

5. In der Zwischenzeit Wasser in einem großen Topf zugedeckt zum Kochen bringen. Salz und Nudeln hinzugeben. Nudeln im geöffneten Topf bei mittlerer Hitze nach Packungsanleitung bissfest garen, dabei gelegentlich umrühren.

6. Pflaumen oder Aprikosen in breite Streifen schneiden, unter die Zwiebel-Tomaten-Sauce rühren, wieder zum Kochen bringen und weitere etwa 4 Minuten ohne Deckel garen.

7. Die gegarten Nudeln in ein Sieb geben, mit heißem Wasser abspülen und abtropfen lassen. Nudeln zur Sauce geben und untermischen. Zwiebel-Pasta würzig abschmecken und mit der Petersilie bestreut servieren.

Asia-Bratnudeln | Beliebt

2 Portionen

Pro Portion: E: 59 g, F: 20 g, Kh: 48 g, kJ: 2563, kcal: 610, BE: 4,0

100 g Instant-Mie-Nudeln
2 Möhren
1 Stange Porree (Lauch)
2 EL Speiseöl
2 gegrillte Putensteaks (evtl. vom Vortag übrig)
1 EL Currypulver
2–3 EL Sojasauce
½ Tasse Wasser (etwa 75 ml)
1 TL Gemüsepaste oder Gemüsebrühenpulver
evtl. Salz
2 EL Erdnusskerne

Zubereitungszeit: 25 Minuten

1. Die Instant-Mie-Nudeln nach Packungsanleitung zubereiten. Dann die Mie-Nudeln mit einer Gabel etwas auflockern.

2. In der Zwischenzeit die Möhren putzen, schälen, abspülen, abtropfen lassen und in dünne Scheiben schneiden. Den Porree putzen, die Stange längs halbieren, gründlich waschen, abtropfen lassen und in Streifen schneiden.

3. Speiseöl in einer Pfanne erhitzen. Möhrenscheiben und Porreestreifen darin unter gelegentlichem Rühren leicht anbraten. Die gegrillten Putensteaks in Streifen schneiden und zum Gemüse in die Pfanne geben. Curry auf die Gemüse-Fleisch-Mischung stäuben und unterrühren.

4. Sojasauce und Wasser hinzugießen. Gemüsepaste oder Gemüsebrühenpulver unterrühren. Die Zutaten kurz aufkochen, bis die Flüssigkeit fast vollständig verdampft ist. Dann die Mie-Nudeln vorsichtig unterrühren und unter gelegentlichem Rühren erhitzen.

5. Die Bratnudeln evtl. mit etwas Salz nachwürzen. Die Asia-Bratnudeln mit den Erdnusskernen bestreut servieren.

Tipps: Anstelle der Putensteaks können auch gegrillte Schweine- oder Hähnchensteaks verwendet werden. Haben Sie Sambal Oelek zur Hand, dann geben Sie den Bratnudeln noch etwas Schärfe mit. Da viele Sojasaucen recht salzig schmecken, ist es meist nicht notwendig, zusätzlich mit Salz zu würzen. Deshalb: Erst probieren und dann gegebenenfalls nachwürzen.

Asia-Schupfnudel-Pfanne I

Ein Hauch Asien

2–3 Portionen

Pro Portion: E: 28 g, F: 24 g, Kh: 77 g, kJ: 2678, kcal: 635, BE: 6,5

400 g TK-Asia-Gemüse
200 g Garnelen (entdarmt, ohne Kopf und Schale)
1–2 EL Olivenöl
Salz
gem. Pfeffer
gem. Ingwer
20 g Butter oder Ghee (geklärte Butter)
500 g frische Schupfnudeln (aus dem Kühlregal)
2 EL Sojasauce
Fünf-Gewürze-Pulver

Zubereitungszeit: 30 Minuten

1. Gemüse in einer Pfanne nach Packungsanleitung zubereiten. Das Gemüse aus der Pfanne nehmen und zugedeckt warm stellen.

2. In der Zwischenzeit Garnelen kurz unter fließendem kalten Wasser abspülen und trocken tupfen.

3. Olivenöl in einer großen Pfanne erhitzen. Die Garnelen hinzugeben und unter Wenden darin anbraten, mit Salz, Pfeffer und Ingwer würzen. Butter oder Ghee mit in die Pfanne geben und zerlassen. Die Schupfnudeln hinzufügen und unter gelegentlichem Rühren darin nach Packungsanleitung braten.

4. Das warm gestellte Asia-Gemüse mit in die Pfanne geben. Sojasauce unterrühren. Die Schupfnudelpfanne mit Fünf-Gewürze-Pulver und Ingwer abschmecken und servieren.

Tipp: Das Gericht vor dem Servieren zusätzlich mit süßsaurer Asiasauce abschmecken.

Asiatische Nudelpfanne I

Raffiniert

2 Portionen

Pro Portion: E: 41 g, F: 7 g, Kh: 37 g, kJ: 1611, kcal: 385, BE: 3,0

300 g Putenschnitzel
½ TL Sambal Oelek
3 EL Austernsauce
1 TL Fünf-Gewürze-Pulver
250 g Porree (Lauch)
200 g Blumenkohl
2 Möhren (je 100 g)
½ rote Pfefferschote
1 EL Speiseöl, z. B. Olivenöl
Salz
50 g Glasnudeln

Zubereitungszeit: 30 Minuten, ohne Marinierzeit

1. Die Putenschnitzel kurz unter fließendem kalten Wasser abspülen, trocken tupfen und in feine Streifen schneiden. Sambal Oelek mit Austernsauce und Fünf-Gewürze-Pulver in einer Schale verrühren. Die Fleischstreifen untermischen und kurz durchziehen lassen.

2. Porree putzen, die Stangen längs halbieren, gründlich waschen, abtropfen lassen und in feine Streifen schneiden. Von dem Blumenkohl die Blätter entfernen und den Strunk abschneiden. Den Blumenkohl in sehr kleine Röschen teilen, abspülen und abtropfen lassen. Möhren putzen, schälen, abspülen, abtropfen lassen und in feine Streifen schneiden. Pfefferschote entstielen, längs aufschneiden, entkernen und ebenfalls in feine Streifen schneiden.

3. Speiseöl in einem Wok oder in einer großen Pfanne erhitzen. Zuerst die Fleischstreifen mit der Gewürzmarinade darin etwa 2 Minuten unter Rühren braten und herausnehmen.

4. Vorbereitetes Gemüse in den Wok oder die Pfanne geben, unter Rühren etwa 1 Minute braten. Anschließend die Fleischstreifen wieder hinzugeben. Die Zutaten etwa 2 Minuten unter Rühren garen und alles mit Salz würzen.

5. Glasnudeln nach Packungsanleitung zubereiten und in einer flachen Schale verteilen. Die Fleisch-Gemüse-Mischung darauf anrichten und servieren.

Tipps: Sie können die Austernsauce auch durch Sojasauce ersetzen.

Asiatisches Lammfleisch I

Raffiniert – für Gäste

4 Portionen

Pro Portion: E: 27 g, F: 44 g, Kh: 11 g, kJ: 2271, kcal: 542, BE: 0,5

500 g Lammrücken ohne Knochen
1 Sternanis
2 TL Szechuan-Pfeffer
3 getrocknete Chilischoten oder ½ TL Chiliflocken
1 TL Koriandersamen
2 TL Speisestärke
2 Knoblauchzehen
100 g Zwiebeln
400 g Zucchini
300 g Auberginen
250 g Tomaten
10 EL Sojaöl
Salz

Zubereitungszeit: 30 Minuten

1. Lammfleisch mit Küchenpapier trocken tupfen und in dünne Scheiben schneiden. Sternanis, Szechuan-Pfeffer, Chili und Koriander in einem Mörser zerstoßen. Die Gewürzmischung mit den Fleischscheiben vermengen. Die Speisestärke ebenfalls untermischen.

2. Knoblauch und Zwiebeln abziehen und in kleine Würfel schneiden. Zucchini und Auberginen abspülen, abtrocknen und die Enden bzw. Stängelansätze entfernen. Zucchini und Auberginen in etwa 1 cm große Würfel schneiden. Die Tomaten abspülen, trocken tupfen, halbieren und die Stängelansätze herausschneiden. Tomaten in kleine Stücke schneiden.

3. Etwa 4 Esslöffel des Sojaöls in einem Wok erhitzen. Die Fleischscheiben darin unter Wenden anbraten und herausnehmen. Nach und nach restliches Sojaöl hinzufügen. Zuerst die Zwiebel- und Knoblauchwürfel, dann die Auberginenwürfel darin unter Rühren kurz anbraten. Zucchiniwürfel hinzufügen und mitbraten lassen.

4. Die Tomatenwürfel kurz unterrühren. Die Fleischscheiben ebenfalls untermischen und nochmals kurz erhitzen. Mit Salz abschmecken und sofort servieren.

Tipps: Einige gebratene Lammscheiben zum Servieren auf Spieße stecken (Foto). Szechuan-Pfeffer, auch Chinesischer oder Japanischer Pfeffer genannt, ist in der asiatischen Küche weit verbreitet. Er hat einen scharfen Geschmack mit leichtem Zitronenaroma.

Bandnudeln mit Spargel-Tomaten-Sauce | Vegetarisch

4 Portionen

Pro Portion: E: 28 g, F: 23 g, Kh: 97 g, kJ: 2977, kcal: 711, BE: 7,5

5 l Wasser
700 g grüner Spargel
60 g abgetropfte, getrocknete Tomaten in Öl
1 Zwiebel
2 Knoblauchzehen
5 gestr. TL Salz
500 g Tagliatelle (Bandnudeln)
30 g Haselnusskerne
½ Bund Basilikum
Salz, gem. Pfeffer
80 g frisch gehobelter Parmesan

Zubereitungszeit: 30 Minuten

1. Wasser in einem großen Topf zugedeckt zum Kochen bringen. In der Zwischenzeit von dem Spargel nur das untere Drittel schälen und die Enden abschneiden. Den Spargel in etwa 3 cm lange Stücke schneiden. Von den Tomaten das Öl auffangen und 4 Esslöffel abmessen. Tomaten in Streifen schneiden. Zwiebel und Knoblauch abziehen und klein würfeln.

2. Salz und Nudeln ins kochende Wasser geben. Die Nudeln im geöffneten Topf bei mittlerer Hitze nach Packungsanleitung bissfest garen, dabei gelegentlich umrühren.

3. In der Zwischenzeit Haselnusskerne grob hacken, in einer großen Pfanne ohne Fett unter Rühren anrösten, herausnehmen, auf einen Teller legen und beiseitestellen. Das aufgefangene Tomatenöl in der Pfanne erhitzen. Knoblauch- und Zwiebelwürfel darin glasig dünsten. Spargelstücke hinzugeben und unter mehrmaligem Wenden zugedeckt etwa 4 Minuten braten. Tomatenstreifen hinzugeben und weitere etwa 2 Minuten bei schwacher Hitze mitdünsten lassen.

4. Basilikum abspülen und trocken tupfen. Die Blättchen von den Stängeln zupfen. Blättchen klein schneiden und unter die Spargel-Tomaten-Sauce heben. Mit Salz und Pfeffer würzen.

5. Die gegarten Nudeln in ein Sieb geben, mit heißem Wasser abspülen und abtropfen lassen. Die Nudeln auf vorgewärmten Tellern anrichten. Spargel-Tomaten-Sauce darauf verteilen, mit den beiseitegestellten Haselnusskernen und dem gehobelten Parmesan bestreuen, sofort servieren.

Tipp: Zusätzlich noch 2–3 hart gekochte, gewürfelte Eier unter die Spargel-Tomaten-Sauce heben.

Bandnudelpfanne mit Muscheln I

Mit Alkohol

4 Portionen

Pro Portion: E: 22 g, F: 14 g, Kh: 63 g, kJ: 2109, kcal: 504, BE: 5,0

500 g gelbe Linguine (Bandnudeln, aus dem Kühlregal)
60 g milde, grüne und rote Chilischoten
2 Schalotten (etwa 120 g)
1 Bund Kerbel
300 g TK-Venusmuscheln (Vongole, ohne Schale, aufgetaut)
2 EL Olivenöl
200 ml trockener Weißwein
Salz, gem. Pfeffer

Zubereitungszeit: 25 Minuten

1. Bandnudeln in ein Sieb geben, mit kaltem Wasser abspülen (um ein Zusammenkleben zu verhindern) und abtropfen lassen.

2. Die Chilischoten längs halbieren, entstielen, entkernen und evtl. die weißen Scheidewände entfernen. Schotenhälften kurz abspülen, abtropfen lassen und in kleine Stücke schneiden.

3. Die Schalotten abziehen, in Scheiben schneiden.

4. Kerbel abspülen und trocken tupfen. Die Blättchen von den Stängeln zupfen.

5. Die Venusmuscheln kurz unter fließendem kalten Wasser abspülen und abtropfen lassen.

6. Olivenöl in einer großen Pfanne erhitzen. Schalottenscheiben und Chilistücke darin andünsten.

7. Venusmuscheln und Bandnudeln hinzugeben und 3–4 Minuten unter mehrmaligem Wenden dünsten.

8. Weißwein und Kerbelblättchen zu der Muschel-Bandnudel-Mischung geben und unterrühren.

9. Die Bandnudelpfanne mit Salz und Pfeffer würzen und servieren.

Bauernfrühstück | Klassisch – deftig

4 Portionen

Pro Portion: E: 18 g, F: 19 g, Kh: 30 g, kJ: 1539, kcal: 367, BE: 2,5

750 g gekochte Pellkartoffeln
4 Zwiebeln
75 g durchwachsener Speck
30 g Margarine oder 3 EL Speiseöl
3 Eier (Größe M)
3 EL Milch (3,5 % Fett)
Salz, gem. Pfeffer
Paprikapulver edelsüß
ger. Muskatnuss
125 g Schinkenspeck
2 EL Schnittlauchröllchen

Zubereitungszeit: 25 Minuten

1. Die Kartoffeln pellen und in Scheiben schneiden. Zwiebeln abziehen und in kleine Würfel schneiden. Speck ebenfalls klein würfeln.

2. Die Speckwürfel in einer erhitzten Pfanne auslassen. Margarine oder Speiseöl hinzugeben und zerlassen bzw. erhitzen. Zwiebelwürfel darin glasig dünsten. Die Kartoffelscheiben hinzufügen und unter Wenden braun anbraten.

3. Eier mit der Milch verschlagen, mit Salz, Pfeffer, Paprika und Muskat würzen. Den Schinkenspeck in Würfel schneiden, mit den Schnittlauchröllchen unter die Eiermilch rühren und auf den gebräunten Kartoffeln verteilen. Die Eiermasse bei schwacher bis mittlerer Hitze stocken lassen, evtl. einmal wenden.

4. Zum Schluss das Bauernfrühstück anrichten und sofort servieren.

Bierkotelett I

Für den Männerabend – mit Alkohol

4 Portionen

Pro Portion: E: 45 g, F: 16 g, Kh: 5 g, kJ: 1504, kcal: 359, BE: 0,5

4 Schweine-Lummerkoteletts (Kotelett mit Filetstück, je etwa 250 g)
1 TL Paprikapulver edelsüß
1 TL Paprikapulver rosenscharf
8–10 kleine Schalotten
1–2 Stängel frischer Rosmarin
2 EL Rapsöl
1 TL Butter
Salz, gem. Pfeffer
250 ml Bier (hell oder dunkel)
1 Prise Zucker

Zubereitungszeit: 25 Minuten

1. Die Koteletts kurz unter fließendem kalten Wasser abspülen und trocken tupfen. Mit Paprika edelsüß und rosenscharf würzen. Schalotten abziehen. Rosmarin abspülen und trocken tupfen.

2. Rapsöl in einer großen Pfanne erhitzen. Die Koteletts darin von beiden Seiten etwa 2 Minuten braten. Rosmarin mit der Butter zu den Koteletts in die Pfanne geben und kurz mitbraten lassen. Die Koteletts mit Salz und Pfeffer würzen.

3. Vorbereitete Schalotten hinzufügen. Die angebratenen Koteletts mit Bier beträufeln und 1–2 Minuten schmoren lassen. Dann wieder mit Bier beträufeln und weitere 1–2 Minuten schmoren lassen. Die Koteletts auf diese Weise insgesamt 7–8 Minuten schmoren, bis das Bier aufgebraucht ist und das Fleisch schön glasiert ist.

4. Die Koteletts während der Schmorzeit ab und zu wenden.

5. Die Koteletts mit den Schalotten aus der Pfanne nehmen. Die Sauce mit Salz, Pfeffer und Zucker abschmecken. Die Bierkoteletts mit den Schalotten und der Sauce servieren.

Beilage: Petersilienkartoffeln und grüner Salat.

Tipp: Sie können die Koteletts auch mit Brot und Senf servieren.

Blätterteigschnecken I

Pikant

2 Portionen (16 Stück)

Pro Stück: E: 3 g, F: 5 g, Kh: 5 g, kJ: 331, kcal: 79, BE: 0,5

225 g	*TK-Blätterteig (3 rechteckige Platten)*
150 g	*Schafs- oder Hirtenkäse*
1 ½ EL	*TK-Petersilie*
	gem. Pfeffer
evtl.	*Salz*

Zubereitungszeit: 25 Minuten, ohne Auftauzeit
Backzeit: etwa 13 Minuten

1. Blätterteigplatten nebeneinander nach Packungsanleitung auftauen lassen.

2. Den Backofen vorheizen.
Ober-/Unterhitze: etwa 220 °C
Heißluft: etwa 200 °C

3. Den Käse in eine Schüssel geben und mit einer Gabel zerdrücken, Petersilie unterrühren. Die Käsemasse mit Pfeffer und nach Belieben mit etwas Salz abschmecken.

4. Die Blätterteigplatten übereinanderlegen und auf einer bemehlten Arbeitsfläche zu einem Rechteck (etwa 20 x 40 cm) ausrollen. Das Teigrechteck mit der Käsemasse bestreichen, dabei rundherum einen etwa 1 cm breiten Rand frei lassen. Das Teigrechteck vorsichtig von der breiten Seite aus eng aufrollen. Die Rolle in etwa 16 Scheiben (je etwa 2 cm breit) schneiden.

5. Die Blätterteigscheiben mit etwas Abstand nebeneinander auf ein Backblech (mit Backpapier belegt) legen und leicht flach drücken. Das Backblech in den vorgeheizten Backofen schieben. Die Blätterteigschnecken **etwa 13 Minuten backen.**

6. Die Blätterteigschnecken mit dem Backpapier von dem Backblech auf einen Kuchenrost ziehen. Blätterteigschnecken warm oder kalt genießen.

Beilage: Ein frischer grüner Salat.

Tipps: Wer mag, bestreicht die Blätterteigschnecken zusätzlich mit etwas Milch oder einem verschlagenen Ei bzw. Eigelb. Schafs- oder Hirtenkäse ist bereits relativ salzig und muss evtl. nur leicht nachgesalzen werden.

Variante: Für **Blätterteigschnecken mit Tomaten und Kapern** die gleiche Menge Blätterteig wie beschrieben zu einem Rechteck ausrollen. 2 Esslöffel abgetropfte Kapern fein hacken und mit 80 g Tomatenmark verrühren. Die Masse mit Salz, Pfeffer und Cayennepfeffer abschmecken und wie beschrieben auf das Teigrechteck streichen, aufrollen, in 16 Scheiben schneiden und backen.

Blitz-Ravioli, gratinierte I

Für Gäste

4 Portionen

Pro Portion: E: 36 g, F: 41 g, Kh: 70 g, kJ: 3312, kcal: 794, BE: 5,5

800 g	*frische Ravioli (aus dem Kühlregal, mit Fleisch- oder Käsefüllung)*
125 g	*TK-Erbsen*
200 g	*Cocktailtomaten*
100 g	*Kochschinken ohne Fettrand, in Scheiben*
	Salz, gem. Pfeffer
250 ml	*Sauce Hollandaise (Fertigprodukt aus dem Tetrapak)*
150 ml	*Milch (3,5 % Fett)*
	ger. Muskatnuss
3–4 Stängel	*Basilikum*
100 g	*ger. Emmentaler*

Zubereitungszeit: 20 Minuten
Überbackzeit: etwa 20 Minuten

1. Den Backofen vorheizen.
Ober-/Unterhitze: etwa 220 °C
Heißluft: etwa 200 °C

2. In der Zwischenzeit die Ravioli und die gefrorenen Erbsen in einer großen, flachen Auflaufform mischen.

3. Tomaten abspülen, trocken tupfen, halbieren und die Stängelansätze herausschneiden. Die Schinkenscheiben in Streifen schneiden. Tomatenhälften und Schinkenstreifen auf der Ravioli-Erbsen-Mischung verteilen. Mit etwas Salz und Pfeffer würzen.

4. Die Sauce Hollandaise mit Milch glatt rühren. Mit etwas Salz, Pfeffer und Muskat würzen. Die Sauce auf die Zutaten träufeln.

5. Basilikum abspülen und trocken tupfen. Die Blättchen von den Stängeln zupfen. Blättchen klein schneiden. Die Zutaten mit Basilikum bestreuen und den Käse darauf verteilen.

6. Die Form auf dem Rost in den vorgeheizten Backofen schieben. Die Ravioli **etwa 20 Minuten goldbraun überbacken.**

Blumenkohlcurry | Vegetarisch

4 Portionen

Pro Portion: E: 14 g, F: 11 g, Kh: 16 g, kJ: 910, kcal: 218, BE: 1,5

800 g	*Blumenkohl*
200 g	*Porree (Lauch)*
2	*Möhren (etwa 200 g)*
1	*Schalotte*
1	*rote Pfefferschote*
20 g	*Joghurt-Butter*
½ gestr. TL	*Salz*
2 gestr. TL	*Currypulver*
1 TL	*gem. Piment*
50–60 ml	*Zitronensaft*
6 EL	*Wasser*
1–2 TL	*flüssiger Honig*
300 g	*Joghurt (1,5 % Fett)*
4	*hart gekochte Eier*

Zubereitungszeit: 30 Minuten

1. Von dem Blumenkohl die Blätter entfernen und den Strunk abschneiden. Blumenkohl in kleine Röschen teilen, abspülen und abtropfen lassen. Porree putzen, die Stange längs halbieren, gründlich waschen, abtropfen lassen und in Streifen schneiden. Möhren putzen, schälen, abspülen und abtropfen lassen. Möhren in dünne Scheiben schneiden. Schalotte abziehen und klein würfeln. Pfefferschote halbieren, entstielen, entkernen und die Scheidewände entfernen. Schote abspülen, abtropfen lassen, in feine Streifen schneiden.

2. Die Joghurt-Butter in einem großen Topf zerlassen. Schalottenwürfel und Pfefferschotenstreifen darin andünsten. Möhrenscheiben und Porreestreifen hinzufügen und unter Rühren kurz mitdünsten lassen. Die Blumenkohlröschen hinzugeben, mit Salz, Curry und Piment würzen. Zitronensaft, Wasser und Honig hinzufügen. Blumenkohlcurry etwa 10 Minuten unter gelegentlichem Rühren dünsten. Joghurt unter das Blumenkohlcurry rühren (das Curry nicht mehr kochen lassen), evtl. nochmals mit Gewürzen abschmecken.

3. Eier pellen und vierteln. Blumenkohlcurry mit den Eierspalten garnieren.

Blumenkohlsuppe „Grün-Weiß" |

(ohne Foto)

Für Kinder

4 Portionen

Pro Portion: E: 9 g, F: 5 g, Kh: 31 g, kJ: 887, kcal: 212, BE: 2,5

1	*Blumenkohl (etwa 750 g)*
1	*Zwiebel*
20 g	*Butter*
1 ½ l	*Gemüsebrühe*
	Salz, gem. Pfeffer
	ger. Muskatnuss
1 ½ l	*Wasser*
1 ½ gestr. TL	*Salz*
150 g	*grüne Nudeln, z. B. Farfalle*
1 Bund	*klein geschnittene Petersilie*

Zubereitungszeit: 30 Minuten

1. Vom Blumenkohl die Blätter entfernen und den Strunk abschneiden. Den Blumenkohl in Röschen teilen, abspülen und abtropfen lassen. Die Zwiebel abziehen und fein würfeln.

2. Butter in einem Topf zerlassen. Die Zwiebelwürfel darin andünsten. Blumenkohlröschen und Gemüsebrühe hinzugeben und mit Salz, Pfeffer und Muskat würzen. Die Suppe zum Kochen bringen und etwa 15 Minuten bei schwacher Hitze garen.

3. In der Zwischenzeit Wasser in einem großen Topf zugedeckt zum Kochen bringen. Dann Salz und Nudeln hinzugeben. Die Nudeln im geöffneten Topf bei mittlerer Hitze nach Packungsanleitung bissfest kochen, dabei gelegentlich umrühren. Anschließend die Nudeln in ein Sieb geben, mit heißen Wasser abspülen und abtropfen lassen.

4. Die Hälfte der Blumenkohlsuppe abnehmen und in einem hohen Rührbecher mit dem Pürierstab pürieren. Anschließend die pürierte Suppe wieder zurück zu der restlichen Suppe in den Topf geben. Die Nudeln hinzufügen.

5. Die Suppe mit Petersilie bestreut servieren.

Bohneneintopf | Preiswert

4 Portionen

Pro Portion: E: 12 g, F: 4 g, Kh: 36 g, kJ: 979, kcal: 233, BE: 2,5

3 Möhren (etwa 300 g)
4 vorwiegend festkochende Kartoffeln (etwa 400 g)
1 Zwiebel
1 EL Speiseöl, z. B. Sonnenblumenöl
1 l Gemüsebrühe
2 Lorbeerblätter
2 Tomaten (etwa 200 g)
1 Zucchini (etwa 375 g)
530 g abgetropfte, weiße Bohnen mit Suppengrün (aus der Dose)
Salz
gem. Pfeffer
ger. Muskatnuss

Zubereitungszeit: 30 Minuten

1. Möhren putzen, schälen, abspülen und abtropfen lassen. Möhren längs halbieren und quer in Scheiben schneiden. Kartoffeln schälen, abspülen, abtropfen lassen und in kleine Würfel schneiden. Zwiebel abziehen und klein würfeln.

2. Speiseöl in einem Topf erhitzen. Möhrenscheiben, Kartoffel- und Zwiebelwürfel darin bei mittlerer Hitze in 3–4 Minuten unter gelegentlichem Rühren andünsten. Gemüsebrühe hinzugießen. Lorbeerblätter hinzufügen und alles zum Kochen bringen. Den Eintopf zugedeckt etwa 5 Minuten bei mittlerer Hitze kochen lassen.

3. In der Zwischenzeit Tomaten abspülen, abtrocknen, halbieren und die Stängelansätze herausschneiden. Tomatenhälften in Spalten schneiden und jeweils quer halbieren. Die Zucchini abspülen, abtrocknen und die Enden abschneiden. Zucchini in Würfel schneiden.

4. Tomatenstücke, Zucchiniwürfel und Bohnen zum Eintopf in den Topf geben und wieder zum Kochen bringen. Den Eintopf weitere etwa 5 Minuten kochen lassen, bis das Gemüse und die Kartoffeln gar sind.

5. Den Bohneneintopf mit Salz, Pfeffer und Muskat abschmecken. Vor dem Servieren die Lorbeerblätter entfernen.

Abwandlung: Für einen **Bohneneintopf mit Birne** (4 Portionen, pro Portion: E: 12 g, F: 4 g, Kh: 43 g, kJ: 1069, kcal: 255, BE: 3,0) die Zucchini weglassen und stattdessen 2 Birnen (je etwa 150 g) verwenden. Möhren, Kartoffeln und Zwiebeln in Speiseöl andünsten, dann etwa 5 Minuten in Brühe garen. In der Zwischenzeit die Birnen abspülen, abtrocknen, vierteln, entkernen, in Stücke schneiden, mit den Tomaten und Bohnen in die Brühe geben und alles etwa 5 Minuten weitergaren. Den Eintopf mit Paprikapulver edelsüß, Bohnenkraut, Salz und Pfeffer würzen.

Variante: Für einen **Bohneneintopf mit Oliven** 600 g Kartoffeln schälen, abspülen, abtropfen lassen, klein würfeln. 1 Bund Majoran abspülen, trocken tupfen, Blättchen abzupfen, klein schneiden. 1 kleines Bund Frühlingszwiebeln putzen, abspülen, abtropfen lassen, klein schneiden. 2 Esslöffel Olivenöl erhitzen. Kartoffeln und Frühlingszwiebeln darin andünsten. 500 ml Gemüsebrühe hinzugießen, zum Kochen bringen, mit Salz und Pfeffer würzen. Den Eintopf zugedeckt etwa 30 Minuten bei schwacher Hitze kochen lassen, Majoran unterrühren. 800 g weiße Bohnen (aus der Dose) mit dem Sud und 120 g schwarze Oliven ohne Stein hinzugeben, wieder zum Kochen bringen und weitere 15 Minuten garen. Den Eintopf nochmals mit den Gewürzen abschmecken.

Bohnenpäckchen | Vegetarisch

8 Stück

Pro Stück: E: 10 g, F: 19 g, Kh: 26 g,
kJ: 1337, kcal: 321, BE: 2,0

2 Pck.	*Blätterteig (je 270 g, etwa 24 x 42 cm, aus dem Kühlregal)*
1–2 Stängel	*Rosmarin*
720 g	*abgetropfte, grüne Bohnen (aus dem Glas)*
4 dünne Scheiben	*Raclette-Käse*
	grobes Meersalz
1	*verschlagenes Eigelb*

Zubereitungszeit: 20 Minuten
Backzeit: etwa 20 Minuten

1. Den Backofen vorheizen.
Ober-/Unterhitze: etwa 200 °C
Heißluft: etwa 180 °C

2. In der Zwischenzeit beide Blätterteigrollen entrollen. Jede Blätterteigplatte in 4 gleich große Rechtecke (je etwa 12 x 21 cm) schneiden. Rosmarin abspülen und trocken tupfen. Die Nadeln von den Stängeln zupfen. Nadeln fein hacken.

3. Bohnen auf eine Länge schneiden und in 8 gleich große Portionen teilen. Die Käsescheiben halbieren. Jeweils 1 Portion Bohnen auf ½ Scheibe Käse legen, mit Rosmarin und Meersalz bestreuen. Die Bohnen mit dem Käse zu Röllchen aufrollen.

4. Käseröllchen quer auf jeweils 1 Blätterteigrechteck legen und von der kürzeren Seite aus so einwickeln, dass die Blätterteigpäckchen gut verschlossen sind. Die Teigränder gut andrücken.

5. Die Bohnenpäckchen auf ein Backblech (mit Backpapier belegt) legen und mit dem verschlagenen Eigelb bestreichen.

6. Das Backblech in den vorgeheizten Backofen schieben. Die Bohnenpäckchen **etwa 20 Minuten backen.**

7. Die Bohnenpäckchen vom Backblech nehmen, auf Tellern anrichten und am besten warm servieren.

Bohnensalat mit Steakstreifen I

Aromatisch – köstlich

2 Portionen

Pro Portion: E: 55 g, F: 30 g, Kh: 37 g, kJ: 2690, kcal: 640, BE: 2,5

200 g	*grüne Buschbohnen oder Keniabohnen*
	Salz
2	*kleine, rote Zwiebeln*
evtl. 200 g	*Rucola (Rauke)*
250 g	*Roma-Cherrytomaten oder Cocktailtomaten*
250 g	*abgetropftc, wcißo Riesenbohnen (aus der Dose)*
2 Scheiben	*Roastbeef (je etwa 200 g, Zimmertemperatur)*
6–8 EL	*Olivenöl*
	gem. Pfeffer
6 EL	*Sherryessig oder weißer Balsamico-Essig*
2 TL	*rosa Pfefferbeeren, getrocknet*
etwas	*flüssiger Honig*
1 Handvoll	*frische Kräuter oder 25 g TK-Salatkräuter*

Zubereitungszeit: 30 Minuten

1. Von den Bohnen die Enden abschneiden, evtl. abfädeln. Bohnen abspülen und abtropfen lassen. Die Bohnen in einem Topf in kochendem Salzwasser etwa 8 Minuten bissfest garen.

2. In der Zwischenzeit Zwiebeln abziehen, in Spalten schneiden und auseinanderblättern. Evtl. Rucola abspülen und trocken tupfen. Harte Stiele abschneiden. Tomaten abspülen, trocken tupfen, halbieren und die Stängelansätze herausschneiden. Riesenbohnen evtl. mit kaltem Wasser abspülen und abtropfen lassen.

3. Die Roastbeefscheiben mit Küchenpapier trocken tupfen, jeweils den Fettrand mit der Sehne entfernen und das Fleisch in Streifen schneiden.

4. Die gegarten Bohnen in ein Sieb geben, mit eiskaltem Wasser abschrecken und abtropfen lassen.

5. Die Hälfte des Olivenöls in einer Pfanne erhitzen. Die Fleischstreifen darin von allen Seiten kurz und scharf anbraten, herausnehmen. Mit Salz und Pfeffer würzen.

6. Grüne Bohnen oder Keniabohnen, Riesenbohnen, Tomatenhälften, Zwiebelspalten und Fleischstreifen in eine Schüssel geben. Essig mit Pfefferbeeren, Honig und abgespülten, trocken getupften und klein geschnittenen Kräutern verrühren. Restliches Olivenöl unterschlagen. Die Marinade mit den Salatzutaten vermischen.

7. Nach Belieben Rucola auf einer runden Platte anrichten. Den Bohnensalat mit den Steakstreifen darauf anrichten.

Tipp: Man kann die Salatzutaten auch mit den angebratenen Steakstreifen in der Pfanne vermischen.

Bologneser Reistopf | (ohne Foto)

Klassisch

4 Portionen

Pro Portion: E: 41 g, F: 31 g, Kh: 61 g, kJ: 2880, kcal: 687, BE: 5,0

2 EL Speiseöl
600 g Gehacktes (halb Rind-, halb Schweinefleisch)
2 mittelgroße Zwiebeln
Salz
gem. Pfeffer
Paprikapulver edelsüß
gerebeltes Basilikum
gerebelter Oregano
250 g Langkornreis
70 g Tomatenmark
750 ml Fleischbrühe
300 g TK-Erbsen
Basilikumblättchen

Zubereitungszeit: 30 Minuten

1. Speiseöl in einem Topf erhitzen. Gehacktes hinzufügen und unter ständigem Rühren anbraten. Dabei die Fleischklümpchen mit einer Gabel zerdrücken.

2. Zwiebeln abziehen, in kleine Würfel schneiden, zu dem Gehackten geben und mit andünsten. Mit Salz, Pfeffer, Paprika, Basilikum und Oregano würzen.

3. Reis hinzufügen und kurz mit andünsten. Tomatenmark unterrühren und Brühe hinzugießen. Die Zutaten zum Kochen bringen und zugedeckt etwa 10 Minuten bei schwacher Hitze garen.

4. Gefrorene Erbsen in den Reistopf geben und etwa 10 Minuten mitgaren lassen. Den Reistopf mit Salz, Pfeffer und Paprika abschmecken.

5. Den Reistopf mit abgespülten, trocken getupften Basilikumblättchen garniert servieren.

Tipp: Sie können den Reistopf auch mit Thüringer Mett (gewürztes Schweinemett) oder nur mit Rindergehacktem zubereiten.

Bologneser Sauce |

Klassisch

4 Portionen

Pro Portion: E: 24 g, F: 26 g, Kh: 14 g, kJ: 1613, kcal: 385, BE: 0,5

je 2 Zwiebeln und Knoblauchzehen
100 g Möhren
1 Stange Staudensellerie
1 kleine Zucchini (etwa 200 g)
3–4 EL Olivenöl
400 g Gehacktes (halb Rind-, halb Schweinefleisch)
400 g geschälte Tomaten (aus der Dose)
400 g pürierte Tomaten (aus der Dose)
1 gestr. TL Salz
1 EL Zucker
gem. Pfeffer
je 1 TL gerebelter Thymian und Oregano
1 Bund Basilikum

Zubereitungszeit: 30 Minuten

1. Zwiebeln und Knoblauch abziehen, klein würfeln. Möhren putzen, schälen, abspülen und abtropfen lassen. Sellerie putzen, abspülen und abtropfen lassen. Zucchini abspülen, abtrocknen, die Enden abschneiden. Möhren, Sellerie und Zucchini klein würfeln.

2. Olivenöl in einem Topf erhitzen. Zwiebel- und Knoblauchwürfel darin andünsten. Gehacktes hinzufügen und unter ständigem Rühren gut anbraten, dabei die Fleischklümpchen mit einer Gabel zerdrücken. Möhren-, Sellerie- und Zucchiniwürfel hinzufügen, unterrühren und kurz mitdünsten lassen. Die geschälten Tomaten in der Dose etwas zerkleinern und mit Sud hinzugeben. Pürierte Tomaten ebenfalls unterrühren.

3. Die Zutaten unter Rühren zum Kochen bringen und 5–10 Minuten bei schwacher Hitze ohne Deckel kochen lassen, dabei gelegentlich umrühren. Anschließend mit Salz, Zucker, Pfeffer, Thymian und Oregano würzen. Basilikum abspülen und trocken tupfen. Die Blättchen von den Stängeln zupfen. Blättchen klein schneiden und unter die Sauce rühren.

Bratwurstsalat I

Originell – preiswert

4 Portionen

Pro Portion: E: 29 g, F: 53 g, Kh: 11 g, kJ: 2660, kcal: 635, BE: 0,5

4–6 gegrillte Bratwürste (evtl. vom Vortag übrig)
1/2 Salatgurke
8 Radieschen
2 rote Zwiebeln
6 Scheiben Bergkäse (etwa 125 g)
225 g abgetropfter Gemüsemais (aus der Dose)

Für das Dressing:

2 EL Weißweinessig
1 EL mittelscharfer Senf
5 EL Speiseöl
Salz, gem. Pfeffer
Zucker

1 Bund Schnittlauch

Zubereitungszeit: 20 Minuten

1. Die gegrillten Bratwürste in dünne Scheiben schneiden. Die Salatgurke abspülen, abtrocknen und das Ende abschneiden. Die Gurke längs vierteln und mit der Schale grob würfeln. Die Radieschen putzen, abspülen, abtropfen lassen und in dünne Scheiben schneiden oder hobeln.

2. Die Zwiebeln abziehen und in dünne Scheiben schneiden. Den Bergkäse in feine Streifen schneiden. Den Mais mit den Bratwurst-, Radieschen- und Zwiebelscheiben, den Gurkenwürfeln und Käsestreifen in einer Schüssel vermischen.

3. Für das Dressing Essig mit Senf verrühren und das Speiseöl unterschlagen. Das Dressing mit Salz, Pfeffer und Zucker abschmecken und mit den Salatzutaten vermischen.

4. Schnittlauch abspülen, trocken tupfen und in Röllchen schneiden. Den Salat mit Schnittlauchröllchen bestreut servieren.

Tipp: Bei Ihnen sind noch nie Bratwürste beim Grillen übrig geblieben? Dann einfach in Scheiben geschnittene Geflügel-Fleischwurst oder Fleischkäse (250–400 g) mit den Salatzutaten mischen.

Brokkoli-Reis-Pfanne I

Vollwertig – raffiniert

4 Portionen

Pro Portion: E: 30 g, F: 11 g, Kh: 42 g, kJ: 1636, kcal: 391, BE: 3,0

175 g Naturreis
400 ml Salzwasser
300 g Putenbrustfilet
1 Zwiebel
1 Knoblauchzehe
750 g Brokkoli
4 Fleischtomaten (etwa 800 g)
2 TL gehobelte Mandeln
1 EL Speiseöl, z. B. Olivenöl
Salz
gem. Pfeffer
200 ml Gemüsebrühe
100 g saure Sahne
1/2 Bund frisches Basilikum

Zubereitungszeit: 30 Minuten

1. Reis in kochendem Salzwasser nach Packungsanleitung garen.

2. In der Zwischenzeit Putenbrustfilet kurz unter fließendem kalten Wasser abspülen, trocken tupfen und in Streifen schneiden. Zwiebel und Knoblauch abziehen, klein würfeln.

3. Brokkoli putzen und in Röschen teilen. Dicke Stiele schälen und klein schneiden. Brokkoli abspülen und abtropfen lassen. Tomaten abspülen, abtropfen lassen, vierteln, evtl. entkernen und die Stängelansätze herausschneiden. Tomatenviertel in Würfel schneiden.

4. Mandeln in einem Wok ohne Fett leicht bräunen, herausnehmen und auf einem Teller erkalten lassen.

5. Speiseöl in dem Wok erhitzen. Die Putenfiletstreifen darin etwa 4 Minuten von allen Seiten anbraten, mit Salz und Pfeffer würzen und aus dem Wok nehmen.

6. Zwiebel- und Knoblauchwürfel in dem verbliebenen Bratfett glasig dünsten. Brokkoliröschen und -stiele hinzugeben, kurz mit anbraten, Brühe hinzugießen. Brokkoli zugedeckt etwa 4 Minuten bei schwacher Hitze dünsten.

7. Den gegarten Reis evtl. abgießen. Reis, Putenfiletstreifen und Tomatenwürfel vorsichtig unter den Brokkoli heben. Die Zutaten etwa 3 Minuten bei schwacher Hitze erhitzen. Mit Salz und Pfeffer abschmecken.

8. In der Zwischenzeit saure Sahne glatt rühren, mit etwas Salz und Pfeffer würzen. Basilikum abspülen und trocken tupfen. Die Blättchen von den Stängeln zupfen. Blättchen in feine Streifen schneiden und unter die saure Sahne rühren. Die Brokkoli-Reis-Pfanne mit der Basilikumsahne und den Mandeln anrichten, sofort servieren.

Brotauflauf mit geräucherter Forelle | Gut vorzubereiten

4 Portionen

Pro Portion: E: 24 g, F: 32 g, Kh: 32 g, kJ: 2143, kcal: 514, BE: 2,0

4–6 Scheiben	*Mischbrot (etwa 200 g)*
3–4 EL	*Butter (zimmerwarm)*
500 g	*Zwiebeln*
2 EL	*Speiseöl, z. B. Sonnenblumenöl*
	Salz, gem. Pfeffer
150 g	*Crème fraîche*
2	*Eier (Größe M)*
1–2 TL	*Meerrettich (aus dem Glas)*
1–2 EL	*TK-Dill*
250 g	*Tomaten*
etwa 250 g	*geräucherte Forellenfilets ohne Haut*

Zubereitungszeit: 20 Minuten
Garzeit: etwa 20 Minuten

1. Den Backofen vorheizen.
Ober-/Unterhitze: etwa 220 °C
Heißluft: etwa 200 °C

2. Brotscheiben jeweils auf einer Seite dünn mit Butter bestreichen und evtl. nacheinander in einer Pfanne unter Wenden knusprig anrösten.

3. In der Zwischenzeit Zwiebeln abziehen, zuerst in Scheiben schneiden, dann in Ringe teilen. Speiseöl in der Pfanne erhitzen, restliche Butter hinzugeben und zerlassen. Zwiebelringe darin unter Wenden braun braten, mit Salz und Pfeffer würzen.

4. Crème fraîche mit Eiern verrühren, Meerrettich und Dill unterrühren, mit Salz und Pfeffer würzen. Tomaten abspülen, trocken tupfen, halbieren und die Stängelansätze herausschneiden. Tomaten in Scheiben schneiden.

5. Evtl. noch vorhandene Gräten aus den Forellenfilets entfernen.

6. Die Hälfte der Zwiebelringe mit Tomatenscheiben, Forellenfilets und Brotscheiben dachziegelartig in eine große, flache Auflaufform (gefettet) schichten. Mit den restlichen Zwiebelringen belegen. Die Crème-fraîche-Eier-Masse darauf verteilen.

7. Die Form auf dem Rost in den vorgeheizten Backofen schieben. Den Auflauf **etwa 20 Minuten garen.**

Tipp: Der Brotauflauf schmeckt auch mit geräuchertem Lachs oder Stremel-Lachs. Dann die Crème fraîche durch saure Sahne ersetzen.

Bruschetta mit Sardellen I

Knusprig – mediterran

4 Portionen

Pro Portion: E: 6 g, F: 18 g, Kh: 24 g, kJ: 1170, kcal: 279, BE: 1,5

1–2 Knoblauchzehen
6 Tomaten (etwa 700 g)
8 abgetropfte Sardellenfilets in Öl
Salz
gem. Pfeffer
4 EL Olivenöl
8 Scheiben Baguette
etwas Olivenöl zum Bestreichen
einige Basilikumblättchen

Zubereitungszeit: 10 Minuten, ohne Röstzeit

1. Den Knoblauch abziehen. Tomaten abspülen, abtrocknen, halbieren und die Stängelansätze herausschneiden. Tomatenhälften entkernen und in etwa 1 cm große Würfel schneiden. Tomatenwürfel in eine Schüssel geben.

2. Die Sardellen in grobe Stücke hacken und mit den Tomatenwürfeln vermischen. Die Tomaten-Sardellen-Mischung mit Salz und Pfeffer würzen. Das Olivenöl unterrühren.

3. Die Baguettescheiben auf den heißen Grillrost (gefettet) legen und von jeder Seite kurz goldgelb rösten. Die Baguettescheiben während des Röstens mit etwas Olivenöl bestreichen.

4. Die Baguettescheiben vom Grillrost nehmen und sofort mit dem abgezogenen Knoblauch einreiben. So lange reiben, bis nichts mehr von dem Knoblauch übrig ist.

5. Die Tomaten-Sardellen-Mischung evtl. etwas abtropfen lassen, auf den Baguettescheiben verteilen, mit abgespülten, trocken getupften Basilikumblättchen garnieren und sofort servieren.

Tipps: Zusätzlich etwa 1/2 Teelöffel Tomatenmark zu der Tomaten-Sardellen-Mischung geben. Statt Baguette können Sie auch Ciabatta oder frisches Landbrot verwenden. Wenn Sie keine Sardellen mögen, können Sie diese ersatzlos weglassen.

Bruschetta „Toskana" (ohne Foto)

Sommergenuss

8 Stück

Pro Stück: E: 8 g, F: 7 g, Kh: 17 g, kJ: 707, kcal: 169, BE: 1,5

200 g Austernpilze
1 Knoblauchzehe
etwa 2 EL Olivenöl
Salz
gem. Pfeffer
150 g abgetropfte, getrocknete Tomaten in Öl
8 große Scheiben Baguette oder Ciabatta
125 g abgetropfter Mozzarella
4 geh. TL Olivenpaste
25 g geraspelter Parmesan

Zubereitungszeit: etwa 20 Minuten

1. Den Backofen vorheizen.
Ober-/Unterhitze: etwa 200 °C
Heißluft: etwa 180 °C

2. Austernpilze putzen, mit Küchenpapier abreiben und etwas kleiner schneiden. Die Knoblauchzehe abziehen, fein würfeln.

3. Zwei Esslöffel Olivenöl in einer Pfanne erhitzen und die Pilze darin braten. Mit Salz und Pfeffer würzen, Knoblauch zugeben. Tomaten in Streifen schneiden.

4. Die Brotscheiben auf ein Backblech legen. Das Backblech in den vorgeheizten Backofen schieben. Die Brotscheiben **etwa 5 Minuten rösten.**

5. Inzwischen Mozzarella in Scheiben schneiden.

6. Die gerösteten Brotscheiben mit Olivenpaste bestreichen, mit den Pilzen, Tomaten und Mozzarellascheiben belegen, mit Parmesan bestreuen.

7. Die Brotscheiben wieder in den heißen Backofen schieben und **etwa 6 Minuten überbacken.**

Bulgur mit Würstelragout

Macht richtig satt

4 Portionen

Pro Portion: E: 25 g, F: 45 g, Kh: 52 g, kJ: 2991, kcal: 715, BE: 4,5

200 g Instant-Bulgur
2 Zwiebeln
4 grobe, vorgebrühte Bratwürste (etwa 400 g)
3 EL Speiseöl
2 gestr. EL Weizenmehl
500 ml Wasser
1 EL gerebelter Oregano
1–2 TL Gemüsebrühenpulver
2 EL mittelscharfer Senf
125 g Schlagsahne
225 g abgetropfter Gemüsemais (aus der Dose)
215 g abgetropfte Möhren (aus der Dose)
Salz
gem. Pfeffer

Zubereitungszeit: 30 Minuten

1. Den Bulgur nach Packungsanleitung zubereiten.

2. In der Zwischenzeit die Zwiebeln abziehen und in Streifen schneiden. Die Bratwürste in etwa 2 cm dicke Scheiben schneiden.

3. Das Speiseöl in einem großen Topf erhitzen. Die Zwiebelstreifen und Bratwurstscheiben darin unter Rühren anbraten, anschließend mit Mehl bestäuben. Das Wasser unterrühren und unter Rühren kurz aufkochen lassen.

4. Oregano und Gemüsebrühenpulver unterrühren. Senf und Sahne ebenfalls unterrühren. Das Würstelragout etwa 5 Minuten kochen lassen.

5. Mais und Möhren zum Würstelragout geben. Bulgur unterrühren und miterhitzen. Das Würstelragout mit Salz und Pfeffer abschmecken und servieren.

Tipps: Statt der Bratwürste schmecken auch Wiener Würstchen oder Fleischwurst lecker in diesem Ragout. Sie mögen lieber Reis als Bulgur, dann zum Schluss einfach 2 Beutel vorgegarten Express-Reis (je 250 g, aus dem Nährmittelregal) unter das Ragout rühren und miterhitzen.

Bulgur-Gemüse-Pfanne I

Vegetarisch

2 Portionen

Pro Portion: E: 10 g, F: 12 g, Kh: 54 g, kJ: 1543, kcal: 368, BE: 3,5

1	*kleine Zwiebel*
1	*Knoblauchzehe*
2 EL	*Olivenöl*
125 g	*Bulgur*
etwa	
1 gestr. TL	*gem. Kreuzkümmel (Cumin)*
300 ml	*Gemüsebrühe*
3	*Tomaten (etwa 300 g)*
½ Bund	*Frühlingszwiebeln*
1	*mittelgroße Zucchini*
	Salz
	gem. Pfeffer
1–2 TL	*Zitronensaft*

Zubereitungszeit: 30 Minuten

1. Zwiebel und Knoblauch abziehen. Beides in kleine Würfel schneiden.

2. Von dem Olivenöl 1 Esslöffel in einem kleinen Topf erhitzen. Die Zwiebel- und Knoblauchwürfel darin unter gelegentlichem Rühren bei mittlerer Hitze in etwa 2 Minuten andünsten.

3. Bulgur und Kreuzkümmel hinzugeben und unter gelegentlichem Rühren 1–2 Minuten kurz mitdünsten lassen.

4. Die Gemüsebrühe hinzugießen. Zutaten zum Kochen bringen und zugedeckt bei schwacher Hitze etwa 10 Minuten ausquellen lassen, dabei 2–3-mal umrühren.

5. In der Zwischenzeit die Tomaten kreuzweise einschneiden und mit kochendem Wasser übergießen. Nach 1–2 Minuten herausnehmen und mit kaltem Wasser abschrecken. Tomaten häuten, vierteln, entkernen und die Stängelansätze herausschneiden. Die Tomatenviertel halbieren.

6. Frühlingszwiebeln putzen, abspülen, abtropfen lassen und in feine Scheiben schneiden. Zucchini abspülen, abtrocknen und die Enden abschneiden. Zucchini längs halbieren, dann quer in Scheiben schneiden.

7. Das restliche Olivenöl in einer großen Pfanne erhitzen. Zucchini- und Frühlingszwiebelscheiben darin bei mittlerer bis starker Hitze in 3–4 Minuten leicht braun anbraten, dabei gelegentlich umrühren.

8. Den gegarten Bulgur mit den Tomaten unter das Gemüse mischen und etwa 2 Minuten bei schwacher Hitze darin erwärmen, dabei gelegentlich umrühren. Die Bulgur-Gemüse-Pfanne mit Salz, Pfeffer, etwas Kreuzkümmel und Zitronensaft abschmecken.

Beilage: Petersilien-Joghurt-Dip. Dafür 75 g Joghurt (1,5 % Fett) mit 1 gehäuften Teelöffel klein geschnittener Petersilie (frisch oder TK) und etwas gemahlenem Kreuzkümmel (Cumin) verrühren. Den Dip mit etwas Salz und Pfeffer abschmecken.

Bunter Wurstsalat mit Mozzarella-Kugeln I

Grüße aus Italien

4 Portionen

Pro Portion: E: 22 g, F: 35 g, Kh: 11 g, kJ: 1881, kcal: 450, BE: 1,0

300 g feine Geflügel-Fleischwurst (im Stück oder als Aufschnittscheiben)
200 g abgetropfte Mini-Mozzarella-Kugeln
1 Bund Radieschen
265 g abgetropfter Gemüsemais (aus der Dose)

Für die Vinaigrette:

½ Bund glatte Petersilie
1 Bund Schnittlauch
75 ml Gemüsebrühe
4 EL Weißweinessig
1 EL körniger Senf
Salz
evtl. 1 Prise gem. Piment
4 EL Olivenöl

Zubereitungszeit: 20 Minuten, ohne Durchziehzeit

1. Von der Fleischwurst die Pelle abziehen. Fleischwurst in feine Scheiben oder Streifen schneiden. Mozzarella-Kugeln evtl. halbieren.

2. Radieschen putzen, abspülen, abtropfen lassen und in Scheiben schneiden. Radieschenscheiben und Mais in eine Salatschüssel geben. Die Wurstscheiben oder -streifen und Mozzarella untermischen.

3. Für die Vinaigrette Petersilie und Schnittlauch abspülen und trocken tupfen. Von der Petersilie die Blättchen von den Stängeln zupfen. Blättchen klein schneiden. Schnittlauch in feine Röllchen schneiden.

4. Die Gemüsebrühe mit Essig, Senf, 1 Prise Salz und evtl. Piment in einer Schüssel verrühren, Olivenöl unterschlagen. Petersilie und Schnittlauchröllchen unterrühren. Die Vinaigrette zu den Salatzutaten in die Schüssel geben und untermischen. Den Wurstsalat etwa 10 Minuten durchziehen lassen.

Tipp: Für alle, die nicht so gerne Fleisch essen, können Sie die Wurst durch etwa 250 g frische Champignons ersetzen. Dafür Champignons putzen, evtl. kurz abspülen, trocken tupfen und nach Belieben halbieren. 2 Esslöffel Speiseöl in einer Pfanne erhitzen. Die Champignons darin anbraten, herausnehmen, mit etwas Zitronensaft beträufeln und zum Salat geben.

Cannelloni mit Lachs oder mit Spinat-Ricotta

Mediterran

2 Portionen

Pro Portion:
Mit Lachs: E: 71 g, F: 49 g, Kh: 28 g, kJ: 3524, kcal: 842, BE: 2,0
Mit Spinat und Ricotta: E: 43 g, F: 47 g, Kh: 29 g, kJ: 3008, kcal: 719, BE: 2,0

4 Lasagneplatten
Salz

Für die Tomatensauce:
1 Knoblauchzehe
250 g passierte Tomaten (aus dem Tetrapak oder der Dose)
gem. Pfeffer

Für die Lachsfüllung:
500 g Lachsfilet ohne Haut und Gräten
Saft von ½ Zitrone
1 kleines Bund Basilikum

oder

Für die Spinat-Ricotta-Füllung:
225 g TK-Blattspinat
200 g Ricotta (ital. Frischkäse)
1 Eigelb (Größe M)
50 g frisch ger. Parmesan
ger. Muskatnuss

Zum Bestreuen:
100 g frisch ger. Parmesan oder Pizzakäse

Zubereitungszeit: 20 Minuten, ohne Auftau- und Garzeit
Backzeit: 15–20 Minuten

1. Die Lasagneplatten nach Packungsanleitung in reichlich Salzwasser bissfest kochen, in einem Sieb abtropfen lassen und sofort quer halbieren.

2. In der Zwischenzeit für die Tomatensauce den Knoblauch abziehen, fein hacken und mit den passierten Tomaten vermengen. Mit Salz und Pfeffer abschmecken.

3. Den Backofen vorheizen.
Ober-/Unterhitze: etwa 200 °C
Heißluft: etwa 180 °C

4. Für die **Lachsfüllung** Lachsfilet kurz unter fließendem kalten Wasser abspülen, trocken tupfen und in 8 etwa 2 cm dicke Stücke schneiden. Mit Salz, Pfeffer und Zitronensaft würzen.

5. Basilikum abspülen und trocken tupfen. Die Blättchen von den Stängeln zupfen.

6. Jeweils 1 Lachsstück mit 1–2 Basilikumblättchen in 1 halbiertes Nudelblatt einwickeln und in eine Auflaufform (gefettet) legen.

7. Oder für die **Spinat-Ricotta-Füllung** den Blattspinat nach Packungsanleitung auftauen lassen, gut ausdrücken und grob hacken.

8. Spinat mit Ricotta, Eigelb und Parmesan vermengen, mit Salz, Pfeffer und etwas Muskat abschmecken.

9. Jeweils 2 Esslöffel der Spinat-Ricotta-Mischung in 1 halbiertes Nudelblatt einwickeln und in die Auflaufform (gefettet) legen.

10. Die vorbereitete Tomatensauce über die Cannelloni gießen, mit Parmesan oder Pizzakäse bestreuen.

11. Form auf dem Rost in den vorgeheizten Backofen schieben. Cannelloni **15–20 Minuten backen.**

Tipps: Tomatensauce zusätzlich mit frischen, klein geschnittenen Kräutern, z.B. Thymian oder Petersilie, würzen. Cannelloni vor dem Servieren mit abgespülten, trocken getupften Basilikumblättchen garnieren.

Champignon-Brokkoli-Gratin I

Gut vorzubereiten

4 Portionen

Pro Portion: E: 17 g, F: 41 g, Kh: 8 g, kJ: 1924, kcal: 460, BE: 0,5

750 g Brokkoli
Salz
250 g braune Champignons
100 g rote Zwiebeln
2 EL Olivenöl
gem. Pfeffer
1/4 TL gem. Kurkuma (Gelbwurz)
1/4 TL gem. Kreuzkümmel (Cumin)

Für die Sauce:

250 g Schlagsahne
1 EL Crème fraîche
2 EL Sesamsamen
100 g ger. Emmentaler

Zubereitungszeit: 20 Minuten
Backzeit: etwa 20 Minuten

1. Von dem Brokkoli die Blätter entfernen und den Strunk abschneiden. Den Strunk schälen und in Stücke schneiden. Brokkoli in Röschen teilen. Brokkoli abspülen und abtropfen lassen.

2. Wasser in einem Topf zugedeckt zum Kochen bringen, dann Salz hinzugeben. Die Brokkolistücke hinzugeben und zugedeckt etwa 3 Minuten kochen. Dann die Röschen hinzugeben und alles zugedeckt etwa 7 Minuten kochen.

3. In der Zwischenzeit den Backofen vorheizen.
Ober-/Unterhitze: etwa 200 °C
Heißluft: etwa 180 °C

4. Champignons putzen, evtl. kurz abspülen und trocken tupfen. Große Champignons halbieren. Zwiebeln abziehen und in kleine Würfel schneiden. Den gegarten Brokkoli in ein Sieb geben, mit kaltem Wasser abschrecken und abtropfen lassen.

5. Das Olivenöl in einer Pfanne erhitzen. Die Zwiebelwürfel darin andünsten. Die Champignons hinzugeben und kurz mitdünsten lassen. Brokkoli und Champignons in einer großen, flachen Auflaufform (gefettet) verteilen, mit Salz, Pfeffer, Kurkuma und Cumin würzen.

6. Für die Sauce Sahne mit Crème fraîche verschlagen, 1 Esslöffel Sesam und den geriebenen Käse unterrühren. Die Sauce mit Salz und Pfeffer würzen, auf dem Gratin verteilen. Restlichen Sesam daraufstreuen.

7. Die Form auf dem Rost in den vorgeheizten Backofen schieben. Das Gratin **etwa 20 Minuten backen.**

Champignonbrötchen I

Leckerer Abendsnack

4 Stück

Pro Stück: E: 19 g, F: 17 g, Kh: 29 g, kJ: 1413, kcal: 338, BE: 2,5

4 Dinkel- oder Roggenbrötchen
300 g frische Champignons
1 Zwiebel
½ Bund Petersilie
2 EL Speiseöl
3 Eier (Größe M)
Salz, gem. Pfeffer
80 g ger. Käse, z. B. Gouda

Zubereitungszeit: 20 Minuten
Backzeit: 12–15 Minuten

1. Den Backofen vorheizen.
Ober-/Unterhitze: etwa 200 °C
Heißluft: etwa 180 °C

2. In der Zwischenzeit von den Brötchen je einen kleinen Deckel abschneiden. Die unteren Brötchenhälften aushöhlen. Brötcheninneres etwas kleiner schneiden.

3. Champignons putzen, evtl. kurz abspülen und trocken tupfen. Champignons vierteln. Zwiebel abziehen und klein würfeln. Petersilie abspülen und trocken tupfen. Die Blättchen von den Stängeln zupfen. Blättchen klein schneiden.

4. Das Speiseöl in einer Pfanne erhitzen. Die Zwiebelwürfel darin glasig dünsten. Champignons hinzufügen und etwa 5 Minuten dünsten. Die Pfanne von der Kochstelle nehmen. Die Champignonmasse etwas abkühlen lassen.

5. In der Zwischenzeit die Eier verschlagen. Das Brötcheninnere und die Petersilie unterrühren, mit Salz und Pfeffer würzen. Die ausgehöhlten Brötchen auf ein Backblech (mit Backpapier belegt) setzen. Die Eier-Brötchen-Masse mit den Champignons in die Brötchenhälften geben und mit dem Käse bestreuen.

6. Das Backblech in den vorgeheizten Backofen schieben. Die Brötchen **12–15 Minuten backen.**

7. Die Champignonbrötchen vom Backblech nehmen, auf Tellern anrichten und jeweils den abgeschnittenen Deckel auflegen. Champignonbrötchen sofort servieren.

Champignon-Omelett

Klassisch – macht richtig satt

2 Portionen

Pro Portion: E: 38 g, F: 51 g, Kh: 5 g, kJ: 2585, kcal: 618, BE: 0,25

Für die Füllung:

500 g Champignons
100 g durchwachsener Speck
20 g Margarine oder
2 EL Speiseöl
Salz
gem. Pfeffer
2 EL klein geschnittene Petersilie

Für die Omeletts:

6 Eier (Größe M)
2 EL Milch (3,5 % Fett)
30 g Butter oder Margarine

Zubereitungszeit: 30 Minuten

1. Für die Füllung Champignons putzen, evtl. kurz abspülen, trocken tupfen und in Scheiben schneiden. Speck in Würfel schneiden.

2. Margarine oder Speiseöl in einer Pfanne erhitzen. Speckwürfel darin auslassen, Champignonscheiben hinzufügen und unter Rühren gar dünsten. Mit Salz und Pfeffer würzen. Petersilie unterrühren. Champignonmasse herausnehmen und warm stellen.

3. Für die Omeletts Eier mit Salz und Milch verschlagen. Die Hälfte der Butter oder Margarine in der gesäuberten Pfanne zerlassen. Die Hälfte der Eiermasse hineingeben und zugedeckt bei schwacher Hitze stocken lassen. Die untere Seite muss bräunlich gebacken sein.

4. Das Omelett auf einen vorgewärmten Teller gleiten lassen. Die Hälfte der Champignonmasse daraufgeben. Omelett zusammenklappen und warm stellen. Das zweite Omelett auf die gleiche Weise zubereiten.

Tipp: Die Omeletts mit Schnittlauchröllchen und Petersilienblättchen garnieren (Foto).

Chicken-Crossies I

Beliebt

4 Portionen

Pro Portion: E: 36 g, F: 19 g, Kh: 40 g, kJ: 2177, kcal: 521, BE: 3,5

4 kleine Hähnchenbrustfilets (etwa 500 g)
Salz
Paprikapulver edelsüß
60 g Kartoffelchips (nach Ihrem Geschmack)
100 g Semmelbrösel
2–3 Eier (Größe M)
100 g Weizenmehl
4 EL Speiseöl
2 EL Butter

200 ml Asia-Sauce (aus der Flasche) z. B. süßsaure Sauce

Zubereitungszeit: 30 Minuten

1. Hähnchenbrustfilets kurz unter fließendem kalten Wasser abspülen und mit Küchenpapier trocken tupfen. Die Filets in etwa 1 cm dicke Scheiben schneiden, mit Salz und Paprika würzen.

2. Die Kartoffelchips in einen Gefrierbeutel geben, den Beutel verschließen. Die Kartoffelchips mit einer Teigrolle sehr fein zerbröseln. Die Chipsbrösel mit den Semmelbröseln in einem Teller vermischen. Die Eier in einem tiefen Teller verschlagen.

3. Die gewürzten Hähnchenscheiben zuerst in Mehl wenden, dann durch die verschlagenen Eier ziehen, am Tellerrand abstreifen und zuletzt in der Bröselmischung wenden. Panade gut andrücken, nicht haftende Brösel leicht abschütteln.

4. Speiseöl in einer großen Pfanne erhitzen, Butter hinzugeben und zerlassen. Die Hähnchenscheiben darin von jeder Seite etwa 4 Minuten kross braten.

5. Die Chicken-Crossies mit der Asia-Sauce sofort servieren.

Chili con Carne I

Beliebt – macht richtig satt

4–6 Portionen

Pro Portion: E: 29 g, F: 19 g, Kh: 22 g, kJ: 1589, kcal: 379, BE: 1,5

400 g	*Tomaten oder 400 g geschälte Tomaten (aus der Dose)*
2	*Zwiebeln*
2	*Knoblauchzehen*
75 g	*durchwachsener Speck*
je 1	*rote und grüne Paprikaschote (je etwa 150 g)*
1–2 EL	*Speiseöl, z. B. Sonnenblumenöl*
400 g	*Rindergehacktes*
	Salz, gem. Pfeffer
250 ml	*Gemüsebrühe*
500 g	*abgetropfte Kidneybohnen (aus der Dose)*
	Chilipulver
1–2 TL	*Paprikapulver edelsüß*
1 TL	*gerebelter Oregano*

Zubereitungszeit: 30 Minuten

1. Die Tomaten kreuzweise einschneiden und mit kochendem Wasser übergießen. Nach 1–2 Minuten herausnehmen und mit kaltem Wasser abschrecken. Die Tomaten häuten, halbieren, entkernen und die Stängelansätze herausschneiden. Tomaten würfeln. Oder Dosentomaten in der Dose zerkleinern.

2. Zwiebeln und Knoblauch abziehen und klein würfeln. Speck ebenfalls in kleine Würfel schneiden. Die Paprikaschoten halbieren, entstielen, entkernen und die weißen Scheidewände entfernen. Schoten abspülen, abtropfen lassen und in Streifen schneiden.

3. Das Speiseöl in einer großen Pfanne erhitzen. Die Zwiebel-, Knoblauch- und Speckwürfel darin unter Rühren andünsten. Gehacktes hinzugeben und unter Rühren braun und gar braten. Dabei die Fleischklümpchen mit einer Gabel zerdrücken. Mit Salz und Pfeffer würzen.

4. Die Paprikastreifen und Brühe hinzugeben, zum Kochen bringen und zugedeckt etwa 5 Minuten bei mittlerer Hitze garen.

5. In der Zwischenzeit die Kidneybohnen in ein Sieb geben, mit kaltem Wasser abspülen und abtropfen lassen. Tomatenwürfel (Dosentomaten mit dem Saft) und Kidneybohnen unter die Hack-Gemüse-Pfanne rühren. Mit Chili, Paprika und Oregano würzen. Die Zutaten zum Kochen bringen und zugedeckt weitere etwa 10 Minuten bei schwacher Hitze garen, mit Salz und Pfeffer abschmecken.

Beilage: Warmes Sesam-Fladenbrot oder Reis.

Chinakohleintopf

Deftig – macht richtig satt

4 Portionen

Pro Portion: E: 37 g, F: 8 g, Kh: 36 g, kJ: 1556, kcal: 370, BE: 2,5

4 Zwiebeln (etwa 200 g)
1–2 Knoblauchzehen
800 g Kartoffeln
1 EL Speiseöl, z. B. Rapsöl
500 g Tatar (Schabefleisch)
Salz, gem. Pfeffer
2 gestr. TL Gemüsebrühenpulver
200 ml heißes Wasser
1 1/4 kg Chinakohl
800 g stückige Tomaten (aus dem Tetrapak)
1/2 Bund Schnittlauch

Zubereitungszeit: 30 Minuten

1. Die Zwiebeln und den Knoblauch abziehen, klein würfeln. Kartoffeln schälen, abspülen, abtropfen lassen und in etwa 1 1/2 cm große Würfel schneiden. Speiseöl in einem Topf erhitzen. Zwiebel-, Knoblauch- und Kartoffelwürfel darin evtl. portionsweise unter Rühren anbraten.

2. Tatar hinzufügen und unter Rühren anbraten. Dabei die Fleischklümpchen mit einer Gabel etwas zerdrücken. Mit Salz, Pfeffer und Brühe würzen.

3. Wasser hinzugießen. Die Zutaten unter Rühren zum Kochen bringen und etwa 5 Minuten kochen lassen. In der Zwischenzeit Chinakohl putzen, vierteln und den Strunk herausschneiden. Chinakohl abspülen, abtropfen lassen und in feine Streifen schneiden.

4. Tomaten unter die Kartoffel-Tatar-Mischung rühren und wieder zum Kochen bringen. Chinakohlstreifen hinzugeben. Den Eintopf etwa 8 Minuten unter gelegentlichem Rühren kochen lassen.

5. Schnittlauch abspülen, trocken tupfen und in Röllchen schneiden. Den Eintopf nochmals mit den Gewürzen abschmecken, in Suppentassen füllen und mit den Schnittlauchröllchen bestreut servieren.

Chorizo-Tortiglioni-Pfanne

Würzig

4 Portionen

Pro Portion: E: 22 g, F: 22 g, Kh: 71 g, kJ: 2423, kcal: 579, BE: 6,0

750 g Hokkaido-Kürbis
1 Knoblauchzehe
40 g getrocknete Tomaten
70 g Chorizo (scharfe spanische Paprikawurst) oder Cabanossi
etwa
3 Stängel Rosmarin oder
1–2 TL getrockneter Rosmarin
3 ½ l Wasser
3 ½ gestr. TL Salz
350 g Pasta, z. B. Tortiglioni
Salz, gem. Pfeffer
1 Lorbeerblatt
250 ml heiße Gemüsebrühe
Saft von
½ Zitrone
175 g Doppelrahm-Frischkäse

Zubereitungszeit: 25 Minuten

1. Kürbis gründlich abspülen, abtrocknen, halbieren und die Kerne mit einem Löffel herausschaben. Die Kürbishälften in etwa 1 cm breite und etwa 5 cm lange Streifen schneiden.

2. Knoblauch abziehen und in Scheiben schneiden. Tomaten in Streifen schneiden.

3. Chorizo oder Cabanossi in dünne Scheiben schneiden, evtl. halbieren. Rosmarinstängel abspülen und trocken tupfen.

4. Wasser in einem großen Topf zugedeckt zum Kochen bringen. Dann Salz und Nudeln hinzugeben. Die Nudeln im geöffneten Topf bei mittlerer Hitze nach Packungsanleitung bissfest kochen, dabei gelegentlich umrühren.

5. In der Zwischenzeit Wurstscheiben in einer großen Pfanne von beiden Seiten bei mittlerer Hitze knusprig braten, herausnehmen und auf Küchenpapier abtropfen lassen.

6. Knoblauchscheiben und Rosmarin in dem verbliebenen Bratfett leicht anbraten. Kürbisstreifen hinzugeben und von beiden Seiten anbraten. Mit Salz, Pfeffer und Lorbeerblatt würzen. Tomatenstreifen hinzugeben.

7. Die Hälfte der Brühe und den Zitronensaft hinzugießen, zum Kochen bringen. Die Zutaten zugedeckt etwa 5 Minuten garen.

8. Die gegarten Nudeln in ein Sieb geben, mit heißem Wasser abspülen und abtropfen lassen. Frischkäse mit der restlichen Brühe glatt rühren und unter die Nudeln mischen.

9. Die Nudeln zu den Kürbisstreifen in die Pfanne geben und vorsichtig untermischen. Alles zum Kochen bringen und die Flüssigkeit bei starker Hitze sämig einkochen lassen.

10. Die Tortiglioni-Pfanne mit Salz und Pfeffer würzig abschmecken und mit den Chorizoscheiben auf Tellern anrichten.

Tipp: Statt der Wurstscheiben können Sie auch 200 g ausgelöstes Kasselerfleisch (in Scheiben) in Streifen schneiden und in 2 Esslöffeln erhitztem Speiseöl in der Pfanne anbraten.

Club Sandwich I

Für den Hunger zwischendurch

2 Portionen

Pro Portion: E: 8 g, F: 18 g, Kh: 16 g, kJ: 1084, kcal: 260, BE: 1,0

50 g Eisbergsalat
2 Scheiben Bacon (Frühstücksspeck, etwa 25 g)
50 g Remoulade (aus der Tube)
2 Scheiben Vollkorn-Sandwich-Toastbrot
1 kleine Tomate
2 Scheiben Putenbrustaufschnitt (etwa 25 g)

Außerdem:
evtl. 4 Holzstäbchen

Zubereitungszeit: 20 Minuten

1. Den Salat putzen, abspülen, trocken tupfen und in feine Streifen schneiden.

2. Baconscheiben in einer Pfanne ohne Fett langsam knusprig braun braten. Nicht zu schnell, sonst bleibt nichts vom Bacon übrig. Remoulade mit den Salatstreifen vermischen und auf die Toastbrotscheiben streichen.

3. Tomate abspülen, abtrocknen und den Stängelansatz herausschneiden. Tomate in Scheiben schneiden. Auf eine Toastbrotscheibe zuerst die Tomatenscheiben, dann den Putenbrustaufschnitt und zuletzt die knusprigen Baconscheiben legen. Die zweite Toastbrotscheibe mit der bestrichenen Seite auf die belegte Toastbrotscheibe legen und gut andrücken.

4. Das Sandwich diagonal durchschneiden, sodass 2 Dreiecke entstehen. Die Sandwiches nach Belieben mit Holzstäbchen fixieren.

Dazu passen: Pommes frites.

Tipp: Statt Eisbergsalat schmeckt auch Rucola (Rauke) super.

Coleslaw mit fruchtig-scharfen Garnelen | Etwas teurer

4 Portionen

Pro Portion: E: 22 g, F: 26 g, Kh: 44 g, kJ: 2098, kcal: 502, BE: 3,5

2 Fenchelknollen (etwa 600 g)
200 g Rotkohl
75 ml Grapefruitsaft
2 EL süßer Senf
1 EL scharfes Currypulver
2–3 EL brauner Zucker
Salz
2–3 Stängel Dill
200 g Mango-Fruchtfleisch
4 EL Traubenkernöl
je 1 Bio-Orange und Bio-Zitrone (unbehandelt, ungewachst)
16 aufgetaute TK-Garnelen (ohne Kopf und Schale, entdarmt, je etwa 20 g)
2 EL Olivenöl
1 TL Chiliflocken
100 g Gemüsechips

Zubereitungszeit: 30 Minuten

1. Fenchel putzen, abspülen, abtropfen lassen und vierteln. Rotkohl putzen, evtl. vierteln und den Strunk herausschneiden. Rotkohl abspülen und abtropfen lassen. Fenchel und Rotkohl in sehr dünne Streifen hobeln oder schneiden und in eine Schüssel geben.

2. Den Grapefruitsaft mit Senf verrühren, mit Curry, Zucker und Salz würzen. Grapefruitdressing unter die Fenchel- und Rotkohlstreifen mischen und dann mit den Händen kräftig durchkneten.

3. Dill abspülen und trocken tupfen. Die Spitzen von den Stängeln zupfen, Spitzen sehr fein schneiden. Mango-Fruchtfleisch in kleine Stücke schneiden, mit Dill und Traubenkernöl zu der Fenchel-Kraut-Mischung geben und untermengen.

4. Orange und Zitrone heiß abwaschen, abtrocknen und mit einem Zestenreißer Orangen- und Zitronenzesten abziehen, einige Zesten zum Garnieren beiseitelegen. Orange und Zitrone halbieren und jeweils den Saft auspressen.

5. Die Garnelen abspülen und trocken tupfen. Das Olivenöl in einer Pfanne erhitzen. Die Garnelen darin von beiden Seiten anbraten. Orangen-, Zitronenzesten und Chiliflocken hinzugeben, mit Salz würzen und den Orangensaft hinzugießen. Die Garnelen unter Wenden 3–4 Minuten garen.

6. Coleslaw mit 2–3 Esslöffeln von dem Zitronensaft abschmecken, mit Garnelen anrichten, mit beiseitegelegten Orangen- und Zitronenstreifen garnieren und mit Gemüsechips servieren.

Couscous-Salat I

Vegetarisch

4 Portionen

Pro Portion: E: 6 g, F: 6 g, Kh: 28 g, kJ: 810, kcal: 193, BE: 2,0

140 g	*Couscous*
200 ml	*kochendes Wasser*
300 g	*mittelgroße Tomaten*
1	*Salatgurke (etwa 500 g)*
2	*Schalotten (etwa 50 g)*
½	*Bio-Zitrone (unbehandelt, ungewachst)*
	Salz, gem. Pfeffer
je 3 Stängel	*glatte Petersilie und Minze*
2 EL	*Olivenöl*

Zubereitungszeit: 20 Minuten, ohne Kühlzeit

1. Den Couscous in einen Topf geben, mit 200 ml kochendem Wasser übergießen und zugedeckt etwa 5 Minuten quellen lassen.

2. In der Zwischenzeit Tomaten abspülen, abtrocknen, halbieren und die Stängelansätze herausschneiden. Tomaten klein würfeln. Gurke schälen und die Enden abschneiden. Gurke halbieren und in kleine Würfel schneiden. Schalotten abziehen und in sehr kleine Würfel schneiden. Gemüsewürfel in eine Schüssel geben.

3. Den gequollenen Couscous mit 2 Gabeln auflockern und zu den Gemüsewürfeln in die Schüssel geben. Zitrone heiß abwaschen, abtrocknen und etwa 1 Teelöffel Zitronenschale fein abreiben. Von der Zitronenhälfte den Saft auspressen. Zitronenschale mit dem -saft zum Salat geben. Mit Salz und Pfeffer würzen. Die Zutaten gut vermischen. Den Salat zugedeckt 2–3 Stunden in den Kühlschrank stellen.

4. Petersilie und Minze abspülen, trocken tupfen. Die Blättchen von den Stängeln zupfen. Blättchen klein schneiden. Die Kräuter mit dem Olivenöl unter den kalt gestellten Salat heben.

Beilage: Weich gekochte Eier.

Croissants mit Nuss-Nougat-Füllung | Für Kinder

6 Portionen

Pro Portion: E: 5 g, F: 21 g, Kh: 47 g, kJ: 1720, kcal: 401, BE: 4,0

6 Croissants (abgepackt, je 50 g)
200 g Nuss-Nougat
1 EL Aprikosenkonfitüre
1 EL Schokoflocken (etwa 25 g)
1 EL Hagelzucker (etwa 20 g)

Außerdem:
6 Bögen Alufolie

Zubereitungszeit: 15 Minuten
Grillzeit: 10–15 Minuten

1. In die Croissants längs mit einem Kochlöffelstiel jeweils ein tiefes Loch bohren. Nuss-Nougat längs in 6 Stangen schneiden, diese halbieren und jeweils 2 Stücke in die Croissant-Löcher schieben. Jedes Croissant in einen Bogen Alufolie einwickeln.

2. Die Croissants auf den heißen Grillrost legen und bei nicht zu starker Hitze 10–15 Minuten grillen.

3. Aprikosenkonfitüre durch ein feines Sieb streichen, mit etwas Wasser verrühren und in einem kleinen Topf unter Rühren erhitzen.

4. Die Alufolie öffnen und die gegrillten Croissants mit der warmen Aprikosenkonfitüre bestreichen, mit Schokoflocken und Hagelzucker bestreuen.

Beilage: Obstsalat. Dafür 6 Orangen so schälen, dass die weiße Haut vollständig mitentfernt wird. Die Orangenfilets herauslösen. 300 g kernlose Weintrauben gut abspülen, trocken tupfen und entstielen. Die Weintrauben evtl. halbieren. 3 große Birnen abspülen, abtrocknen, vierteln und entkernen. Die Birnenviertel in dünne Scheiben schneiden. Obststücke mit 1 Esslöffel klein geschnittenen Zitronenmelisseblättchen und 2 Esslöffeln Crema di Balsamico vorsichtig vermischen. Je nach Geschmack und Jahreszeit die Weintrauben z. B. durch Erdbeeren ersetzen.

Tipp: Die Croissants können auch auf Doppelspieße aufgesteckt werden und „schwebend“ über dem heißen Grill bewegt werden, bis die Nougatmasse anfängt flüssig zu werden.

Currygemüse mit Nüssen I

Ein Hauch Asien

4 Portionen

Pro Portion: E: 10 g, F: 29 g, Kh: 16 g, kJ: 1523, kcal: 365, BE: 1,0

- *1 Spitzkohl (etwa 600 g)*
- *4 Möhren (etwa 400 g)*
- *300 g Staudensellerie*
- *3 EL Speiseöl, z. B. Oliven- oder Sonnenblumenöl*
- *50 g Kokos-Chips (erhältlich im Reformhaus)*
- *50 g gesalzene, geröstete Cashewkerne*
- *50 g gesalzene, geröstete Erdnusskerne*
- *1 EL grüne Currypaste*
- *Salz*
- *gem. Pfeffer*
- *200 ml Gemüsebrühe*

Zubereitungszeit: 30 Minuten

1. Spitzkohl putzen, vierteln und den Strunk herausschneiden. Den Spitzkohl in grobe Würfel schneiden, abspülen und abtropfen lassen. Die Möhren putzen, schälen, abspülen, abtropfen lassen und in Scheiben schneiden.

2. Sellerie putzen, abspülen, abtropfen lassen und in etwa 3 cm lange Stücke schneiden.

3. Speiseöl in einem Wok oder einer großen Pfanne erhitzen. Das vorbereitete Gemüse hinzugeben und 2–3 Minuten unter Rühren andünsten. Kokos-Chips, Cashew- und Erdnusskerne untermischen. Mit Currypaste, Salz und Pfeffer würzen. Brühe hinzugießen.

4. Die Zutaten zum Kochen bringen und zugedeckt 8–10 Minuten garen. Das Currygemüse in Schalen anrichten und sofort servieren.

Tipps: Einige Kokos-Chips beiseitelegen und nach dem Garen auf das fertige Gericht streuen. Das Currygemüse kann auch mit anderen Gemüsesorten zubereitet werden, z. B. mit Blumenkohlröschen, Zuckerschoten, Brokkoli und Wirsing.

Currywurst de Luxe mit Garnelen | Klassiker mal anders

4 Portionen

Pro Portion: E: 31 g, F: 39 g, Kh: 15 g, kJ: 2230, kcal: 533, BE: 1,0

etwa 200 g TK-Garnelen (ohne Schale)
4 Rostbratwürste (je etwa 120 g)
2 Frühlingszwiebeln
½ rote Chilischote
1 EL Olivenöl
300 ml selbst gemachte Tomaten-Curry-Sauce
Currypulver

Zubereitungszeit: 20 Minuten, ohne Auftauzeit

1. Garnelen nach Packungsanleitung auftauen lassen.

2. Bratwürste in Scheiben schneiden. Frühlingszwiebeln putzen, abspülen, abtropfen lassen und schräg in etwa 1 cm lange Stücke schneiden.

3. Chilihälfte entstielen, entkernen, abspülen, abtropfen lassen und in kleine Stücke schneiden.

4. Garnelen kurz unter fließendem kalten Wasser abspülen und trocken tupfen. Große Garnelen halbieren.

5. Das Olivenöl in einem Wok erhitzen. Die Bratwurstscheiben darin unter Rühren anbraten. Garnelen, Frühlingszwiebel- und Chilistücke hinzugeben und kurz unter Rühren mitbraten. Dann die Hitze reduzieren und die Tomaten-Curry-Sauce unterrühren.

6. Currywurst de Luxe in 4 Portionsschalen oder auf einer Platte anrichten und mit Curry bestäuben.

Tipp: Für eine selbst gemachte **Tomaten-Curry-Sauce** 100 ml Wasser in einen Topf geben. Je etwa knapp ¼ Teelöffel Currypulver und Zucker sowie 1 Prise Paprikapulver rosenscharf und etwas Sambal Oelek unterrühren. Das Ganze zum Kochen bringen. Den Topf von der Kochstelle nehmen. 200 g Tomatenketchup unterrühren und die Sauce unter ständigem Rühren nochmals kurz aufkochen lassen. Sauce nochmals abschmecken.

Eier in Gemüse | Vegetarisch

4 Portionen

Pro Portion: E: 17 g, F: 20 g, Kh: 19 g, kJ: 1351, kcal: 323, BE: 1,0

2 Zwiebeln
2 Knoblauchzehen
3 Fleischtomaten
je 1 rote, gelbe und grüne Paprikaschote
2 Möhren
3 EL Olivenöl
2 EL Tomatenketchup
1 EL Harissa (afrikanische Gewürzpaste)
Salz, gem. Pfeffer
gerebelter Thymian
8 Eier (Größe M)

Zubereitungszeit: 20 Minuten
Überbackzeit: etwa 10 Minuten

1. Zwiebeln und Knoblauch abziehen, in kleine Würfel schneiden. Die Tomaten abspülen, abtropfen lassen, halbieren und die Stängelansätze herausschneiden. Tomaten grob würfeln.

2. Paprikaschoten halbieren, entstielen, entkernen und die weißen Scheidewände entfernen. Schoten abspülen, abtropfen lassen und in Würfel schneiden. Möhren putzen, schälen, abspülen, abtropfen lassen und in Scheiben schneiden.

3. Den Backofen vorheizen.
Ober-/Unterhitze: etwa 200 °C
Heißluft: etwa 180 °C

4. Olivenöl in einer hitzebeständigen Pfanne erhitzen. Zuerst Knoblauch-, dann Zwiebelwürfel und Möhrenscheiben darin andünsten. Tomaten- und Paprikawürfel hinzugeben, bei mittlerer Hitze etwa 10 Minuten unter gelegentlichem Rühren dünsten. Das Gemüse mit Ketchup, Harissa, Salz, Pfeffer und Thymian würzen.

5. Eier vorsichtig aufschlagen und auf das Gemüse setzen. Die Pfanne auf dem Rost in den vorgeheizten Backofen schieben. Die Eier in Gemüse **etwa 10 Minuten überbacken.**

Eierpfannkuchen | Für Kinder

4 Stück

Pro Stück: E: 8 g, F: 13 g, Kh: 28 g, kJ: 1086, kcal: 260, BE: 2,5

125 g	*Weizenmehl*
2	*Eier (Größe M)*
175 ml	*Milch (3,5 % Fett)*
75 ml	*Mineralwasser mit Kohlensäure*
	Salz
½–1 EL	*Zucker*
etwa 40 g	*Butter oder 4 EL Speiseöl*
evtl. 4	*rote Johannisbeerrispen*

Zubereitungszeit: 15 Minuten, ohne Ruhezeit

1. Mehl in eine Schüssel geben und in die Mitte eine Vertiefung eindrücken. In einer zweiten Schüssel Eier, Milch, Mineralwasser, 1 Prise Salz und Zucker mit einem Schneebesen verschlagen. Die Eiermasse zum Mehl geben und mit dem Schneebesen von außen nach innen verrühren. Dabei darauf achten, dass keine Klümpchen entstehen. Den glatt gerührten Teig etwa 15 Minuten ruhen lassen.

2. Jeweils etwas Butter oder Speiseöl in einer beschichteten Pfanne (Ø 26 cm) zerlassen bzw. erhitzen. Aus dem Teig insgesamt 4 Pfannkuchen backen. Dafür je ein Viertel des Teiges in die Pfanne geben. Die Pfanne leicht schwenken, damit sich der Teig gleichmäßig auf dem Boden der Pfanne verteilen kann. Sobald die Ränder goldgelb sind und der gebackene Teig sich in der Pfanne leicht hin- und herschieben lässt, den Pfannkuchen vorsichtig mit einem Pfannenwender oder einem Holzspatel wenden und auf der anderen Seite goldgelb backen.

3. Den restlichen Teig auf die gleiche Weise backen, dabei vor jedem Backen den Teig umrühren und wieder etwas Fett in die Pfanne geben.

4. Die Pfannkuchen auf Tellern anrichten und nach Belieben mit abgespülten, trocken getupften roten Johannisbeerrispen garnieren.

Tipps: Bereits fertig gebackene Pfannkuchen im vorgeheizten Backofen Ober-/Unterhitze: etwa 80 °C oder Heißluft: etwa 60 °C warm halten. Die einzelnen Pfannkuchen vor dem Stapeln mit wenig Zucker bestreuen. So kleben sie nicht zusammen. Die Pfannkuchen werden zarter und lockerer, wenn man die Eier trennt und zuerst nur das Eigelb in den Teig rührt. Eiweiß kurz vor dem Backen mit einem Mixer (Rührstäbe) steif schlagen und unter den Pfannkuchenteig heben.

Eisbergsalat „Alaska“ I

Für Kinder

8–10 Portionen

Pro Portion: E: 2 g, F: 10 g, Kh: 9 g, kJ: 599, kcal: 145, BE: 0,5

1 großer Eisbergsalat
175 g abgetropfte Mandarinenspalten (aus der Dose)
500 g frische Himbeeren

Für die Sauce:

300 g Crème fraîche
Saft von
1 Zitrone
4 EL Mandarinensaft (aus der Dose)
Salz
gem. Pfeffer
etwas Zucker

Zubereitungszeit: 20 Minuten

1. Eisbergsalat putzen und den Strunk abschneiden. Eisbergsalat in nicht zu kleine Stücke schneiden, abspülen und gut abtropfen lassen oder trocken schleudern.

2. Von den Mandarinen den Saft auffangen und 4 Esslöffel für die Sauce abmessen. Die Himbeeren verlesen, evtl. kurz abspülen und gut trocken tupfen.

3. Eisbergsalat, Mandarinen und Himbeeren in einer Schüssel vorsichtig mischen.

4. Für die Sauce Crème fraîche mit Zitronen- und Mandarinensaft verrühren, mit Salz, Pfeffer und Zucker würzen. Die Sauce getrennt zu dem Salat servieren oder kurz vor dem Verzehr vorsichtig unter die Salatzutaten heben.

Abwandlung: Anstelle der Mandarinen aus der Dose können Sie auch frische Orangenfilets nehmen. Anstelle des Eisbergsalates können auch andere Salatsorten, z. B. Chicorée- oder Endiviensalat, verwendet werden.

Erbsensuppe für Eilige

Löffel für Löffel genießen

4 Portionen

Pro Portion: E: 11 g, F: 27 g, Kh: 22 g, kJ: 1614, kcal: 386, BE: 1,5

1	*Zwiebel*
2 EL	*Butter oder Margarine*
500 g	*TK-Erbsen*
150 g	*TK-Suppengemüse*
500 ml	*Gemüsebrühe*
	Saft von
1/2	*Zitrone*
200 g	*Schlagsahne*
	Salz, gem. Pfeffer
	ger. Muskatnuss
evtl.	
einige EL	*Kartoffelpüree-Flockenpulver*
4–6 TL	*Crème fraîche, z. B. mit feinen Kräutern*

Zubereitungszeit: 25 Minuten

1. Zwiebel abziehen und in kleine Würfel schneiden. Butter oder Margarine in einem Topf zerlassen. Die Zwiebelwürfel darin glasig dünsten. Gefrorene Erbsen und gefrorenes Suppengrün hinzugeben, unter Rühren kurz mit andünsten.

2. Gemüsebrühe, Zitronensaft und Sahne hinzugießen. Mit Salz, Pfeffer und Muskat würzen. Die Zutaten zum Kochen bringen und etwa 10 Minuten bei schwacher Hitze kochen lassen.

3. Nach Belieben einige Erbsen aus der Brühe nehmen und beiseitelegen. Die restlichen Erbsen mit dem Suppengemüse in der Brühe fein pürieren. Nach Belieben etwas Kartoffelpüree-Flockenpulver in die Suppe rühren, bis eine feine Bindung entstanden ist. Die Cremesuppe etwa 1/2 Minute unter Rühren kochen lassen. Evtl. beiseitegelegte Erbsen wieder hinzugeben. Mit Salz, Pfeffer und Muskat abschmecken.

4. Die Suppe in tiefen Tellern verteilen und mit je einem Klecks Crème fraîche garnieren.

Tipps: Der Klassiker zu der Erbsensuppe: Wiener Würstchen. Die feine, frische Erbsencremesuppe schmeckt aber auch mit wachsweichem Ei oder geräucherten Lachsstreifen. Besonders praktisch: Wenn nicht alle zur gleichen Zeit am Mittagstisch erscheinen können, lässt sich diese Suppe in Portionen zugedeckt in der Mikrowelle erwärmen.

Farfalle mit Basilikumpesto I

Würzig – vegetarisch

4 Portionen

Pro Portion: E: 29 g, F: 43 g, Kh: 90 g, kJ: 3624, kcal: 866, BE: 7,5

5 l	*Wasser*
60 g	*Pinienkerne*
5 gestr. TL	*Salz*
500 g	*Farfalle (Schmetterlingsnudeln)*
4	*Knoblauchzehen*
2 Bund	*Basilikum*
100 ml	*Olivenöl*
120 g	*frisch ger. Parmesan oder Pecorino*
	Salz
	gem. Pfeffer
evtl. einige	*Basilikumblättchen*
evtl.	*grob geschrotete, getrocknete Chiliflocken*

Zubereitungszeit: 20 Minuten

1. Wasser in einem großen Topf zugedeckt zum Kochen bringen. In der Zwischenzeit Pinienkerne in einer Pfanne ohne Fett unter Rühren leicht bräunen, herausnehmen und auf einem Teller kurz abkühlen lassen.

2. Salz und Nudeln ins kochende Wasser geben. Die Nudeln im geöffneten Topf bei mittlerer Hitze nach Packungsanleitung bissfest garen, dabei gelegentlich umrühren.

3. In der Zwischenzeit Knoblauch abziehen und grob würfeln. Basilikum abspülen und trocken tupfen. Die Blättchen von den Stängeln zupfen. Blättchen grob zerschneiden. Basilikum, Pinienkerne und Knoblauch mit einem Blitzhacker oder in einem hohen Rührbecher mit dem Pürierstab fein zerkleinern und zu einer Paste mixen. Dabei nach und nach das Olivenöl hinzugießen. Die Hälfte des Parmesans oder Pecorinos hinzugeben und nochmals durchmixen. Das Pesto mit etwas Salz und Pfeffer abschmecken.

4. Die gegarten Nudeln in ein Sieb geben, mit heißem Wasser abspülen und abtropfen lassen.

5. Farfalle mit Basilikumpesto auf Tellern anrichten und mit dem restlichen Parmesan oder Pecorino bestreuen. Nach Belieben mit abgespülten und trocken getupften Basilikumblättchen und Chiliflocken garnieren und sofort servieren.

Fenchel-Zitronen-Suppe mit Lachs I

Löffel für Löffel genießen

4 Portionen

Pro Portion: E: 14 g, F: 6 g, Kh: 14 g, kJ: 712, kcal: 170, BE: 0,5

2	*Fenchelknollen (etwa 400 g)*
3	*Möhren (etwa 200 g)*
2–3	*mehligkochende Kartoffeln (etwa 250 g)*
1 EL	*Olivenöl*
750 ml	*Gemüsebrühe*
2	*Lorbeerblätter*
1 TL	*Currypulver*
1	*Bio-Zitrone (unbehandelt, ungewachst)*
200 g	*Lachsfilet*
	Salz
	gem. Piment
5 Stängel	*glatte Petersilie*

Zubereitungszeit: 30 Minuten

1. Fenchel putzen, abspülen, abtropfen lassen, halbieren und etwas Fenchelgrün zum Garnieren beiseitelegen. Fenchelhälften in kleine Stücke schneiden.

2. Möhren putzen. Möhren und Kartoffeln schälen, abspülen, abtropfen lassen und klein würfeln.

3. Olivenöl in einem Topf erhitzen. Fenchelstücke, Möhren- und Kartoffelwürfel darin unter Rühren andünsten. Gemüsebrühe, Lorbeerblätter und Curry hinzufügen und unterrühren. Die Suppe bei mittlerer Hitze etwa 15 Minuten kochen lassen.

4. In der Zwischenzeit Zitrone heiß abwaschen und abtrocknen. Die Hälfte der Schale abreiben und beiseitelegen. Zitrone halbieren und den Saft auspressen. Lachsfilet kurz unter fließendem kalten Wasser abspülen, trocken tupfen und in etwa 1 cm große Würfel schneiden. Lachswürfel mit Zitronensaft beträufeln, mit Salz und 1 Prise Piment bestreuen.

5. Die Lorbeerblätter aus der Suppe nehmen. Zitronenschale in die Suppe rühren. Suppe pürieren und nochmals aufkochen lassen. Lachswürfel in die Suppe geben und noch etwa 5 Minuten bei schwacher Hitze gar ziehen lassen.

6. In der Zwischenzeit Petersilie abspülen und trocken tupfen. Die Blättchen von den Stängeln zupfen. Petersilienblättchen mit dem beiseitegelegten Fenchelgrün klein schneiden. Die Suppe evtl. nochmals mit Salz, Curry und Piment abschmecken, in Tellern anrichten und mit den Kräutern bestreut servieren.

Feurige Hähnchenpizza

Würzig

4 Portionen (1 Backblech)

Pro Portion: E: 52 g, F: 24 g, Kh: 72 g, kJ: 3036, kcal: 724, BE: 6,0

500 g	*Hähnchenbrustfilet*
1–2 EL	*Speiseöl, z. B. Olivenöl*
	Salz
	gem. Pfeffer
1 Pck.	*frischer Pizzateig mit Tomatensauce (400 g + 200 g, aus dem Kühlregal)*
250 ml	*Hot Chili Sauce*
285 g	*abgetropfter Gemüsemais (aus der Dose)*
etwa 70 g	*abgetropfte Peperoni (aus dem Glas)*
etwa 170 g	*ger. Pizzakäse*

Zubereitungszeit: 25 Minuten
Backzeit: 10–12 Minuten

1. Für den Belag Hähnchenbrustfilet kurz unter fließendem kalten Wasser abspülen, trocken tupfen und in Würfel schneiden. Jeweils etwas Speiseöl in einer großen Pfanne erhitzen. Die Hähnchenwürfel darin portionsweise unter Wenden bei mittlerer bis starker Hitze kräftig anbraten, mit Salz und Pfeffer würzen und herausnehmen.

2. Den Backofen vorheizen.
Ober-/Unterhitze: etwa 220 °C
Heißluft: etwa 200 °C

3. Den Pizzateig auf einem Backblech (30 x 40 cm, gefettet, mit Backpapier belegt) ausrollen. Die Tomatensauce (aus der Packung) mit der Chili Sauce in einer Schüssel mischen. Die Sauce gleichmäßig auf dem Teig verstreichen.

4. Hähnchenfleischwürfel, Mais und Peperoni darauf verteilen und mit dem Käse bestreuen. Das Backblech in den vorgeheizten Backofen schieben. Die Pizza nach Packungsanleitung **10–12 Minuten knusprig braun backen.**

Filetpfanne (ohne Foto)

Für Gäste

2 Portionen

Pro Portion: E: 40 g, F: 24 g, Kh: 49 g, kJ: 2400, kcal: 573, BE: 3,0

4	*Schweinemedaillons (je etwa 75 g)*
	Salz
	gem. Pfeffer
4	*gekochte Pellkartoffeln*
4	*Frühlingszwiebeln*
2	*Schalotten*
2	*Knoblauchzehen*
4	*mittelgroße Tomaten*
2 Stängel	*Rosmarin*
4 EL	*Olivenöl*

Zubereitungszeit: 30 Minuten

1. Die Schweinemedaillons mit Küchenpapier trocken tupfen, evtl. entsehnen und entfetten. Die Schweinemedaillons etwas flach drücken. Mit Salz und Pfeffer würzen.

2. Kartoffeln pellen und in Spalten schneiden. Frühlingszwiebeln putzen, abspülen und trocken tupfen. Schalotten und Knoblauch abziehen. Schalotten halbieren und Knoblauch vierteln.

3. Tomaten abspülen, trocken tupfen und die Stängelansätze herausschneiden. Die Tomaten an der Spitze kreuzweise einschneiden.

4. Rosmarin abspülen und trocken tupfen. Die Nadeln von den Stängeln zupfen.

5. Olivenöl in einer Pfanne erhitzen. Die Medaillons mit den vorbereiteten Zutaten hineingeben und unter gelegentlichem Wenden 8–10 Minuten braten. Mit Salz und Pfeffer abschmecken.

Tipp: Statt Schweinemedaillons können Sie auch 300 g Rinderfilet verwenden. Nach Belieben Rinderfilet in breite Streifen schneiden und wie unter Punkt 5 beschrieben braten.

Filetsteak mit Balsamico-Linsen und Mango-Tatar | Raffiniert

2 Portionen

Pro Portion: E: 37 g, F: 9 g, Kh: 42 g, kJ: 1657, kcal: 396, BE: 3,5

2 kleine Stangen	*Porree (Lauch, etwa 250 g)*
1 TL	*Olivenöl*
2 EL	*TK-Zwiebelwürfel*
100 g	*rote Linsen*
etwa 360 ml	*Gemüsebrühe*
	Salz, gem. Pfeffer
160 g	*frisches Mango-Fruchtfleisch (vorbereitet gewogen)*
evtl.	*getrocknete Chiliflocken*
2	*Rinderfilet-Steaks (je etwa 100 g)*
2 TL	*Speiseöl*
3–4 TL	*Balsamico-Creme*

Zubereitungszeit: 25 Minuten

1. Porree putzen, die Stangen längs halbieren, gründlich waschen, abtropfen lassen und in feine Streifen schneiden.

2. Olivenöl in einem Topf erhitzen. Zwiebelwürfel darin andünsten. Linsen und Porreestreifen hinzugeben, kurz unter Rühren mitdünsten lassen. Die Brühe hinzugießen, mit Salz und Pfeffer würzen. Die Zutaten zum Kochen bringen. Die Linsen zugedeckt 8–10 Minuten bei schwacher Hitze unter gelegentlichem Rühren garen.

3. In der Zwischenzeit Mango-Fruchtfleisch in kleine Würfel schneiden und nach Belieben mit etwas Chili würzen.

4. Rinderfilet-Steaks mit Küchenpapier trocken tupfen. Speiseöl in einer beschichteten Pfanne erhitzen. Die Steaks darin von jeder Seite etwa 2 Minuten anbraten, mit Salz und Pfeffer würzen. Steaks weitere 2–3 Minuten bei mittlerer Hitze unter Wenden braten. Die Steaks aus der Pfanne nehmen und auf eine vorgewärmte Platte legen.

5. Die Linsen mit Salz, Pfeffer und etwas Balsamico-Creme abschmecken. Die Filetsteaks mit dem Mango-Tatar und den Linsen anrichten.

6. Die Steaks nach Belieben mit etwas Balsamico-Creme beträufeln.

Fischburger I

Für Kinder

4 Portionen

Pro Portion: E: 29 g, F: 30 g, Kh: 52 g, kJ: 2510, kcal: 601, BE: 4,0

400 g Seelachsfilet
Salz
gem. weißer Pfeffer
4 Frühlingszwiebeln
1 EL klein geschnittene Petersilie
1 EL klein geschnittene Dillspitzen
1 Ei (Größe M)
Zitronensaft
Cayennepfeffer
2 EL Semmelbrösel
2 EL Speiseöl
1 EL Butter
1 rote Zwiebel
4 Kliffkanten (Körnerbrötchen)
Salatblätter
4 EL Remoulade
4 EL Tomatenketchup

Zubereitungszeit: 15 Minuten
Garzeit: etwa 8 Minuten

1. Das Seelachsfilet kurz unter fließendem kalten Wasser abspülen, trocken tupfen und grob würfeln. Mit Salz und Pfeffer würzen. Die Frühlingszwiebeln putzen, abspülen, abtropfen lassen und in etwa 1 cm große Stücke schneiden. Fischwürfel zusammen mit den Frühlingszwiebelstücken in eine Küchenmaschine geben und pürieren.

2. Petersilie, Dill und das Ei unter die Fischpüreemasse rühren, mit etwas Zitronensaft und Cayennepfeffer abschmecken.

3. Aus der Fischmasse mit angefeuchteten Händen 4 Fischfrikadellen formen und in den Semmelbröseln wenden.

4. Speiseöl in einer Pfanne erhitzen, Butter hinzugeben und zerlassen. Fischfrikadellen etwa 4 Minuten langsam von jeder Seite bei mittlerer Hitze braten.

5. In der Zwischenzeit die Zwiebel abziehen, zuerst in Scheiben schneiden, dann in Ringe teilen.

6. Die Kliffkanten halbieren und die Unterseiten mit abgespülten, trocken getupften Salatblättern belegen. Je 1 Fischfrikadelle daraufsetzen. Mit Remoulade, Ketchup und Zwiebelringen toppen (garnieren) und jeweils mit dem Brötchendeckel belegen.

Fischerfrühstück I

Schmeckt auch abends

4 Portionen

Pro Portion: E: 24 g, F: 14 g, Kh: 11 g, kJ: 1121, kcal: 268, BE: 1,0

6	*Eier (Größe M)*
6 EL	*Milch (3,5 % Fett)*
	Salz, gem. Pfeffer
1 EL	*Butter*
4 Scheiben	*Vollkorn-Toast*
250 g	*frisches Nordseekrabbenfleisch*
1 TL	*klein geschnittene Dillspitzen*

Zubereitungszeit: 15 Minuten

1. Eier mit Milch verschlagen, mit Salz und Pfeffer würzen. Die Butter in einer beschichteten Pfanne zerlassen.

2. Eiermilch hinzugeben und die Masse bei schwacher Hitze stocken lassen. Wenn die Masse zu stocken beginnt, diese mit einem Holzlöffel vorsichtig durchrühren.

3. Toastbrotscheiben toasten. Zuerst das Rührei, dann das Krabbenfleisch auf die Toastbrotscheiben geben. Mit Pfeffer und Dill bestreuen.

Fischfilet auf mediterranem Gemüse I

Macht richtig satt

4 Portionen

Pro Portion: E: 28 g, F: 10 g, Kh: 6 g, kJ: 958, kcal: 229, BE: 0,0

***250 g** Cocktailtomaten*
***3** mittelgroße Zucchini (etwa 600 g)*
***240 g** Artischockenherzen (aus der Dose)*
***2–3 EL** Olivenöl*
***25 g** TK-Italienische Kräuter*
Salz
gem. Pfeffer
***600 g** Fischfilet, z. B. Tilapia- oder Pangasiusfilet*
***1 gestr. TL** Chiliflocken*

Zubereitungszeit: 30 Minuten

1. Tomaten abspülen, trocken tupfen, halbieren und die Stängelansätze herausschneiden. Zucchini abspülen, abtrocknen und die Enden abschneiden. Zucchini zuerst in Streifen, dann in kleine Würfel schneiden. Artischockenherzen vierteln.

2. Olivenöl in einer Pfanne erhitzen. Zucchiniwürfel darin etwa 2 Minuten unter Rühren andünsten. Tomatenhälften, Artischockenviertel und Kräuter hinzugeben, mit Salz und Pfeffer würzen.

3. Das Fischfilet kurz unter fließendem kalten Wasser abspülen, trocken tupfen und in 8 gleich große Stücke schneiden.

4. Fischfiletstücke nebeneinander auf das angedünstete Gemüse legen, mit Salz und Chiliflocken bestreuen. Die Pfanne mit dem Deckel verschließen. Fischfiletstücke mit dem Gemüse etwa 8 Minuten dünsten.

5. Fischfiletstücke vorsichtig aus der Pfanne nehmen. Das Gemüse mit den Gewürzen abschmecken. Die Fischfilets mit dem Gemüse auf einer großen Platte anrichten und servieren.

Beilage: Langkornreis.

Tipp: Statt TK-Kräuter können Sie auch frische Kräuter verwenden, z. B. Oregano, Thymian, Rosmarin.

Fischfilet mit Melonen-Ingwer-Relish | Fruchtig – pikant

2 Portionen

Pro Portion: E: 28 g, F: 8 g, Kh: 53 g, kJ: 1680, kcal: 401, BE: 4,0

80 g Basmatireis
2 Frühlingszwiebeln
50 ml fettreduzierte Kokosmilch
160 ml Wasser
Salz
1 Stück frischer Ingwer
2 EL Limettensaft
Zucker
4 Tomaten (etwa 240 g)
200 g Zuckermelonen-Fruchtfleisch, z. B. Galia- oder Cantaloup-Melone
getrocknete Chiliflocken
250 g mageres, weißes Fischfilet, z. B. Pangasius- oder Seelachsfilet (frisch oder TK)
1 TL Butter
gem. Pfeffer

Zubereitungszeit: 25 Minuten

1. Reis in ein Sieb geben, mit lauwarmem Wasser gründlich abspülen und abtropfen lassen. Frühlingszwiebeln putzen, abspülen, abtropfen lassen und in feine Scheiben schneiden. Den unteren weißen Teil der Frühlingszwiebeln mit Kokosmilch, Wasser und etwas Salz zugedeckt in einem kleinen Topf zum Kochen bringen. Den Reis unterrühren, dann die Kochstelle ausschalten. Den Reis zugedeckt etwa 10 Minuten quellen lassen.

2. In der Zwischenzeit den Ingwer schälen, fein reiben, mit Limettensaft und 2 Prisen Zucker in einer kleinen Schüssel verrühren. Frühlingszwiebelgrün unterrühren. Tomaten abspülen, abtrocknen und die Stängelansätze herausschneiden. Tomaten und Melonen-Fruchtfleisch sehr fein würfeln und unter die Ingwer-Frühlingszwiebel-Mischung rühren. Das Relish mit Salz und nach Belieben mit 1 Prise Chili abschmecken.

3. Fischfilet kurz unter fließendem kalten Wasser abspülen und gut trocken tupfen. Die Butter in einer beschichteten Pfanne zerlassen. Das Fischfilet darin unter Wenden 3–4 Minuten braun braten, mit Salz und Pfeffer würzen.

4. Das Fischfilet mit dem Melonen-Ingwer-Relish und dem Kokosreis anrichten.

Fischpfanne mit Muscheln I

Etwas Besonderes – für Gäste

4 Portionen

Pro Portion: E: 30 g, F: 31 g, Kh: 7 g, kJ: 1804, kcal: 431, BE: 0,5

500 g TK-Seelachsfilet
150 g TK-Muschelfleisch
2 Möhren (etwa 220 g)
2 Zucchini (etwa 420 g)
2 EL Speiseöl, z. B. Olivenöl
Salz
gem. Pfeffer
1 Döschen Safran (0,1 g)
200 ml Gemüsebrühe
200 g Schlagsahne
40 g Butter

Zubereitungszeit: 20 Minuten, ohne Auftauzeit

1. Seelachsfilet und Muschelfleisch nach Packungsanleitung auftauen. Anschließend kurz unter fließendem kalten Wasser abspülen und trocken tupfen. Seelachsfilet in etwa 3 cm große Würfel schneiden.

2. Möhren putzen, schälen, abspülen, abtropfen lassen, längs halbieren und in dünne Scheiben schneiden. Zucchini abspülen, abtrocknen und die Enden abschneiden. Zucchini ebenfalls längs halbieren und in Scheiben schneiden.

3. Speiseöl in einer Pfanne erhitzen. Möhrenscheiben darin unter vorsichtigem Rühren leicht anbraten. Die Zucchinischeiben hinzufügen, leicht mitbraten lassen, mit Salz, Pfeffer und Safran würzen.

4. Brühe und Sahne hinzugießen. Die Zutaten zum Kochen bringen und etwa 10 Minuten bei schwacher Hitze kochen lassen, sodass die Sauce eine leicht cremige Konsistenz bekommt.

5. Nach etwa 5 Minuten Garzeit das Muschelfleisch und die Seelachswürfel hinzugeben. Die Fischpfanne fertig garen und nochmals mit den Gewürzen abschmecken. Butter klein schneiden und untermischen.

Fischpfanne „Schanghai“

Ein Hauch Asien

4 Portionen

Pro Portion: E: 33 g, F: 24 g, Kh: 44 g, kJ: 2188, kcal: 521, BE: 3,5

600 g TK-Seelachsfilet
Salz
1 EL Speisestärke
5–6 EL Speiseöl
500 g TK-Pfannengemüse asiatisch
290 ml süße Chilisauce
1–2 EL Limettensaft

Zubereitungszeit: 25 Minuten, ohne Auftauzeit

1. Seelachsfilet nach Packungsanleitung auftauen lassen. Anschließend kurz unter fließendem kalten Wasser abspülen und trocken tupfen.

2. Das Seelachsfilet mit Salz würzen, dann quer in etwa 2 cm breite Streifen schneiden und in der Speisestärke wenden. Speiseöl in einer Pfanne erhitzen. Die Fischstreifen darin von allen Seiten anbraten, herausnehmen und warm stellen.

3. Gefrorenes Pfannengemüse in der Pfanne nach Packungsanleitung zubereiten und etwa 10 Minuten bei schwacher Hitze garen.

4. Die süße Chilisauce, die warm gestellten Fischstreifen und den Limettensaft unter das Gemüse heben und kurz aufkochen lassen.

Tipp: Anstelle der fertigen Sauce 2 Esslöffel Sojasauce, 2 Esslöffel Reiswein und 200 ml Hühnerbrühe zu dem Chinagemüse geben, mit Salz und Pfeffer würzen, zum Kochen bringen und zugedeckt etwa 10 Minuten bei schwacher Hitze garen. 1 Teelöffel Speisestärke mit 1 Teelöffel Wasser anrühren, in die Sauce rühren und unter Rühren kurz aufkochen lassen. Die Fischstreifen hinzugeben und kurz in der Sauce erwärmen.

Beilage: Reis.

Fischsuppe

Löffel für Löffel genießen

4 Portionen

Pro Portion: E: 38 g, F: 9 g, Kh: 2 g, kJ: 982, kcal: 235, BE: 0,0

1 Stange Staudensellerie (etwa 75 g)
1 l Gemüsebrühe
400 g Lachsfilet (oder angetautes TK-Lachsfilet)
400 g Schollenfilet (oder angetautes TK-Schollenfilet)
Salz
gem. Pfeffer
100 g TK-Suppengrün
1/2 Bund Kerbel

Zubereitungszeit: 20 Minuten

1. Staudensellerie putzen, abspülen, abtropfen lassen und in sehr dünne Scheiben schneiden. Gemüsebrühe mit den Selleriescheiben in einem Topf zugedeckt zum Kochen bringen.

2. In der Zwischenzeit die Fischfilets kurz unter fließendem kalten Wasser abspülen, trocken tupfen und in mundgerechte Stücke schneiden. Die Fischstücke mit Salz und Pfeffer würzen.

3. Die Fischstücke mit dem gefrorenen Suppengrün in die Brühe geben und bei schwacher Hitze in etwa 5 Minuten gar ziehen lassen.

4. In der Zwischenzeit den Kerbel abspülen und trocken tupfen. Die Blättchen von den Stängeln zupfen. Blättchen grob zerschneiden und in die Suppe geben. Die Suppe in Tellern anrichten und servieren.

Beilage: Geröstetes Baguette.

Fladenbrote, gefüllte | Für Gäste

6 Stück

Pro Stück: E: 34 g, F: 30 g, Kh: 68 g, kJ: 2875, kcal: 686, BE: 5,5

300 g abgetropfter Tunfisch naturell (aus der Dose)
6 kleine Fladenbrote (je etwa 150 g)
50 ml Olivenöl
3 große Tomaten
3 Zwiebeln
etwa 125 g abgetropfte, schwarze Oliven ohne Stein
etwa 100 g abgetropfte, grüne Oliven, mit Paprika gefüllt
Salz, gem. weißer Pfeffer
gerebelter Oregano
6 Scheiben Käse, z. B. Gouda (je etwa 50 g)

Zubereitungszeit: 20 Minuten
Backzeit: 10–15 Minuten

1. Den Backofen vorheizen.
Ober-/Unterhitze: etwa 200 °C
Heißluft: etwa 180 °C

2. Den Tunfisch mit einer Gabel zerpflücken. Fladenbrote waagerecht aufschneiden. Jeweils beide Hälften etwas aushöhlen. Die unteren Brothälften auf ein Backblech (mit Backpapier belegt) legen, mit etwas Olivenöl beträufeln und mit Tunfisch belegen.

3. Tomaten abspülen, abtrocknen, halbieren und die Stängelansätze herausschneiden. Tomaten in Scheiben schneiden. Zwiebeln abziehen, zunächst in dünne Scheiben schneiden, dann in Ringe teilen. Schwarze Oliven in kleine Stücke hacken, grüne Oliven in dünne Scheiben schneiden.

4. Tomatenscheiben, Zwiebelringe, Olivenstücke und -scheiben auf dem Tunfisch verteilen und alles mit Salz, Pfeffer und Oregano würzen. Den Käse in dünne Streifen schneiden und als Gitter darauflegen. Den Belag mit den oberen Brothälften bedecken, diese mit dem restlichen Olivenöl bestreichen.

5. Das Backblech in den vorgeheizten Backofen schieben. Die Fladenbrote **10–15 Minuten backen,** bis der Käse geschmolzen ist.

6. Die Fladenbrote etwas abkühlen lassen, nach Belieben halbieren und lauwarm servieren.

Fladenbrot-Hähnchen-Pizza | (ohne Foto)

Für Gäste

4 Portionen

Pro Portion: E: 35 g, F: 20 g, Kh: 71 g, kJ: 2559, kcal: 611, BE: 5,5

250 g Hähnchenbrustfilet
2 EL Olivenöl
Salz, gem. Pfeffer
Paprikapulver edelsüß
1 Fladenbrot
4 Tomaten
1 Bund Frühlingszwiebeln
200 g Schafskäse
50 g abgetropfte, schwarze Oliven ohne Stein
100 g Zaziki (aus dem Kühlregal)
etwas gerebelter Oregano
evtl. einige Kräuterblättchen

Zubereitungszeit: 20 Minuten
Backzeit: etwa 20 Minuten

1. Hähnchenfilet kurz unter fließendem kalten Wasser abspülen, trocken tupfen, in dünne Streifen schneiden. Öl in einer Pfanne erhitzen. Die Hähnchenstreifen darin unter Rühren anbraten, mit Salz, Pfeffer und Paprika würzen, abkühlen lassen.

2. In der Zwischenzeit den Backofen vorheizen.
Ober-/Unterhitze: etwa 200 °C
Heißluft: etwa 180 °C

3. Das Fladenbrot auf ein Backblech (mit Backpapier belegt) legen. Die Tomaten abspülen, abtrocknen, halbieren und die Stängelansätze herausschneiden. Die Tomaten in dünne Scheiben schneiden. Die Frühlings-

zwiebeln putzen, abspülen, abtropfen lassen und in dünne Scheiben schneiden. Schafskäse fein würfeln. Die Oliven in Stücke schneiden und mit den Käsewürfeln vermischen.

4. Die Hähnchenstreifen auf dem Fladenbrot verteilen. Zaziki in Klecksen daraufgeben, mit Tomaten- und Frühlingszwiebelscheiben belegen, mit Oregano bestreuen.

5. Oliven-Käse-Mischung zuletzt auf die Pizza streuen. Das Backblech in den vorgeheizten Backofen schieben. Pizza **etwa 20 Minuten backen.**

6. Die Pizza nach Belieben mit abgespülten, trocken getupften Kräuterblättchen bestreuen und in Stücke schneiden.

Beilage: Gemischter Salat.

Frankfurter Grüne Sauce I

Klassisch – würzig

4 Portionen

Pro Portion: E: 4 g, F: 13 g, Kh: 7 g, kJ: 684, kcal: 164, BE: 0,5

etwa 150 g	*frische Kräuter für Frankfurter Grüne Sauce*
150 g	*Crème fraîche oder saure Sahne*
1	*kleine Zwiebel*
150 g	*Joghurt (3,5 % Fett)*
1–2 EL	*Olivenöl*
1 TL	*mittelscharfer Senf*
1 Spritzer	*Zitronensaft*
½ TL	*Zucker*
	Salz, gem. Pfeffer

Zubereitungszeit: 20 Minuten

1. Die Kräuter abspülen und trocken tupfen. Die Blättchen von den Stängeln zupfen. Blättchen grob zerschneiden und mit 2 Esslöffeln Crème fraîche oder saurer Sahne in einer Rührschüssel pürieren oder die Kräuter sehr klein schneiden und mit Crème fraîche oder saurer Sahne verrühren. Die Zwiebel abziehen und fein würfeln.

2. Die restliche Crème fraîche oder saure Sahne, Joghurt, Zwiebelwürfel, Olivenöl und Senf mit der Kräuter-Crème-fraîche-Masse verrühren. Die Sauce mit Zitronensaft, Zucker, Salz und Pfeffer würzen und bis zum Servieren zugedeckt in den Kühlschrank stellen.

Verwendung: Die Frankfurter Grüne Sauce zu neuen Kartoffeln mit hart gekochten Eiern oder zu gekochtem Rindfleisch reichen.

Tipps: In die „echte" Frankfurter Grüne Sauce gehören 7 frische Kräuter. Je nach Jahreszeit kann die Zusammenstellung variiert werden. Es gibt abgepackte Kräutermischungen für die Sauce zu kaufen (etwa 150 g). Sie können auch 1 Bund gemischte Kräuter, z. B. Petersilie, Schnittlauch, Kerbel, Pimpinelle, Borretsch, Zitronenmelisse und Kresse oder Sauerampfer, verwenden. Oder die frischen Kräuter durch TK-Kräuter ersetzen.

Französischer Winzerauflauf

Mit Alkohol, wenn Sie es möchten

3–4 Portionen

Pro Portion: E: 18 g, F: 40 g, Kh: 41 g, kJ: 2493, kcal: 599, BE: 3,0

350 g	*Frühlingszwiebeln*
1 EL	*Butter*
50 ml	*trockener Weißwein oder Gemüsebrühe*
75 g	*Crème fraîche*
	Salz
	gem. Pfeffer
etwa 125 g	*Baguette*
2–3 EL	*Butter*
350 g	*reife Birnen*
250 g	*Ziegenkäse-Taler*
3–4 Stängel	*frischer Thymian oder Estragon*
1/4 TL	*Cayennepfeffer*
1–2 TL	*flüssiger Honig*
2–3 EL	*gehackte Haselnusskerne*

Zubereitungszeit: 30 Minuten
Garzeit: etwa 10 Minuten

1. Frühlingszwiebeln putzen, abspülen, abtropfen lassen und schräg in 2–3 cm breite Stücke schneiden. Butter in einer Pfanne zerlassen. Die Frühlingszwiebelstücke darin etwa 2 Minuten unter Rühren andünsten.

2. Wein oder Gemüsebrühe hinzugießen, zum Kochen bringen und bei starker Hitze verdampfen lassen. Die Crème fraîche unterrühren, mit Salz und Pfeffer würzen. Die Frühlingszwiebelstücke in 4 Portions-Gratin-Förmchen (gefettet) oder in eine große Gratinform (gefettet) geben.

3. Den Backofen vorheizen.
Ober-/Unterhitze: etwa 180 °C
Heißluft: etwa 160 °C

4. Baguette in 2–3 cm dicke Scheiben schneiden und mit Butter bestreichen. Die Baguettescheiben mit der bestrichenen Seite nach oben auf den Frühlingszwiebelstücken verteilen.

5. Birnen schälen, halbieren, entstielen, entkernen und in feine Spalten schneiden. Birnenspalten fächerartig auf den Baguettescheiben verteilen. Käsetaler waagerecht halbieren und auf die Birnenspalten legen.

6. Kräuter abspülen und trocken tupfen. Die Blättchen von den Stängeln zupfen. Kräuterblättchen und etwas Cayennepfeffer auf den Auflauf streuen. Honig daraufträufeln. Haselnusskerne darauf verteilen.

7. Die Förmchen oder die Form auf dem Rost in den vorgeheizten Backofen schieben. Den Auflauf **etwa 10 Minuten garen.**

Tipps: Statt Frühlingszwiebeln können Sie die gleiche Menge Porree (Lauch) verwenden. Der Auflauf ist dann etwas kräftiger im Geschmack. Die frischen Kräuter können durch getrocknete, gerebelte ersetzt werden. Dann die Menge der Kräuter reduzieren, da getrocknete Kräuter intensiver schmecken. Statt frischer Birnen können auch abgetropfte Birnenhälften (aus dem Glas) verwendet werden.

French Toast | Klassisch

4 Stück

Pro Stück: E: 34 g, F: 64 g, Kh: 251 g, kJ: 7297, kcal: 1741, BE: 21,0

Für das Kompott:

500 g frische Aprikosen
100 g Zucker
1 Stange Zimt
2 Sternanis
100 ml Wasser

Für den Toast:

4 Scheiben Weißbrot
50 ml Milch (3,5 % Fett)
4 Eier (Größe M)
100 g Schlagsahne
50 g Butter
3 EL Speiseöl
50 g Zucker
1 TL gem. Zimt

Zubereitungszeit: 25 Minuten

1. Für das Kompott die Aprikosen abspülen, abtropfen lassen, entstielen, halbieren und die Kerne entfernen. Aprikosenhälften in einen Topf geben. Zucker, Zimtstange, Sternanis und Wasser hinzugeben, zum Kochen bringen und etwa 2 Minuten kochen lassen, bis die Aprikosenhälften weich sind. Kompott abkühlen lassen.

2. Für den Toast in der Zwischenzeit Weißbrotscheiben entrinden. Die Milch in einen tiefen Teller gießen. Die Eier und Sahne in eine Rührschüssel geben und mit einer Gabel verschlagen. Butter in einer breiten Pfanne zerlassen, Speiseöl miterhitzen.

3. Die Weißbrotscheiben jeweils von beiden Seiten kurz in die Milch tauchen, dann die Scheiben durch die Eier-Sahne ziehen und sofort in dem erhitzten Fett bei mittlerer Hitze von beiden Seiten goldbraun braten. Die Toastscheiben mit einem Pfannenwender herausnehmen, auf Küchenpapier legen und das Fett abtropfen lassen.

4. Zucker und Zimt in einen tiefen Teller geben und mischen. Die Brotscheiben darin wälzen. Mit dem Aprikosenkompott servieren.

Tipps: Das Weißbrot kann 1–2 Tage alt sein. Besonders gut schmeckt süßes Rosinenbrot oder Brioche.

Fruchtiger Nudelsalat

Klassiker mal anders

6 Portionen

Pro Portion: E: 13 g, F: 10 g, Kh: 67 g, kJ: 1751, kcal: 419, BE: 5,5

5 l	*Wasser*
5 gestr. TL	*Salz*
500 g	*kurze Nudeln, z. B. Penne*
1	*Fenchelknolle*
etwa 120 g	*Rucola (Rauke)*
2	*Nektarinen*
185 g	*abgetropfte, entsteinte schwarze Oliven*
2 EL	*rotes Pesto (aus dem Glas)*
evtl. etwas	*Öl (von den Oliven)*
	Salz
	gem. Pfeffer

Zubereitungszeit: 30 Minuten

1. Wasser in einem Topf zugedeckt zum Kochen bringen. Dann Salz und Nudeln hinzugeben. Die Nudeln bei mittlerer Hitze nach Packungsanleitung gar kochen, dabei gelegentlich umrühren.

2. In der Zwischenzeit Fenchelknolle putzen, abspülen, abtropfen lassen, halbieren und in feine Streifen schneiden. Rucola verlesen und die dicken Stiele abschneiden. Rucola abspülen, trocken tupfen oder trocken schleudern. Rucola evtl. etwas kleiner zupfen.

3. Nektarinen abspülen, abtrocknen, halbieren und entsteinen. Die Nektarinenhälften in dünne Spalten schneiden.

4. Die gegarten Nudeln in ein Sieb geben, kurz mit kaltem Wasser abspülen und abtropfen lassen.

5. Die Oliven und das Pesto mit den Nudeln gut vermischen, nach Belieben etwas Öl von den Oliven hinzugeben. Fenchelstreifen, Nektarinenspalten und Rucola untermischen. Den Nudelsalat mit Salz und Pfeffer abschmecken.

Tipp: Verwenden Sie statt der Nektarinen 285 g abgetropfte Mandarinen (aus der Dose).

Frühlingszwiebelauflauf

Raffiniert

4 Portionen

Pro Portion: E: 35 g, F: 43 g, Kh: 35 g, kJ: 2801, kcal: 669, BE: 1,5

3 Bund Frühlingszwiebeln
400 g gegarte, kleine Kartoffeln
300 g Cocktailtomaten
350 g Kasseler-Aufschnitt (dickere Scheiben)
150 g Joghurt (3,5 % Fett)
200 g Schlagsahne
4 Eier (Größe M)
Salz
gem. Pfeffer
100 g Havarti, in Scheiben

Zubereitungszeit: 20 Minuten
Backzeit: etwa 20 Minuten

1. Den Backofen vorheizen.
Ober-/Unterhitze: etwa 200 °C
Heißluft: etwa 180 °C

2. Frühlingszwiebeln putzen, abspülen, abtropfen lassen und in etwa 5 cm lange Stücke schneiden.

3. Die Kartoffeln mit den Frühlingszwiebelstücken in eine große, flache Auflaufform (gefettet) legen.

4. Die Cocktailtomaten abspülen, trocken tupfen, halbieren und die Stängelansätze herausschneiden. Die Kasselerscheiben in Stücke schneiden und mit den Cocktailtomaten in die Form schichten.

5. Joghurt mit Sahne und Eiern verschlagen. Mit Salz und Pfeffer würzen. Den Eier-Sahne-Guss auf dem Auflauf verteilen. Käsescheiben in Streifen schneiden und darauflegen. Die Form auf dem Rost in den vorgeheizten Backofen (unteres Drittel) schieben. Den Frühlingszwiebelauflauf **etwa 20 Minuten garen** (bis die Eier-Masse gestockt ist).

Gado Gado (Gemüse mit Erdnusssauce) I

Indonesisches Gericht

4 Portionen

Pro Portion: E: 18 g, F: 20 g, Kh: 16 g, kJ: 1325, kcal: 317, BE: 1,5

500 g Blumenkohl
200 g grüne Bohnen
150 g Zuckerschoten
250 g dicke Möhren
Salz

Für die Erdnusssauce:

80 g Erdnussbutter
100 ml ungesüßte Kokosmilch
1 TL rote Currypaste
1 EL Sojasauce
2 EL Limettensaft

4 hart gekochte Eier
150 g Cocktailtomaten

Zubereitungszeit: 30 Minuten

1. Vom Blumenkohl die Blätter entfernen und den Strunk abschneiden. Den Blumenkohl in Röschen teilen, abspülen und abtropfen lassen. Von den Bohnen und Zuckerschoten die Enden abschneiden und evtl. abfädeln. Die Bohnen und Zuckerschoten abspülen und abtropfen lassen.

2. Die Möhren putzen, schälen, abspülen und abtropfen lassen. Nach Belieben in die Möhren der Länge nach mit einem kleinen Messer 3 Keile hineinschneiden. Die Möhren leicht schräg in etwa 1 cm dicke Scheiben schneiden.

3. Salzwasser in einem Topf zum Kochen bringen. Das Gemüse darin nacheinander bissfest garen (die Blumenkohlröschen etwa 3 Minuten, die Zuckerschoten etwa 1 Minute, die Möhrenscheiben etwa 2 Minuten und die Bohnen etwa 5 Minuten). Das gegarte Gemüse jeweils mit einer Schaumkelle aus dem Topf nehmen, mit eiskaltem Wasser abschrecken und in einem Sieb gut abtropfen lassen.

4. Für die Erdnusssauce in der Zwischenzeit die Erdnussbutter mit Kokosmilch, roter Currypaste, Sojasauce und Limettensaft verrühren, mit Salz würzen.

5. Die Eier pellen und längs vierteln. Tomaten abspülen, abtrocknen, vierteln und die Stängelansätze herausschneiden. Das Gemüse mit den Eierspalten, Tomatenvierteln und der Sauce anrichten.

Tipp: Servieren Sie Krabbenchips (Kroepoek) dazu.

Garnelen mit Kokosmilch und Chili I

Für Gäste

4 Portionen

Pro Portion: E: 23 g, F: 20 g, Kh: 7 g, kJ: 1255, kcal: 303, BE: 0,5

400 ml Kokosmilch
1 EL gelbe Chilipaste (Asialaden)
450 g geschälte Riesengarnelen (entdarmt)
2 EL Fischsauce (Asialaden)
½ EL Zucker oder flüssiger Honig
1–2 Stängel Koriander
1 rote Chilischote
1 Bio-Limette (unbehandelt, ungewachst)

Zubereitungszeit: 20 Minuten

1. Die Hälfte der Kokosmilch in einem Topf oder Wok erhitzen. Chilipaste unterrühren, zum Kochen bringen und 2–3 Minuten kochen lassen, bis sie anfängt zu duften.

2. Die Garnelen abspülen, trocken tupfen, hinzugeben und etwa 1 Minute mitgaren. Die restliche Kokosmilch, Fischsauce und Zucker oder Honig hinzugeben, wieder zum Kochen bringen und etwa 2 Minuten kochen.

3. Koriander abspülen und trocken tupfen. Blättchen von den Stängeln zupfen. Chili abspülen, trocken tupfen und schräg in Ringe schneiden. Limette heiß abwaschen, abtrocknen, in dünne Scheiben schneiden.

4. Garnelen in Portionsschalen oder auf einer Platte anrichten. Mit Chiliringen, Korianderblättchen und mit halbierten Limettenscheiben garnieren.

Beilage: Reis.

Gebackener Käse | Mediterran

2 Portionen

Pro Portion: E: 28 g, F: 37 g, Kh: 6 g, kJ: 1961, kcal: 469, BE: 0,5

2 kleine Tomaten
1 kleine, grüne Paprikaschote (etwa 150 g)
250 g Hirten- oder Schafskäse
1–1 ½ EL Olivenöl
40 g abgetropfte, schwarze, entsteinte Oliven (aus dem Glas)
½ TL gem. Kräuter der Provence
gem. Pfeffer
evtl. etwas Salz

Außerdem:
Alufolie

Zubereitungszeit: 10 Minuten
Backzeit: etwa 20 Minuten

1. Den Backofen vorheizen.
Ober-/Unterhitze: etwa 220 °C
Heißluft: etwa 200 °C

2. Tomaten abspülen, trocken tupfen und die Stängelansätze herausschneiden. Die Tomaten in Scheiben schneiden. Paprikaschote halbieren, entstielen, entkernen und die weißen Scheidewände entfernen. Schote abspülen, abtropfen lassen und in kleine Würfel schneiden. Den Käse waagerecht halbieren.

3. Aus doppelt gefalteter Alufolie 2 rechteckige Formen (je etwa 30 x 40 cm) falten und dünn mit etwas Olivenöl ausstreichen. Jeweils 1 Käsestück darauflegen, mit Tomatenscheiben, Paprikawürfeln und Oliven belegen. Alles kräftig mit Kräutern der Provence, Pfeffer und nach Belieben mit etwas Salz würzen. Das restliche Olivenöl daraufträufeln. Die Alufolie locker über dem Käse zusammenschlagen und die Enden fest verschließen.

4. Die Käsepäckchen auf ein Backblech legen und in den vorgeheizten Backofen schieben. Den Käse **etwa 20 Minuten backen** (der Käse soll nicht zerlaufen sein). Den Käse aus der Folie wickeln und servieren.

Beilage: Knusprig-frisches Bauern- oder Fladenbrot.

Tipp: Im Sommer kann man die Käsepäckchen auf den heißen Grillrost legen und 12–15 Minuten garen.

Gebratene Möhren-Gurken-Pfanne I

Vegetarisch

4 Portionen

Pro Portion: E: 9 g, F: 23 g, Kh: 20 g, kJ: 1372, kcal: 328, BE: 0,5

1 kg Möhren
1 Salatgurke
2 Stangen Porree (Lauch)
20 g frischer Ingwer
1 Bund glatte Petersilie
50 g Sonnenblumenkerne
6 EL Sojaöl
200 ml Gemüsebrühe
1 TL Speisestärke
1 EL kaltes Wasser
1 EL brauner Zucker
Salz
2 EL helle Sojasauce

Zubereitungszeit: 30 Minuten

1. Die Möhren putzen, schälen, abspülen, abtropfen lassen und in dünne Scheiben schneiden. Gurke abspülen, abtrocknen und die Enden abschneiden. Die Gurke längs vierteln, entkernen und in kleine dreieckige Stücke schneiden.

2. Porree putzen, die Stangen längs halbieren, gründlich waschen und abtropfen lassen. Porree in etwa 1 cm breite Streifen schneiden. Ingwer schälen und in feine Würfel schneiden. Petersilie abspülen und trocken tupfen. Die Blättchen von den Stängeln zupfen.

3. Die Sonnenblumenkerne in einem Wok ohne Fett unter Rühren goldbraun rösten und anschließend herausnehmen.

4. Das Sojaöl in dem Wok erhitzen. Die Möhrenscheiben darin etwa 2 Minuten unter Rühren anbraten. Die Gurkenstücke und Ingwerwürfel hinzugeben und weitere etwa 2 Minuten braten. Porreestreifen unterheben. Gemüsebrühe hinzugießen und alles kurz aufkochen lassen.

5. Speisestärke mit kaltem Wasser anrühren und unter die Möhren-Gurken-Pfanne rühren. Die Möhren-Gurken-Pfanne mit Zucker, Salz und Sojasauce abschmecken, anrichten und mit Sonnenblumenkernen und Petersilienblättchen bestreut servieren.

Beilage: Wildreismischung.

Gebratener Chinakohl I

Mit Alkohol

4 Portionen

Pro Portion: E: 5 g, F: 20 g, Kh: 19 g, kJ: 1270, kcal: 305, BE: 0,5

1 Chinakohl (etwa 1,3 kg)
1 Bund Frühlingszwiebeln
2 Knoblauchzehen
2 rote Paprikaschoten

80 ml Sherry
2 EL Weißweinessig
75 ml Orangensaft
3 EL Sojasauce
1 TL Sambal Oelek
1 EL Speisestärke

6 EL Erdnussöl
1–2 EL dunkles Sesamöl
Salz

Zubereitungszeit: 30 Minuten

1. Von dem Chinakohl die äußeren welken Blätter entfernen. Chinakohl vierteln und den Strunk herausschneiden. Chinakohl abspülen, gut abtropfen lassen und in schmale Streifen schneiden.

2. Frühlingszwiebeln putzen, abspülen, abtropfen lassen und schräg in etwa 2 cm dicke Scheiben schneiden. Knoblauch abziehen und in kleine Würfel schneiden. Die Paprikaschoten halbieren, entstielen, entkernen und die weißen Scheidewände entfernen. Schoten abspülen, abtropfen lassen und in Streifen schneiden.

3. Sherry mit Weinessig, Orangensaft, Sojasauce, Sambal Oelek und Speisestärke verrühren.

4. Erdnussöl in einem Wok erhitzen. Zuerst die Chinakohlstreifen darin unter Rühren anbraten. Knoblauchwürfel, Paprikastreifen und Frühlingszwiebelscheiben unterrühren. Die Sherrymischung hinzugießen. Die Zutaten kurz aufkochen lassen, mit Sesamöl und Salz abschmecken und servieren.

Beilage: Naturreis.

Geflügel-Gemüse-Pfanne I

Ein Hauch Asien

4 Portionen

Pro Portion: E: 37 g, F: 14 g, Kh: 22 g, kJ: 1524, kcal: 364, BE: 1,0

500 g Hähnchenbrustfilet
4 EL dunkle Sojasauce
100 g Mini-Maiskolben (frisch oder abgetropfte Mini-Maiskolben aus der Dose)
150 g Champignons
200 g Zuckerschoten
2 rote Paprikaschoten (je etwa 200 g)
2 Knoblauchzehen
4 Frühlingszwiebeln
5 EL Speiseöl, z. B. Sesamöl
2 Msp. Chiliflocken
200 ml Gemüsebrühe
4 EL dunkle Sojasauce
15 g Speisestärke
Salz
gem. Pfeffer
Zucker

Zubereitungszeit: 30 Minuten

1. Hähnchenbrustfilet kurz unter fließendem kalten Wasser abspülen, trocken tupfen und in feine Streifen schneiden. Die Hähnchenstreifen in einer Schüssel mit Sojasauce vermischen, zugedeckt im Kühlschrank etwa 15 Minuten durchziehen lassen.

2. In der Zwischenzeit Maiskolben putzen, abspülen, abtropfen lassen und halbieren. Champignons putzen, evtl. kurz abspülen, trocken tupfen und halbieren. Von den Zuckerschoten die Enden abschneiden, evtl. abfädeln. Zuckerschoten abspülen und abtropfen lassen.

3. Paprikaschoten halbieren, entstielen, entkernen und die weißen Scheidewände entfernen. Schoten abspülen, abtropfen lassen und in Streifen schneiden. Knoblauch abziehen, klein würfeln. Frühlingszwiebeln putzen, abspülen, abtropfen lassen und in Stücke schneiden.

4. Die Fleischstreifen aus der Marinade nehmen und etwas abtropfen lassen. 2 Esslöffel des Speiseöls in einer großen Pfanne erhitzen. Die Fleischstreifen darin von beiden Seiten 3–4 Minuten knusprig braun braten. Die Fleischstreifen aus der Pfanne nehmen und warm stellen.

5. Restliches Speiseöl zum Bratensatz in die Pfanne geben. Knoblauchwürfel darin andünsten. Vorbereitetes Gemüse in die Pfanne geben und unter Rühren etwa 3 Minuten braten. Mit Chiliflocken würzen.

6. Brühe und Sojasauce unterrühren, zum Kochen bringen. Speisestärke mit etwas Wasser anrühren, unter das Gemüse rühren und unter Rühren kurz aufkochen lassen. Fleischstreifen wieder hinzufügen und kurz miterwärmen. Die Gemüsepfanne mit Salz, Pfeffer und 1 Prise Zucker abschmecken.

Tipps: Servieren Sie nach Belieben noch Basmati-, Duft oder Langkornreis dazu. Das Hähnchenbrustfilet können Sie natürlich durch die gleiche Menge Putenbrustfilet ersetzen. Auch in feine Streifen geschnittenes Schweinefilet passt sehr gut dazu. Das Fleisch wird noch zarter, wenn Sie die Hähnchen-, Putenbrust- oder Schweinefiletstreifen mindestens 30 Minuten in der Sojasauce marinieren.

Geflügelstreifenpfanne mit rot-grünem Gemüse | Für Gäste

2 Portionen

Pro Portion: E: 56 g, F: 23 g, Kh: 32 g, kJ: 2348, kcal: 561, BE: 2,5

350 g Puten- oder Hähnchenschnitzel
1 EL Fischsauce
1 TL China-Gewürzzubereitung
1 TL gem. Ingwer
1 TL Speisestärke
150 g Austern- oder Shiitakepilze
250 g dünne, grüne Bohnen
Salz
1 rote Paprikaschote
200 g Zuckerschoten
4 EL Sojaöl
2 EL Sojasauce
gem. Pfeffer
½ TL Sambal Oelek
100 g Sojasprossen

Zubereitungszeit: 30 Minuten

1. Die Puten- oder Hähnchenschnitzel kurz unter fließendem kalten Wasser abspülen, trocken tupfen und in dünne Streifen schneiden.

2. Die Fleischstreifen mit Fischsauce, China-Gewürzzubereitung, Ingwer und Speisestärke vermischen.

3. Austern- oder Shiitakepilze putzen, evtl. kurz abspülen, gut abtropfen lassen und grob zerkleinern. Von den Bohnen die Enden abschneiden, evtl. abfädeln. Bohnen abspülen, abtropfen lassen und in Stücke schneiden.

4. Die Bohnenstücke in kochendem Salzwasser etwa 2 Minuten blanchieren, mit kaltem Wasser abschrecken und in einem Sieb abtropfen lassen.

5. Paprikaschote halbieren, entstielen, entkernen und die weißen Scheidewände entfernen. Schote abspülen, abtropfen lassen und in feine Streifen schneiden. Von den Zuckerschoten die Enden abschneiden. Die Zuckerschoten abspülen und abtropfen lassen.

6. Einen Esslöffel von dem Sojaöl in einem Wok erhitzen. Die Pilzstücke darin unter Rühren anbraten, dann aus dem Wok nehmen. 1 weiteren Esslöffel des Sojaöls im Wok erhitzen. Die Bohnenstücke in den Wok geben, unter Rühren 3–5 Minuten braten und ebenfalls wieder aus dem Wok nehmen.

7. Restliches Sojaöl in dem Wok erhitzen und die vorbereiteten Geflügelstreifen darin unter Rühren anbraten. Die Paprikastreifen und Zuckerschoten hinzufügen, kurz unter Rühren mitbraten.

8. Pilze und Bohnen wieder in den Wok geben. Alles mit Sojasauce, evtl. Salz, Pfeffer und Sambal Oelek abschmecken.

9. Die Sojasprossen verlesen, in ein Sieb geben, mit kaltem Wasser abspülen, abtropfen lassen und zum Schluss unter die Geflügelstreifenpfanne rühren, sofort servieren.

Tipp: Die Sojasprossen 1–2 Minuten in kochendem Salzwasser blanchieren, bevor sie diese unter die Geflügelpfanne rühren.

Gelbes Rindfleischcurry | Beliebt

4 Portionen

Pro Portion: E: 29 g, F: 23 g, Kh: 4 g, kJ: 1405, kcal: 338, BE: 0,5

500 g Rinderfilet oder Rumpsteak (ohne Fettrand)
1 grüne Chilischote
1 kleines Bund Basilikum
400 ml Kokosmilch
2 TL gelbe Currypaste
2 TL gem. Kurkuma (Gelbwurz)
100 g abgetropfte Bambussprossen in Streifen (aus dem Glas)
Zucker
Salz

Zubereitungszeit: 20 Minuten
Garzeit: 8–10 Minuten

1. Das Rinderfilet oder Rumpsteak mit Küchenpapier trocken tupfen und in feine, dünne Streifen schneiden.

2. Chilischote halbieren, entstielen, entkernen, abspülen, abtrocknen und schräg in Streifen schneiden.

3. Basilikum abspülen und trocken tupfen. Die Blättchen von den Stängeln zupfen.

4. Kokosmilch in einer Pfanne erhitzen. Currypaste und Kurkuma unterrühren.

5. Die Fleischstreifen, zwei Drittel der Basilikumblättchen, die Chilistreifen, Bambussprossen und etwas Zucker hinzufügen. Die Zutaten zum Kochen bringen und 8–10 Minuten leicht kochen lassen.

6. Rindfleischcurry vor dem Servieren mit Salz würzen und mit den restlichen Basilikumblättchen bestreuen.

Beilage: Reis oder Couscous.

Gemüse-Mett-Brötchen I

Partysnack

24 Stück

Pro Stück: E: 12 g, F: 14 g, Kh: 18 g, kJ: 1013, kcal: 242, BE: 1,5

2 rote Paprikaschoten
1 grüne Paprikaschote
350 g Gouda im Stück, mittelalt
800 g Thüringer Mett (gewürztes Schweinemett)
12 Mehrkornbrötchen

Zubereitungszeit: 15 Minuten
Backzeit: etwa 15 Minuten je Backblech

1. Den Backofen vorheizen.
Ober-/Unterhitze: etwa 200 °C
Heißluft: etwa 180 °C

2. Die Paprikaschoten halbieren, entstielen, entkernen und die weißen Scheidewände entfernen. Schoten gut abspülen, abtropfen lassen und in kleine Würfel schneiden.

3. 150 g von dem Käse grob raspeln. Den restlichen Käse in kleine Würfel schneiden.

4. Paprika- und Käsewürfel mit dem Thüringer Mett gut vermengen. Die Brötchen waagerecht halbieren. Die Mett-Paprika-Masse auf den Brötchenhälften verteilen. Die Brötchen auf Backbleche (mit Backpapier belegt) legen und mit den Käseraspeln bestreuen.

5. Die Backbleche nacheinander (bei Heißluft zusammen) in den vorgeheizten Backofen schieben. Die Gemüse-Mett-Brötchen **etwa 15 Minuten je Backblech backen.**

6. Die Backbleche auf Kuchenroste stellen. Die Brötchen warm oder kalt servieren.

Tipp: Die Brötchen mit Petersilienblättchen garniert servieren.

Variante: Für **Pizzabrötchen** (24 Stück) jeweils 250 g Kochschinken und Salami in kleine Würfel schneiden. Zusammen mit 165 g abgetropften Tomatenpaprika-Streifen (aus dem Glas) und 315 g abgetropften Champignonscheiben (aus dem Glas), 200 g geriebenem Käse, 250 g Salatmayonnaise und 200 g Schmand (Sauerrahm) verrühren, mit Oregano abschmecken. Den Belag wie beschrieben auf den Brötchenhälften verteilen. Die Brötchen 10–15 Minuten bei der angegebenen Backofentemperatur wie beschrieben überbacken.

Gemüsepfanne mit Tomatensauce I

Vegetarisch

4 Portionen

Pro Portion: E: 6 g, F: 11 g, Kh: 19 g, kJ: 853, kcal: 204, BE: 1,0

2	*mittelgroße Zucchini (etwa 400 g)*
1	*große Gemüsezwiebel (etwa 300 g)*
2	*Knoblauchzehen*
je 1	*rote, gelbe und grüne Paprikaschote*
1	*Spitzpaprika (Dolma Biber)*
1	*milde, rote Chilischote*
4 EL	*Olivenöl*
	Salz
	gem. Pfeffer
2 TL	*gerebelter Majoran*
2	*große Möhren*
400 g	*Pizzatomaten (aus der Dose)*
2 EL	*klein geschnittene Kräuter, z. B. Petersilie, Schnittlauch, Basilikum, Oregano*

Zubereitungszeit: 30 Minuten

1. Zucchini abspülen, abtrocknen und die Enden abschneiden. Zucchini längs halbieren und in Scheiben schneiden. Gemüsezwiebel und Knoblauch abziehen. Zwiebel halbieren und in grobe Würfel schneiden. Knoblauch durch eine Knoblauchpresse drücken.

2. Paprikaschoten und Chilischote halbieren, entstielen, entkernen und die weißen Scheidewände entfernen. Schoten abspülen und abtropfen lassen. Paprikaschoten in große Stücke und Chilischote in halbe Ringe schneiden.

3. Olivenöl in einem Wok erhitzen, das vorbereitete Gemüse darin nach und nach andünsten, mit Salz, Pfeffer und Majoran würzen. Das Gemüse zugedeckt etwa 10 Minuten garen.

4. In der Zwischenzeit Möhren putzen, schälen, abspülen, abtropfen lassen, grob reiben und mit den Pizzatomaten auf dem Gemüse verteilen. Die Gemüsepfanne nochmals gut erhitzen, kräftig abschmecken und mit den Kräutern bestreuen.

Beilage: Reis, Fladenbrot.

Tipp: Je nach Jahreszeit können Sie für diese Gemüsepfanne auch andere Gemüsesorten verwenden, z. B. Auberginen, Porree oder grüne Bohnen.

Gemüsepfannkuchen I

Preiswert

2–3 Portionen

Pro Portion: E: 28 g, F: 45 g, Kh: 92 g, kJ: 3706, kcal: 886, BE: 7,0

250 g	*Weizenmehl*
4	*Eier (Größe M)*
375 ml	*Milch (3,5 % Fett)*
125 ml	*Mineralwasser*
	Zucker
	Salz
1	*Gemüsezwiebel*
1	*rote Paprikaschote*
7–8 EL	*Speiseöl*
	gem. Pfeffer
etwas	*Kresse*

Zubereitungszeit: 30 Minuten, ohne Teigruhezeit

1. Für den Teig das Mehl in eine Rührschüssel geben. Eier mit Milch und Mineralwasser verschlagen, mit je 1 Prise Zucker und Salz würzen. Die Eiermilch nach und nach unter Rühren zum Mehl geben. Darauf achten, dass keine Klümpchen entstehen. Den Teig etwa 20 Minuten ruhen lassen.

2. In der Zwischenzeit für das Gemüse Gemüsezwiebel abziehen, halbieren und in sehr feine Streifen schneiden. Die Paprikaschote halbieren, entstielen, entkernen und die weißen Scheidewände entfernen. Schote ebenfalls in sehr feine Streifen schneiden.

3. Etwas Speiseöl in einer Pfanne erhitzen. Einige Zwiebel- und Paprikastreifen darin mit etwas Pfeffer etwa 2 Minuten dünsten. Den Teig gut durchrühren und eine dünne Teiglage mit einer drehenden Bewegung gleichmäßig auf dem Boden der Pfanne verteilen. Den Pfannkuchen von beiden Seiten bei mittlerer Hitze goldgelb backen, herausnehmen, warm stellen.

4. Aus dem restlichen Teig weitere Pfannkuchen backen, dabei den Teig vor jedem Backen umrühren.

5. Die Gemüsepfannkuchen auf Tellern anrichten und mit abgespülter, trocken getupfter Kresse garniert servieren.

Beilage: Blattsalat.

Gemüseplatte mit Käsesauce

Vegetarisch

4 Portionen

Pro Portion: E: 17 g, F: 12 g, Kh: 48 g, kJ: 1579, kcal: 376, BE: 3,0

800 g vorwiegend festkochende Kartoffeln
Salz
8 Möhren (etwa 800 g)
1 Bund Frühlingszwiebeln (etwa 250 g)
500 g Brokkoli
2 EL Sonnenblumenöl
500 ml heiße Gemüsebrühe
250 ml Milch (3,5 % Fett)
150 g Schmelzkäse-Zubereitung (kalorienreduziert, 10 % Fett)
2 geh. EL heller Saucenbinder
gem. Pfeffer
ger. Muskatnuss
½ EL TK-Petersilie

Zubereitungszeit: 30 Minuten

1. Die Kartoffeln schälen, abspülen, abtropfen lassen, in einem Topf knapp mit Wasser bedeckt, zugedeckt zum Kochen bringen, Salz hinzufügen. Die Kartoffeln in 20–25 Minuten gar kochen.

2. In der Zwischenzeit die Möhren putzen, schälen, abspülen, gut abtropfen lassen und schräg in dünne Scheiben schneiden. Frühlingszwiebeln putzen, abspülen, abtropfen lassen, in etwa 5 cm lange Stücke schneiden. Von dem Brokkoli die Blätter entfernen und die Röschen abschneiden. Die Röschen abspülen und abtropfen lassen.

3. Sonnenblumenöl in einer großen Pfanne erhitzen. Möhrenscheiben und Frühlingszwiebelstücke darin bei mittlerer Hitze 3–4 Minuten unter gelegentlichem Rühren andünsten. Brokkoliröschen hinzugeben. Heiße Gemüsebrühe hinzugießen, zum Kochen bringen und zugedeckt etwa 10 Minuten bei mittlerer Hitze garen.

4. Gemüse mit der Schaumkelle aus dem Gemüsesud nehmen und warm stellen.

5. Milch in den Gemüsesud rühren. Den Schmelzkäse hinzugeben und unter Rühren schmelzen lassen. Die Sauce kurz aufkochen und mit Saucenbinder binden. Die Käsesauce mit Salz, Pfeffer und Muskat abschmecken. Petersilie unterrühren.

6. Die gegarten Kartoffeln abgießen und in eine Schüssel geben.

7. Das Gemüse auf einer vorgewärmten Platte anrichten. Etwas Käsesauce darauf verteilen. Restliche Käsesauce und die Kartoffeln dazureichen.

Gemüserisotto mit Schinken und Käse | Würzig

4 Portionen

Pro Portion: E: 21 g, F: 16 g, Kh: 59 g, kJ: 1966, kcal: 470, BE: 4,5

1 mittelgroße Zwiebel
2 Möhren (etwa 150 g)
1 rote Paprikaschote
1 Bund Frühlingszwiebeln
2 EL Olivenöl
1 EL Tomatenmark
250 g Risottoreis
500 ml heiße Gemüsebrühe
1 Lorbeerblatt
gerebelter Oregano
gerebeltes Basilikum
Salz, gem. Pfeffer
Cayennepfeffer
100 g Kochschinken
200 g Fetakäse
1 EL klein geschnittene Petersilie

Zubereitungszeit: 30 Minuten

1. Zwiebel abziehen und in kleine Würfel schneiden. Möhren putzen, schälen, abspülen, abtropfen lassen und ebenfalls klein würfeln. Paprikaschote halbieren, entstielen, entkernen und die weißen Scheidewände entfernen. Schote abspülen, abtropfen lassen und in kleine Würfel schneiden. Frühlingszwiebeln putzen, abspülen, abtropfen lassen und in Stücke schneiden.

2. Das Olivenöl in einer großen Pfanne erhitzen. Die Zwiebel- und Möhrenwürfel darin unter Rühren andünsten. Paprikawürfel, Frühlingszwiebelstücke und Tomatenmark unterrühren.

3. Den Reis hinzufügen und glasig dünsten. Brühe, Lorbeerblatt, Oregano, Basilikum, Salz, Pfeffer und Cayennepfeffer hinzufügen. Die Zutaten zum Kochen bringen. Den Reis etwa 15 Minuten ausquellen lassen (nicht umrühren, da er sonst breiig wird).

4. Schinken und Fetakäse in Würfel schneiden und unter den Risotto heben. Nochmals mit den Gewürzen abschmecken. Gemüserisotto in eine Schüssel geben, mit Petersilie bestreuen und sofort servieren.

Variante: Für ein **Spargelrisotto „Milano“** 2 Frühlingszwiebeln putzen, abspülen, abtropfen lassen und in Scheiben schneiden. Von 500 g grünem Spargel das untere Drittel schälen und die unteren Enden abschneiden. Spargel abspülen, abtropfen lassen und in etwa 2 cm lange Stücke schneiden. 1 Knoblauchzehe abziehen und durch eine Knoblauchpresse drücken. 2 Esslöffel Olivenöl in einer großen Pfanne erhitzen. 250 g Risottoreis, Frühlingszwiebelscheiben und Knoblauch darin etwa 1 Minute unter Rühren dünsten. 750 ml heiße Hühnerbrühe hinzugießen. Spargelstücke hinzufügen. Die Zutaten zum Kochen bringen, umrühren und etwa 15 Minuten bei schwacher Hitze ausquellen lassen. 50 g Parmesan reiben und mit 2 Esslöffeln Butter vorsichtig unter den Risotto mischen. Den Risotto mit Pfeffer würzen, mit 1–2 Esslöffeln klein geschnittenen Basilikumblättchen bestreut servieren.

Geschmolzene Tomaten mit Mozzarella I

Vegetarisch – aus der Mikrowelle

2–3 Portionen

Pro Portion: E: 39 g, F: 58 g, Kh: 71 g, kJ: 4021, kcal: 960, BE: 5,5

500 g Tomaten
375 g abgetropfter Mozzarella
1 kleiner Topf Basilikum
Salz
gem. Pfeffer
Knoblauchpulver
1 EL weißer Balsamico-Essig
3 EL Olivenöl

Außerdem:

1 kleines Baguette (etwa 280 g)
30 ml Olivenöl oder
30 g Knoblauchbutter

Zubereitungszeit: 25 Minuten

1. Tomaten abspülen, trocken tupfen, vierteln und die Stängelansätze herausschneiden. Tomatenviertel entkernen. Den Mozzarella in große Würfel schneiden. Basilikum abspülen und trocken tupfen. Die Blättchen von den Stängeln zupfen (einige Blättchen zum Garnieren beiseitelegen), Blättchen klein schneiden.

2. Tomatenviertel mit Mozzarellawürfeln und Basilikum mischen. Mit Salz, Pfeffer, Knoblauch und Essig kräftig würzen. Die Zutaten in eine mikrowellengeeignete Form geben und mit Olivenöl beträufeln. Die Form in die Mikrowelle stellen und bei 800 Watt etwa 6 Minuten (bei 600 Watt 7–8 Minuten) ohne Abdeckhaube garen. Anschließend noch etwa 2 Minuten in der ausgeschalteten Mikrowelle stehen lassen.

3. Während der Garzeit Baguette in dünne Scheiben schneiden. Olivenöl oder Knoblauchbutter in einer Pfanne erhitzen bzw. zerlassen. Die Baguettescheiben darin von beiden Seiten braten.

4. Geschmolzene Tomaten mit Mozzarella mit den beiseitegelegten Basilikumblättchen garnieren und mit den Baguettescheiben sofort servieren.

Geschnetzeltes mit Frischkäse I

Mit Alkohol

6 Portionen

Pro Portion: E: 35 g, F: 31 g, Kh: 4 g, kJ: 1858, kcal: 444, BE: 0,0

750 g	*Schnitzelfleisch*
1	*Zwiebel*
½ Bund	*Frühlingszwiebeln*
2 ½ EL	*Speiseöl, z. B. Olivenöl*
	Salz
	gem. Pfeffer
250 ml	*Gemüsebrühe*
250 g	*Schlagsahne*
200 g	*abgetropfte Champignonscheiben (aus dem Glas)*
200 g	*Doppelrahm-Frischkäse*
100 ml	*trockener Weißwein*
evtl. 1 TL	*Currypulver*

Zubereitungszeit: 30 Minuten

1. Schnitzelfleisch mit Küchenpapier trocken tupfen und in dünne Streifen schneiden.

2. Zwiebel abziehen und klein würfeln. Frühlingszwiebeln putzen, abspülen, abtropfen lassen und schräg in feine Scheiben schneiden.

3. Etwas Speiseöl in einem Bräter erhitzen. Fleischstreifen darin evtl. portionsweise von beiden Seiten anbraten, mit Salz und Pfeffer würzen. Fleischstreifen aus dem Bräter nehmen und auf einen Teller geben. Die Zwiebelwürfel in dem verbliebenen Bratfett in dem Bräter andünsten.

4. Die Brühe und Sahne einrühren und zum Kochen bringen. Champignons und Frühlingszwiebelscheiben hinzufügen. Frischkäse und Wein unterrühren und erwärmen. Die Fleischstreifen wieder hinzufügen und kurz miterhitzen. Das Geschnetzelte mit Salz, Pfeffer und evtl. Curry abschmecken.

Beilage: Bandnudeln oder Reis und ein Salat.

Gnocchi-Champignon-Pfanne

Würzig – vegetarisch

4 Portionen

Pro Portion: E: 10 g, F: 14 g, Kh: 75 g, kJ: 1948, kcal: 465, BE: 6,0

100 g Kräuter, z. B. Brunnenkresse oder Basilikum
800 g Gnocchi (aus dem Kühlregal)
Salz
300 g braune, kleine Champignons
4 Roma- oder Fleischtomaten (etwa 400 g)
2 Knoblauchzehen
40 g Butter
2 EL Olivenöl
gem. bunter Pfeffer

Zubereitungszeit: 25 Minuten

1. Die Kräuter abspülen und trocken tupfen. Die Blättchen von den Stängel abschneiden bzw. zupfen. Blättchen klein schneiden.

2. Gnocchi in kochendem Salzwasser nach Packungsanleitung etwa 2 Minuten garen und anschließend in einem Sieb abtropfen lassen.

3. Die Champignons putzen, evtl. kurz abspülen, trocken tupfen und in Scheiben schneiden. Tomaten abspülen, trocken tupfen, halbieren, entkernen und die Stängelansätze herausschneiden. Die Tomaten in Würfel schneiden. Knoblauch abziehen und durch eine Knoblauchpresse drücken oder klein würfeln.

4. Die Butter in einer Pfanne zerlassen, das Olivenöl miterhitzen. Zuerst die Champignonscheiben, dann Kräuter und zuletzt Gnocchi darin unter Rühren leicht anbraten. Mit Salz, Pfeffer und Knoblauch würzen. Tomatenwürfel unterheben.

Gratinierte Ricotta-Spinat-Ravioli mit Daikonkresse I

Etwas Besonderes – vegetarisch

4 Portionen

Pro Portion: E: 17 g, F: 33 g, Kh: 42 g, kJ: 2258, kcal: 540, BE: 3,5

500 g	*frische Ravioli mit Ricotta-Spinat-Füllung (aus dem Kühlregal)*
	Salz
2	*Fleischtomaten*
20 g	*Butter*
1	*Ei (Größe M)*
150 g	*Schlagsahne*
	gem. Pfeffer
75 g	*frisch ger. Parmesan oder Pecorino*
2 Schalen	*Daikonkresse*

Zubereitungszeit: 10 Minuten
Backzeit: etwa 25 Minuten

1. Ravioli in kochendem Salzwasser nach Packungsanleitung al dente kochen. Ravioli in ein Sieb geben, kurz mit kaltem Wasser abspülen und gut abtropfen lassen. Tomaten abspülen, trocken tupfen, halbieren, entkernen und die Stängelansätze herausschneiden. Tomaten in Würfel schneiden.

2. Den Backofen vorheizen.
Ober-/Unterhitze: etwa 200 °C
Heißluft: etwa 180 °C

3. Ravioli in eine Auflaufform (etwa 20 x 30 cm, gefettet) schichten. Dabei jeweils die einzelnen Schichten mit einigen Butterflöckchen belegen.

4. Ei mit Sahne verschlagen. Die Ravioli damit übergießen. Tomatenwürfel darauf verteilen. Mit Salz und Pfeffer würzen, mit Käse bestreuen.

5. Form auf dem Rost in den vorgeheizten Backofen schieben. Spinat-Ravioli **etwa 25 Minuten backen.**

6. In der Zwischenzeit die Daikonkresse abspülen, trocken tupfen und abschneiden.

7. Spinat-Ravioli mit der Kresse bestreut servieren.

Tipp: Sie können auch anders gefüllte Ravioli oder Tortellini verwenden.

Grüne Bandnudeln mit Meeresfrüchten und Tomaten I

Mit Alkohol

4 Portionen

Pro Portion: E: 32 g, F: 25 g, Kh: 55 g, kJ: 2437, kcal: 582, BE: 4,0

2 1/2 l Wasser
2 1/2 gestr. TL Salz
250 g grüne Bandnudeln

Für die Tomaten-Meeresfrüchte-Sauce:

2 Knoblauchzehen
1 Zwiebel
4 EL Olivenöl
100 g Möhren
150 g Porree (Lauch)
4 EL Weißwein
800 g geschälte Tomaten (aus der Dose)
Salz
gem. Pfeffer
gerebelter Oregano
8 abgetropfte, gefüllte, grüne Oliven
150 g Kabeljaufilet
100 g Shrimps
2 EL Zitronensaft
75 g abgetropftes Muschelfleisch (aus der Dose)
100 TK-Tintenfischringe, gegart

40 g Butter
40 g ger. Parmesan
1 EL klein geschnittene Petersilie

Zubereitungszeit: 30 Minuten

1. Wasser in einem großen Topf zugedeckt zum Kochen bringen. Dann Salz und Nudeln hinzugeben. Die Nudeln im geöffneten Topf bei mittlerer Hitze nach Packungsanleitung bissfest kochen, dabei gelegentlich umrühren.

2. In der Zwischenzeit Knoblauch und Zwiebel abziehen, klein würfeln. Olivenöl in einem Topf erhitzen. Knoblauch- und Zwiebelwürfel darin andünsten. Möhren und Porree putzen. Die Möhren schälen, abspülen, abtropfen lassen und in Streifen schneiden. Porreestange längs halbieren, gründlich waschen, abtropfen lassen und ebenfalls in Streifen schneiden. Die Möhren- und Porreestreifen zu der Zwiebel-Knoblauch-Mischung geben und mitdünsten lassen.

3. Mit Weißwein ablöschen. Tomaten mit der Flüssigkeit hinzufügen, mit Salz, Pfeffer und Oregano würzen. Tomatensauce zum Kochen bringen und etwa 5 Minuten kochen lassen. Oliven in Scheiben schneiden und hinzufügen.

4. Kabeljaufilet und Shrimps kurz unter fließendem kalten Wasser abspülen, trocken tupfen. Kabeljaufilet in Stücke schneiden. Mit Salz und Pfeffer würzen, mit Zitronensaft beträufeln und auf die Tomatensauce legen.

5. Muschelfleisch, gefrorene Tintenfischringe und Shrimps ebenfalls hinzufügen und zugedeckt etwa 5 Minuten dünsten.

6. Die gegarten Bandnudeln in ein Sieb geben, mit heißem Wasser abspülen und abtropfen lassen. Die Nudeln in zerlassener Butter schwenken.

7. Tomaten-Meeresfrüchte-Sauce gut umrühren, evtl. nochmals abschmecken, Nudeln unterheben. Mit Parmesan und Petersilie bestreuen und sofort servieren.

Gurken-Minze-Pfanne mit Shrimps I

Raffiniert

2 Portionen

Pro Portion: E: 37 g, F: 25 g, Kh: 13 g, kJ: 1786, kcal: 426, BE: 0,1

2	*Salatgurken (etwa 750 g)*
4	*Tomaten (etwa 400 g)*
½ Bund	*frische Minze*
350 g	*Shrimps (ohne Kopf und Schale, entdarmt)*
2 EL	*Olivenöl*
75 g	*Crème fraîche*
	Salz
	gem. Pfeffer

Zubereitungszeit: 30 Minuten

1. Die Gurken schälen und die Enden abschneiden. Gurken jeweils längs halbieren und die Kerne mit einem Löffel herausschaben. Gurkenhälften evtl. kurz abspülen, trocken tupfen und in Scheiben schneiden.

2. Tomaten abspülen, trocken tupfen, halbieren und die Stängelansätze herausschneiden. Tomaten grob würfeln.

3. Minze abspülen und trocken tupfen. Die Blättchen von den Stängeln zupfen. Einige Blättchen zum Garnieren beiseitelegen. Restliche Blättchen klein schneiden. Shrimps kurz unter fließendem kalten Wasser abspülen und trocken tupfen.

4. Olivenöl in einer großen Pfanne erhitzen. Die Gurkenscheiben darin von beiden Seiten leicht anbraten. Tomatenwürfel hinzufügen und 5–10 Minuten mitdünsten lassen. Shrimps und Minze unterheben. Die Crème fraîche unterrühren. Die Zutaten zum Kochen bringen und 3–5 Minuten bei schwacher Hitze leicht kochen lassen. Gurken-Minze-Pfanne mit Salz und Pfeffer würzen. Mit den beiseitegelegten Minzeblättchen garnieren.

Gurkensuppe mit Joghurt I

Löffel für Löffel genießen

4 Portionen

Pro Portion: E: 5 g, F: 13 g, Kh: 8 g, kJ: 723, kcal: 172, BE: 0,5

1	*große Salatgurke*
2	*Knoblauchzehen*
500 g	*griechischer Joghurt*
etwa 10 EL	*Milch (3,5 % Fett) oder kaltes Wasser*
evtl. je 2–3 Stängel	*Dill und Minze*
	Salz
	gem. Pfeffer
evtl. einige Tropfen	*Speiseöl*

Zubereitungszeit: 20 Minuten, ohne Durchziehzeit

1. Die Gurke abspülen, abtrocknen und die Enden abschneiden. Gurke in sehr kleine Stücke schneiden oder raspeln und in eine Schüssel geben. Knoblauch abziehen, durch eine Knoblauchpresse drücken oder klein schneiden und hinzugeben.

2. Den Joghurt mit Milch oder Wasser glatt rühren, zu den Gurken in die Schüssel geben und verrühren.

3. Kräuter abspülen und trocken tupfen. Die Spitzen bzw. Blättchen von den Stängeln zupfen. Einige Spitzen und Blättchen zum Garnieren beiseitelegen. Restliche Spitzen und Blättchen klein schneiden und unter die Suppe rühren. Die Suppe mit Salz und Pfeffer abschmecken und zugedeckt etwa 2 Stunden im Kühlschrank durchziehen lassen.

4. Nach Belieben zum Servieren etwas Speiseöl unter die Suppe rühren. Die Suppe in Schalen anrichten und mit den beiseitegelegten Dillspitzen und Minzeblättchen garniert servieren.

Beilage: Geröstetes Vollkorn-Toastbrot.

Tipp: Je nachdem, ob Sie die Suppe lieber dünn- oder dickflüssig mögen, etwas mehr oder weniger Milch oder Wasser unterrühren.

Gyros-Pilz-Taschen I

Weckt das Fernweh

4 Portionen

Pro Portion: E: 21 g, F: 11 g, Kh: 41 g, kJ: 1459, kcal: 349, BE: 3,5

300 g Pilze, z. B. Pfifferlinge oder Champignons
1 rote Paprikaschote
1 Stange Porree (Lauch)
200 g Schweinefilet
2 EL Olivenöl
Salz
gem. Pfeffer
Gyros-Gewürzmischung

Für die Sauce:

½ Bund Petersilie
150 g saure Sahne
2 EL Milch (1,5 % Fett)
1 Prise Zucker

4 Pitabrot-Taschen

Zubereitungszeit: 30 Minuten

1. Pilze putzen, evtl. kurz abspülen und gut abtropfen lassen. Pilze in Scheiben oder Stücke schneiden. Die Paprikaschote halbieren, entstielen, entkernen und die weißen Scheidewände entfernen. Schote abspülen, abtropfen lassen und in feine Streifen schneiden.

2. Porree putzen, die Stange längs halbieren, gründlich waschen, gut abtropfen lassen und in dünne Streifen schneiden. Schweinefilet mit Küchenpapier trocken tupfen, evtl. entfetten und enthäuten. Filet in feine Streifen schneiden.

3. Ein Esslöffel Olivenöl in einer Pfanne erhitzen. Filetstreifen darin von beiden Seiten anbraten, mit Salz, Pfeffer und Gyros-Gewürz würzen und herausnehmen.

4. Restliches Olivenöl zum Bratfett in die Pfanne geben und erhitzen. Die Pilzscheiben oder -stücke darin unter Rühren anbraten. Paprika- und Porreestreifen hinzugeben. Mit Salz und Pfeffer würzen und unter Rühren 3–5 Minuten braten. Das Gemüse mit Gyros-Gewürz abschmecken. Die Fleischstreifen wieder hinzugeben und untermischen.

5. Für die Sauce in der Zwischenzeit Petersilie abspülen und trocken tupfen. Die Blättchen von den Stängeln zupfen, Blättchen klein schneiden. Saure Sahne mit Milch verrühren, Petersilie unterrühren. Die Sauce mit Salz, Pfeffer und Zucker abschmecken.

6. Pitabrot-Taschen nach Packungsanleitung toasten. Die Pitabrot-Taschen mit der Gyros-Pilz-Mischung füllen und mit der Sauce anrichten.

Gyros-Pizza I

Grüße aus Griechenland

4 Portionen

Pro Portion: E: 33 g, F: 25 g, Kh: 53 g, kJ: 2428, kcal: 577, BE: 4,5

1–2 EL	*Speiseöl, z. B. Olivenöl*
300 g	*Gyrosfleisch, fertig mariniert*
1 Pck.	*Pizzateig mit Tomatensauce (400 g + 200 g, aus dem Kühlregal)*
200 g	*passierte Tomaten (aus der Dose)*
etwa 70 g	*abgetropfte Peperoni (aus dem Glas)*
150 g	*ger. Gouda*
2–3 Stängel	*glatte Petersilie*

Zubereitungszeit: 20 Minuten
Backzeit: 10–12 Minuten

1. Jeweils etwas Speiseöl in einer großen Pfanne erhitzen. Das Gyrosfleisch darin portionsweise unter Wenden bei mittlerer bis starker Hitze kräftig anbraten, anschließend aus der Pfanne nehmen.

2. Den Backofen vorheizen.
Ober-/Unterhitze: etwa 220 °C
Heißluft: etwa 200 °C

3. Den Pizzateig auf einem Backblech (30 x 40 cm, gefettet, mit Backpapier belegt) entrollen.

4. Die Tomatensauce (aus der Packung) mit den passierten Tomaten in einer Schüssel verrühren. Die Tomatensauce auf dem Teig gleichmäßig verstreichen.

5. Gyros und Peperoni darauf verteilen und mit dem Käse bestreuen. Das Backblech in den vorgeheizten Backofen schieben. Die Pizza nach Packungsanleitung **10–12 Minuten backen.**

6. In der Zwischenzeit die Petersilie abspülen und trocken tupfen. Die Blättchen von den Stängeln zupfen. Blättchen klein schneiden.

7. Die gebackene Pizza in 4 gleich große Stücke schneiden und mit der Petersilie bestreut servieren.

Hackbällchen auf Gemüsestreifen I

(Zubereitung im Bambusdämpfer, Ø etwa 26 cm)
Raffiniert
4 Portionen

Pro Portion: E: 32 g, F: 26 g, Kh: 13 g, kJ: 1711, kcal: 409, BE: 1,0

2 Scheiben Toastbrot
1 rote Zwiebel
2 Knoblauchzehen
1 Topf Majoran
500 g Rindergehacktes
1 Ei (Größe M)
1 EL körniger Senf
Salz
gem. Pfeffer
2 dicke Möhren
1 Stange Porree (Lauch)
1 EL Butter
2 EL Sonnenblumenkerne

Außerdem:
20 kleine Pergamentpapierstücke

Zubereitungszeit: 30 Minuten

1. Toastbrotscheiben in kaltem Wasser einweichen. Zwiebel und Knoblauch abziehen und in kleine Würfel schneiden.

2. Majoran abspülen und trocken tupfen. Einige Stängel zum Garnieren beiseitelegen. Von den restlichen Stängeln die Blättchen abzupfen. Blättchen klein schneiden. Abgezupfte Stängel beiseitelegen.

3. Gehacktes in eine Schüssel geben. Toastbrotscheiben ausdrücken, mit Ei, Senf, Zwiebel-, Knoblauchwürfeln und der Hälfte des klein geschnittenen Majorans zum Gehackten geben und gut verkneten. Mit Salz und Pfeffer würzen.

4. Aus der Gehacktesmasse mit angefeuchteten Händen etwa 20 gleich große Bällchen formen. Diese in dem restlichen Majoran wälzen.

5. Von den Hackbällchen jeweils 10 Stück auf den Pergamentpapierstücken in je einen Dämpfeinsatz legen. Einsätze aufeinanderstellen und mit dem Deckel verschließen.

6. Eine große Pfanne oder einen Wok etwa 3 cm hoch mit Wasser füllen, die abgezupften Majoranstängel hinzufügen, das Wasser zum Kochen bringen. Den Bambusdämpfer hineinsetzen. Die Hackbällchen etwa 15 Minuten dämpfen.

7. In der Zwischenzeit die Möhren putzen, schälen, abspülen, abtropfen lassen und in dünne Streifen schneiden.

8. Porree putzen, die Stange längs halbieren, gründlich waschen, abtropfen lassen und ebenfalls in dünne Streifen schneiden.

9. Butter in einer Pfanne zerlassen. Die Gemüsestreifen darin andünsten, evtl. etwas Wasser hinzufügen. Gemüsestreifen etwa 5 Minuten dünsten, dann mit Salz und Pfeffer würzen.

10. In der Zwischenzeit Sonnenblumenkerne in einer Pfanne ohne Fett hellbraun rösten und unter die Gemüsestreifen rühren.

11. Die Hackbällchen auf dem Gemüse anrichten und mit den beiseitegelegten Majoranstängeln garniert servieren.

Hackfleisch-Tandoori-Suppe

Löffel für Löffel genießen

4 Portionen

Pro Portion: E: 21 g, F: 32 g, Kh: 15 g, kJ: 1793, kcal: 429, BE: 1,0

1 EL	Olivenöl
300 g	Rindergehacktes
1	Knoblauchzehe
1 TL	Tomatenmark
	Salz
	gem. Pfeffer
1–2 TL	Tandoori-Gewürz (Pulver oder Paste aus dem Glas)
800 ml	heiße Gemüsebrühe
500 g	vorbereitetes Kürbis-Fruchtfleisch, z. B. Butternut, gelber Zentner oder Hokkaido
250 g	TK-Blumenkohlröschen
1 Bund	Frühlingszwiebeln
200 g	Schlagsahne
4 TL	Crème fraîche

Zubereitungszeit: 25 Minuten

1. Für die Suppe Olivenöl in einem Topf erhitzen. Gehacktes darin unter Rühren anbraten, dabei die Fleischklümpchen mit einer Gabel zerdrücken.

2. Knoblauch abziehen, in kleine Würfel schneiden und hinzugeben. Tomatenmark unterrühren und mit anbraten. Die Hackfleischmasse mit Salz, Pfeffer und Tandoori-Gewürz würzen. Brühe hinzugießen und zum Kochen bringen.

3. Das Kürbis-Fruchtfleisch in 1–2 cm große Würfel schneiden. Kürbiswürfel und die gefrorenen Blumenkohlröschen in die Suppe geben, wieder zum Kochen bringen. Die Zutaten bei schwacher Hitze etwa 10 Minuten kochen lassen.

4. In der Zwischenzeit Frühlingszwiebeln putzen, abspülen, abtropfen lassen und in Scheiben schneiden. Frühlingszwiebelscheiben und Sahne in die Suppe geben und unterrühren. Die Suppe wieder zum Kochen bringen und weitere etwa 5 Minuten kochen lassen. Mit Salz und Pfeffer abschmecken.

5. Die Suppe in tiefen Tellern oder Suppentassen verteilen und mit je 1 Teelöffel Crème fraîche garnieren.

Hacknester | Würzig

4 Portionen

Pro Portion: E: 36 g, F: 44 g, Kh: 12 g, kJ: 2485, kcal: 593, BE: 1,0

1	*Brötchen (Semmel) vom Vortag*
1	*Zwiebel*
500 g	*Gehacktes (halb Rind-, halb Schweinefleisch)*
1	*Ei (Größe M)*
1 TL	*gerebelter Thymian*
1 Msp.	*Paprikapulver rosenscharf*
	Salz, gem. Pfeffer
4 EL	*Speiseöl*
300 g	*Tomaten*
200 g	*Schafskäse*
etwas	*Rucola (Rauke)*

Zubereitungszeit: 25 Minuten
Überbackzeit: etwa 10 Minuten

1. Brötchen in kaltem Wasser einweichen. Zwiebel abziehen und in kleine Würfel schneiden.

2. Gehacktes in eine Schüssel geben. Ei, ausgedrücktes Brötchen und Zwiebelwürfel gut unterkneten. Mit Thymian, Paprika, Salz und Pfeffer würzen.

3. Aus der Hackfleischmasse mit angefeuchteten Händen 8 Frikadellen formen. In die Mitte der Frikadellen je eine Vertiefung drücken.

4. Speiseöl in einer Pfanne erhitzen. Die Frikadellen darin von der unteren Seite anbraten, herausnehmen und auf ein Backblech (mit Backpapier belegt) setzen.

5. Den Backofengrill vorheizen.

6. Tomaten kreuzweise einschneiden, mit kochendem Wasser übergießen. Nach 1–2 Minuten herausnehmen und mit kaltem Wasser abschrecken. Tomaten häuten, halbieren und die Stängelansätze herausschneiden. Die Tomaten in kleine Würfel schneiden. Schafskäse zerbröseln.

7. Tomatenwürfel mit den Käsebröseln vermischen und in die Vertiefungen der Frikadellen füllen.

8. Das Backblech unter den vorgeheizten Backofengrill schieben und die Hacknester **etwa 10 Minuten überbacken.**

9. In der Zwischenzeit Rucola verlesen und die dicken Stiele entfernen. Rucola abspülen und trocken tupfen. Die Hacknester vom Backblech nehmen, auf Tellern anrichten und mit Rucola garnieren.

Hähnchencurry | Fruchtig

2 Portionen

Pro Portion: E: 42 g, F: 37 g, Kh: 65 g, kJ: 3204, kcal: 767, BE: 5,5

2 Hähnchenbrustfilets (etwa 300 g)
2 Frühlingszwiebeln
1 kleiner Apfel
2 Möhren
2 EL Butter
1–2 gestr. TL rote Currypaste oder Currypulver
200 ml Kokosmilch (aus der Dose)
1 TL Gemüsebrühenpulver oder Gemüsepaste
2 abgetropfte Ananasscheiben (aus der Dose oder Kühlregal)
1 Beutel vorgegarter Express-Reis (250 g, aus dem Nährmittelregal)

Zubereitungszeit: 25 Minuten

1. Die Hähnchenbrustfilets kurz unter fließendem kalten Wasser abspülen, trocken tupfen und in feine Streifen schneiden.

2. Die Frühlingszwiebeln putzen, abspülen, abtropfen lassen und in feine Scheiben schneiden. Den Apfel abspülen, abtrocknen, vierteln, entstielen, entkernen und in Würfel schneiden. Möhren putzen, schälen, abspülen, abtropfen lassen und in dünne Scheiben schneiden.

3. Die Butter in einem Topf oder einer Pfanne zerlassen. Die Hähnchenstreifen mit den Zwiebel- und Möhrenscheiben darin anbraten und unter gelegentlichem Rühren weitere etwa 5 Minuten braten. Dann die Apfelwürfel unterrühren.

4. Currypaste oder -pulver und Kokosmilch unterrühren. Hähnchencurry mit Gemüsebrühenpulver oder Gemüsepaste würzen, gut verrühren und weitere etwa 5 Minuten kochen lassen.

5. Ananasscheiben in kleine Stücke schneiden und mit dem Reis in dem Curry erwärmen. Oder den Ananas-Reis erwärmen und dazureichen.

Hähnchenflügel aus der Mikrowelle, würzige I

Leckerer Abendsnack

2 Portionen

Pro Portion: E: 25 g, F: 26 g, Kh: 5 g, kJ: 1482, kcal: 353, BE: 0,5

400 g Hähnchenflügel, ohne Spitze
Salz
gem. Pfeffer
2 EL süße Chilisauce

Zubereitungszeit: 10 Minuten
Garzeit: etwa 13 Minuten

1. Die Hähnchenflügel kurz unter fließendem kalten Wasser abspülen und trocken tupfen. Die Flügel im Gelenk nochmals teilen. Mit Salz und Pfeffer würzen und mit Chilisauce bestreichen.

2. Hähnchenflügel in eine mikrowellengeeignete Auflaufform (gefettet) geben. Die Form in die Mikrowelle stellen.

3. Die Hähnchenflügel bei 800 Watt etwa 13 Minuten (bei 600 Watt etwa 15 Minuten) mit Abdeckhaube garen. Nach der Hälfte der Garzeit die Hähnchenflügel wenden und mit dem entstandenen Bratfond bestreichen. Hähnchenflügel mit Abdeckhaube fertig garen.

4. Hähnchenflügel in der ausgeschalteten Mikrowelle etwa 2 Minuten stehen lassen.

Beilage: Kräuterquark mit Schnittlauch und Knoblauch gewürzt und süße Chilisauce.

Hähnchenflügel, ungarisch

Weckt das Fernweh

4 Portionen

Pro Portion: E: 29 g, F: 49 g, Kh: 11 g, kJ: 2492, kcal: 595, BE: 1,0

800 g	*Hähnchenflügel*
	Salz
	gem. Pfeffer
2 TL	*Paprikapulver edelsüß*
800 g	*bunte Paprikaschoten, z. B. rote, gelbe, orange*
1	*Zwiebel*
2 EL	*Speiseöl*
200 ml	*Gemüse- oder Geflügelbrühe*
200 g	*Schlagsahne*
2 EL	*Schmand (Sauerrahm)*
1 EL	*Zitronensaft*

Zubereitungszeit: 30 Minuten

1. Die Hähnchenflügel kurz unter fließendem kalten Wasser abspülen, trocken tupfen, mit Salz, Pfeffer und 1 Teelöffel Paprika würzen.

2. Die Paprikaschoten halbieren, entstielen, entkernen und die weißen Scheidewände entfernen. Die Schoten abspülen, abtropfen lassen und in grobe Würfel schneiden. Zwiebel abziehen und in Scheiben schneiden.

3. Speiseöl in einer großen Pfanne erhitzen. Hähnchenflügel darin evtl. portionsweise von allen Seiten gut anbraten.

4. Paprikawürfel und Zwiebelscheiben hinzugeben und mitbraten lassen. Mit restlichem Paprika bestäuben und unterrühren. Das Gemüse mit Salz und Pfeffer würzen.

5. Brühe und Sahne hinzugeben und zum Kochen bringen. Die Hähnchenflügel 10–15 Minuten bei schwacher Hitze garen. Die Sauce sollte dabei eine leicht cremige Konsistenz bekommen. Zum Schluss noch Schmand und Zitronensaft unterrühren.

Tipps: Statt Hähnchenflügel können Sie auch in Streifen geschnittene Hähnchenbrustfilets verwenden, ohne dass sich die Garzeit verlängert. Penne sind sehr lecker dazu.

Hähnchen-Frühlingszwiebel-Auflauf I

Für Kinder – macht richtig satt

4 Portionen

Pro Portion: E: 53 g, F: 38 g, Kh: 35 g, kJ: 2899, kcal: 694, BE: 2,5

4 Hähnchenbrustfilets (etwa 600 g)
1 Bund Frühlingszwiebeln
150 g Shiitakepilze oder Champignons (oder 200 g abgetropfte Pilze, aus der Dose)
2 EL Sonnenblumenöl
Salz
gem. Pfeffer

Für die Sauce:
250 ml Béchamelsauce (Tetrapak)
50 ml Milch (3,5 % Fett)
Currypulver
175 g ger. Käse, z. B. Cheddar

150 g TK-Erbsen
250 g vorgegarter Basmatireis (vakuumverpackt, aus dem Nährmittelregal)

Zubereitungszeit: 20 Minuten
Garzeit: etwa 20 Minuten

1. Den Backofen vorheizen.
Ober-/Unterhitze: etwa 220 °C
Heißluft: etwa 200 °C

2. Hähnchenbrustfilets kurz unter fließendem kalten Wasser abspülen und trocken tupfen. Frühlingszwiebeln putzen, abspülen, abtropfen lassen und in Stücke schneiden. Pilze putzen, evtl. kurz abspülen und gut trocken tupfen. Große Pilze halbieren.

3. Das Sonnenblumenöl in einer Pfanne erhitzen. Die Hähnchenfilets darin von allen Seiten anbraten, mit Salz und Pfeffer würzen. Die Filets herausnehmen und nebeneinander in eine große, flache Auflaufform (gefettet) legen.

4. Pilze in der Pfanne in dem verbliebenen Bratfett unter Rühren etwa 2 Minuten anbraten. Frühlingszwiebelstücke hinzufügen, etwa 1 Minute mitbraten lassen, mit Salz und Pfeffer würzen.

5. Für die Sauce Béchamelsauce mit Milch verrühren, mit Curry würzen und 50 g von dem Käse unterrühren.

6. Pilz-Zwiebel-Mischung, die gefrorenen Erbsen und Reis um die Filets herum verteilen. Die Sauce daraufgeben und mit dem restlichen Käse bestreuen.

7. Die Form auf dem Rost in den vorgeheizten Backofen schieben. Den Auflauf **etwa 20 Minuten garen.**

Hähnchen-Nudelsalat | Pikant

4 Portionen

Pro Portion: E: 23 g, F: 20 g, Kh: 49 g, kJ: 1981, kcal: 473, BE: 4,0

2 ½ l Wasser
2 ½ gestr. TL Salz
250 g Nudeln, z. B. Mini-Penne

Für das Dressing:

4 EL Weißweinessig
4 EL heiße Gemüsebrühe
1 Msp. Chiliflocken
2–3 EL Sojasauce
6 EL Sojaöl
1 Knoblauchzehe
½ gestr. TL gem. Ingwer
3 Frühlingszwiebeln

200 g abgetropfter Kürbis in Stückchen (aus dem Glas)
200 g gebratene Hähnchenfiletstreifen (aus dem Kühlregal)
Salz, gem. Pfeffer
2 EL gehackte, geröstete Erdnusskerne

Zubereitungszeit: 25 Minuten, ohne Durchziehzeit

1. Wasser in einem großen Topf zugedeckt zum Kochen bringen. Dann Salz und Nudeln hinzugeben. Die Nudeln im geöffneten Topf bei mittlerer Hitze nach Packungsanleitung bissfest kochen, dabei gelegentlich umrühren.

2. In der Zwischenzeit für das Dressing den Essig mit Brühe, Chili und Sojasauce in einer großen Salatschüssel verrühren. Das Sojaöl unterschlagen. Knoblauch abziehen, durch eine Knoblauchpresse drücken, mit dem Ingwer unter das Dressing rühren.

3. Frühlingszwiebeln putzen, abspülen, abtropfen lassen, in feine Scheiben schneiden und ebenfalls unterrühren.

4. Die gegarten Nudeln in ein Sieb geben, mit kaltem Wasser abspülen und abtropfen lassen. Die Nudeln mit dem Dressing vermischen. Den Salat etwa 5 Minuten durchziehen lassen.

5. Kürbisstückchen und Hähnchenfiletstreifen unter den Nudelsalat heben. Den Nudelsalat mit Salz und Pfeffer abschmecken, mit Erdnusskernen bestreuen und servieren.

Hähnchenpfanne, bunte

Beliebt

3 Portionen

Pro Portion: E: 34 g, F: 5 g, Kh: 32 g, kJ: 1566, kcal: 375, BE: 2,0

2 rote Paprikaschoten (etwa 400 g)
1 Bund Frühlingszwiebeln
400 g Hähnchenbrustfilet
Salz
gem. Pfeffer
2 TL Currypulver
1 EL Speiseöl, z. B. Rapsöl
200 g süßsaure Sauce (Fertigprodukt)

Zubereitungszeit: 25 Minuten

1. Paprikaschoten halbieren, entstielen, entkernen und die weißen Scheidewände entfernen. Schoten abspülen, abtropfen lassen und in Stücke schneiden. Die Frühlingszwiebeln putzen, abspülen, abtropfen lassen und in etwa 2 cm lange Stücke schneiden.

2. Hähnchenbrustfilet kurz unter fließendem kalten Wasser abspülen, trocken tupfen und in etwa 2 cm große Würfel schneiden. Hähnchenwürfel mit Salz, Pfeffer und Curry würzen.

3. Speiseöl in einer Pfanne erhitzen. Die Hähnchenwürfel darin bei mittlerer Hitze von allen Seiten braun anbraten.

4. Paprika- und Frühlingszwiebelstücke zu den Hähnchenwürfeln geben und etwa 5 Minuten unter gelegentlichem Rühren bei mittlerer Hitze dünsten.

5. Die Sauce unter die Hähnchenpfanne rühren, wieder zum Kochen bringen und 2–3 Minuten kochen.

Beilage: Basmatireis.

Tipp: Zusätzlich 1 Teelöffel flüssigen Honig unter die fertige Hähnchenpfanne rühren.

Hähnchensalat California Style I

Leckerer Abendsnack

2 Portionen

Pro Portion: E: 19 g, F: 13 g, Kh: 57 g, kJ: 1748, kcal: 416, BE: 4,5

1 l Wasser
1 gestr. TL Salz
100 g Nudeln, z. B. Farfalle oder Tagliatelle
2 kleine Knoblauchzehen
4 EL Apfelessig
1 TL milder Dijon-Senf
1 TL flüssiger Honig
Salz
gem. Pfeffer
2 EL Olivenöl
1 rote Zwiebel
200 g Champignons
60 g Rucola (Rauke)
200 g Mango-Fruchtfleisch (vorbereitet gewogen)
60 g geräucherter Hähnchenbrust-Aufschnitt, in feinen Scheiben

Zubereitungszeit: 20 Minuten

1. Wasser in einem Topf zugedeckt zum Kochen bringen. Dann Salz und Nudeln hinzugeben. Die Nudeln im geöffneten Topf bei mittlerer Hitze nach Packungsanleitung bissfest kochen, dabei gelegentlich umrühren.

2. In der Zwischenzeit Knoblauch abziehen, klein würfeln und mit etwas Salz auf einem Schneidbrett fein zerreiben. Knoblauch mit Essig, Senf, Honig, Salz und Pfeffer verrühren. Das Olivenöl unterschlagen.

3. Die gegarten Nudeln in ein Sieb geben, mit kaltem Wasser abspülen, abtropfen und abkühlen lassen.

4. Inzwischen die Zwiebel abziehen, zuerst in feine Scheiben schneiden, dann in Ringe teilen. Champignons putzen, evtl. kurz abspülen, trocken tupfen und in feine Scheiben schneiden. Die Nudeln, Zwiebelringe und Pilzscheiben mit dem Dressing vermischen.

5. Rucola verlesen und die dicken Stiele entfernen. Rucola abspülen, gut abtropfen lassen oder trocken schleudern und evtl. etwas kleiner zupfen. Mango-Fruchtfleisch in feine Spalten schneiden. Rucola und Mangospalten vorsichtig unter die marinierten Nudeln heben, mit Salz und Pfeffer abschmecken. Den Salat mit dem Hähnchenbrust-Aufschnitt anrichten.

Halloumi mit Tomaten-Kapern-Sugo, gegrillter I

Mediterran

4 Portionen

Pro Portion: E: 14 g, F: 25 g, Kh: 7 g, kJ: 1311, kcal: 313, BE: 0,5

3 Tomaten
1 Bio-Zitrone (unbehandelt, ungewachst)
2 TL abgetropfte, feine Kapern (aus dem Glas)
1 EL flüssiger Honig
4 EL Olivenöl
2 TL TK-Petersilie
Salz
gem. Pfeffer
250 g Halloumi-Käse (halbfester Schnittkäse aus Zypern)

Außerdem:

etwas Olivenöl zum Bestreichen

Zubereitungszeit: 10 Minuten
Grillzeit: 2–6 Minuten

1. Tomaten abspülen, abtrocknen, halbieren und die Stängelansätze herausschneiden. Tomatenhälften entkernen und in kleine Würfel schneiden.

2. Die Zitrone heiß abwaschen, abtrocknen und die Schale fein abreiben. Die Zitrone halbieren und den Saft auspressen.

3. Tomatenwürfel und Kapern in eine Schüssel geben. Zitronenschale, -saft, Honig, Olivenöl und Petersilie hinzufügen. Die Zutaten gut vermischen. Den Tomaten-Kapern-Sugo mit Salz und Pfeffer würzen.

4. Den Käse in 4 gleich dicke Scheiben schneiden. Die Käsescheiben in einer Grillschale oder auf einem Stück Alufolie (beides dünn mit Olivenöl bestrichen) auf den heißen Grillrost legen und von jeder Seite so lange grillen, bis sie goldbraun sind (1–3 Minuten pro Seite).

5. Den Käse auf einer Platte anrichten. Den Tomaten-Kapern-Sugo daraufgeben.

Tipp: Den gegrillten Halloumi mit Rucolasalat, geröstetem Fladenbrot und etwas Kräuterquark oder Pesto servieren.

Heidelbeerpfannkuchen I

Raffiniert – für Kinder

4 Portionen

Pro Portion: E: 18 g, F: 27 g, Kh: 75 g, kJ: 2623, kcal: 627, BE: 6,5

250 g Weizenmehl
4 Eier (Größe M)
500 ml Milch (3,5 % Fett)
4 EL Zucker
400 g Heidelbeeren
80 g Butter
1 EL Puderzucker

Zubereitungszeit: 30 Minuten, ohne Ruhezeit

1. Mehl in eine Rührschüssel geben. Eier mit Milch und Zucker verschlagen. Die Eiermilch nach und nach unter Rühren zum Mehl geben. Darauf achten, dass keine Klümpchen entstehen. Den Teig etwa 30 Minuten ruhen lassen.

2. Heidelbeeren verlesen, abspülen und gut abtropfen lassen.

3. Etwas Butter in einer Pfanne zerlassen. Den Teig gut durchrühren. Eine dünne Teiglage mit einer drehenden Bewegung gleichmäßig auf dem Boden der Pfanne verteilen. Den Pfannkuchen von beiden Seiten goldgelb backen, herausnehmen und warm stellen. Bevor der Pfannkuchen gewendet wird, wieder etwas Butter in die Pfanne geben. Restlichen Teig auf die gleiche Weise in der restlichen Butter backen.

4. Die gebackenen Pfannkuchen mit den Heidelbeeren füllen, aufrollen und mit Puderzucker bestäuben.

Tipp: Nach Belieben mit gemahlenen Pistazienkernen und Erdbeeren garnieren.

Herings-Quark-Topf

Herzhafter Gaumenschmaus

4 Portionen

Pro Portion: E: 29 g, F: 31 g, Kh: 10 g, kJ: 1820, kcal: 435, BE: 1,0

6 Matjesfilets (je etwa 75 g)
1 rote Zwiebel
2 Äpfel
250 g Magerquark
125 g Schlagsahne (mind. 30 % Fett)
Salz, gem. Pfeffer
etwas Zitronensaft
1 Stängel Dill

Zubereitungszeit: 20 Minuten

1. Matjesfilets mit Küchenpapier trocken tupfen und in mundgerechte Stücke schneiden.

2. Zwiebel abziehen, zuerst in Scheiben schneiden, dann in Ringe teilen. Äpfel schälen, vierteln, entkernen und in Scheiben schneiden.

3. Quark gut verrühren. Sahne steif schlagen und unter den Quark rühren.

4. Matjesstücke, Zwiebelringe und Apfelscheiben vorsichtig unter die Quark-Sahne-Masse heben. Mit Salz, Pfeffer und Zitronensaft würzen. Den Herings-Quark-Topf bis zum Servieren zugedeckt in den Kühlschrank stellen.

5. In der Zwischenzeit Dill abspülen und trocken tupfen. Die Spitzen von dem Stängel zupfen. Den Herings-Quark-Topf mit Dillspitzen garniert servieren.

Tipps: Dazu Pellkartoffeln, Vollkornbrot und Butter servieren. Nach Belieben den Herings-Quark-Topf mit Apfelscheiben (mit Zitronensaft beträufelt) anrichten.

Indianersalat | Fruchtig

8 Portionen

Pro Portion: E: 5 g, F: 30 g, Kh: 44 g, kJ: 1989, kcal: 475, BE: 3,5

1 kg gekochte Pellkartoffeln (vom Vortag)
500 g Tomaten
400 g Ananas-Fruchtfleisch (aus dem Kühlregal)
4 Bananen
Saft von
2 Zitronen

Für die Salatsauce:

400 g Salatmayonnaise
300 g saure Sahne
3–4 EL Zitronensaft
3 TL mittelscharfer Senf
Salz, gem. Pfeffer
1 TL Paprikapulver edelsüß
Zucker

Zubereitungszeit: 25 Minuten, ohne Durchziehzeit

1. Die Kartoffeln pellen und in Würfel schneiden. Die Tomaten abspülen, kreuzweise einschneiden und kurz in kochendes Wasser legen. Tomaten kreuzweise einschneiden und mit kochendem Wasser übergießen. Nach 1–2 Minuten herausnehmen und mit kaltem Wasser abschrecken. Tomaten häuten, halbieren und die Stängelansätze herausschneiden. Die Tomaten in Würfel schneiden.

2. Ananas-Fruchtfleisch würfeln. Bananen schälen und in Scheiben schneiden. Bananenscheiben mit Zitronensaft beträufeln. Die vorbereiteten Salatzutaten in eine Schüssel geben und vorsichtig vermischen.

3. Für die Salatsauce Mayonnaise mit saurer Sahne, Zitronensaft und Senf verrühren, mit Salz, Pfeffer, Paprika und 1 Prise Zucker würzen. Die Sauce vorsichtig unter die Salatzutaten heben.

4. Den Salat etwas durchziehen lassen und nochmals mit den Gewürzen abschmecken.

Jagdwurstpfanne | Macht richtig satt

4 Portionen

Pro Portion: E: 27 g, F: 25 g, Kh: 22 g, kJ: 1764, kcal: 421, BE: 1,5

1	*Zwiebel*
1 Bund	*Frühlingszwiebeln*
4 Scheiben	*Frühstücksspeck in Scheiben (Bacon)*
500 g	*gekochte Pellkartoffeln (etwa 10 Stück)*
	Salz, gem. Pfeffer
½ TL	*Paprikapulver edelsüß*
6	*Eier (Größe M)*
125 ml	*Milch (3,5 % Fett)*
250 g	*Jagdwurst*
2 EL	*Schnittlauchröllchen*

Zubereitungszeit: 30 Minuten

1. Zwiebel abziehen und in kleine Würfel schneiden. Frühlingszwiebeln putzen, abspülen, abtropfen lassen und in feine Scheiben schneiden.

2. Den Speck in feine Streifen schneiden und in einer großen erwärmten Pfanne auslassen. Die Zwiebelwürfel hinzugeben und andünsten.

3. Die Frühlingszwiebelscheiben unterrühren und kurz mitdünsten lassen.

4. Kartoffeln pellen und in dünne Scheiben schneiden. Kartoffelscheiben mit in die Pfanne geben, unter gelegentlichem Wenden anbraten. Die Kartoffelscheiben mit Salz, Pfeffer und Paprika würzen.

5. Eier mit Milch verschlagen. Die Jagdwurst in Würfel schneiden und zur Eiermilch geben.

6. Die Eiermilch auf den Kartoffelscheiben verteilen. Die Jagdwurstpfanne zugedeckt bei schwacher Hitze etwa 10 Minuten garen, bis die Eiermilch gestockt ist.

7. Nach etwa 8 Minuten Garzeit mit dem Pfannenwender probieren, ob sich die Mischung vom Pfannenboden löst, dann die Jagdwurstpfanne in 4 Portionen teilen, auf Tellern anrichten und mit Schnittlauchröllchen bestreut servieren.

Kaiserschmarren I

Klassisch – für Kinder

2 Portionen

Pro Portion: E: 22 g, F: 52 g, Kh: 70 g, kJ: 3574, kcal: 854, BE: 6,0

4	*Eier (Größe M)*
100 g	*Weizenmehl*
	Salz
1 Pck.	*Dr. Oetker Vanillin-Zucker*
200 g	*Schlagsahne oder 200 ml Milch (3,5 % Fett)*
50 g	*Rosinen*
etwa 50 g	*Butterschmalz oder 4 EL Speiseöl, z. B. Sonnenblumenöl*
	Puderzucker

Zubereitungszeit: 30 Minuten

1. Die Eier trennen. Eiweiß steif schlagen. Eigelb mit Mehl, 1 Prise Salz, Vanillin-Zucker, Sahne oder Milch in eine Rührschüssel geben und mit einem Mixer (Rührstäbe) zu einem glatten Teig verrühren. Eischnee und Rosinen unterheben.

2. Etwas Butterschmalz oder Speiseöl in einer Pfanne (Ø 28 cm) erhitzen. Die Hälfte des Teiges hineingeben und bei mittlerer Hitze auf der Unterseite hellgelb backen. Den an der Oberfläche noch etwas „flüssigen“ Teig mit 2 Pfannenwendern zuerst vierteln, dann wenden und goldgelb backen, evtl. noch etwas Fett in die Pfanne geben.

3. Dann den Schmarren mit 2 Pfannenwendern in kleine Stücke reißen, auf einem Teller anrichten und warm stellen. Den restlichen Teig auf die gleiche Weise zubereiten. Den Kaiserschmarren mit Puderzucker bestäubt servieren.

Tipp: Den Kaiserschmarren als süßes Hauptgericht für 2 oder als Dessert für 4 Portionen servieren. Pflaumen- oder Aprikosenkompott dazureichen.

Variante 1: Für **Kaiserschmarren mit Nuss-Nougat** statt der Rosinen 100 g Nuss-Nougat würfeln und zusammen mit 50 g gehackten Mandeln unter den Teig heben. Den Kaiserschmarren wie im Rezept beschrieben zubereiten.

Variante 2: Für **Kaiserschmarren mit Apfel und Sauerkirschen** nur 150 g Sahne oder Milch verwenden und statt der Rosinen 1 geriebenen Apfel und 75 g getrocknete Sauerkirschen unter den Teig heben und den Kaiserschmarren wie im Rezept beschrieben zubereiten.

Kaninchenpfanne mit Pilzen I

Für Gäste

4 Portionen

Pro Portion: E: 30 g, F: 8 g, Kh: 8 g, kJ: 941, kcal: 225, BE: 0,5

500 g Kaninchen-Rückenfilet
500 g kleine, braune oder weiße Champignons
5 Stängel Thymian
2 EL Speiseöl
1–2 EL Orangenmarmelade
Salz
gem. Pfeffer

Zubereitungszeit: 30 Minuten

1. Von dem Rückenfilet die Sehnen entfernen. Das Filet mit Küchenpapier trocken tupfen und in mundgerechte Stücke schneiden.

2. Champignons putzen, evtl. kurz abspülen und trocken tupfen. Thymian abspülen und trocken tupfen. 2 Stängel zum Garnieren beiseitelegen. Die Blättchen von den restlichen Stängeln zupfen.

3. Speiseöl in einer beschichteten Pfanne erhitzen. Die Fleischstücke darin von allen Seiten kross anbraten. Champignons hinzugeben und etwa 5 Minuten unter gelegentlichem Rühren mitbraten lassen.

4. Orangenmarmelade unter die Filet-Champignon-Mischung rühren. Die Thymianblättchen untermischen. Die Kaninchenpfanne mit Salz und Pfeffer würzen, auf Tellern anrichten und servieren.

Beilage: Schupfnudeln.

Tipps: Ohne die zusätzliche Beilage reicht die Pfanne für 2 Portionen. Sie können für dieses Gericht auch Hasen- und Rehfleisch verwenden. Die Zubereitungszeit ändert sich dadurch nicht.

Kartoffel-Möhren-Suppe mit Erdnusscreme I

Raffiniert – für Gäste

4 Portionen

Pro Portion: E: 19 g, F: 12 g, Kh: 29 g, kJ: 1269, kcal: 303, BE: 2,0

1 Zwiebel
1 Knoblauchzehe
500 g Möhren
500 g mehligkochende Kartoffeln
2 EL neutrales Speiseöl, z. B. Rapsöl
2 EL Erdnusscreme (aus dem Glas)
Salz
gem. Pfeffer
grob geschrotete Chiliflocken oder Cayennepfeffer
1 l heiße Gemüse- oder Geflügelbrühe
350 g Porree (Lauch)
1 Bund frischer Koriander oder 4–5 Stängel glatte Petersilie
200 g geräucherter Putenbrustaufschnitt oder gebratene Putenbruststreifen (aus dem Kühlregal)

Zubereitungszeit: 30 Minuten

1. Für die Suppe Zwiebel und Knoblauch abziehen, grob würfeln. Möhren und Kartoffeln schälen, abspülen und abtropfen lassen. Möhren in Scheiben und Kartoffeln in etwa 2 cm große Würfel schneiden.

2. Speiseöl in einem Topf erhitzen. Die Zwiebel- und Knoblauchwürfel darin glasig dünsten. Möhrenscheiben hinzugeben und mit andünsten.

3. Erdnusscreme unterrühren. Mit Salz, Pfeffer und Chiliflocken oder Cayennepfeffer würzen.

4. Die heiße Gemüse- oder Geflügelbrühe hinzugießen, zum Kochen bringen und bei schwacher Hitze etwa 5 Minuten kochen lassen.

5. In der Zwischenzeit Porree putzen, die Stangen längs halbieren, gründlich waschen, abtropfen lassen und in Streifen schneiden.

6. Kartoffelwürfel und Porreestreifen in die Suppe geben und wieder zum Kochen bringen. Die Suppe weitere etwa 10 Minuten unter gelegentlichem Umrühren kochen lassen.

7. Inzwischen Koriander oder Petersilie abspülen und trocken tupfen. Die Blättchen von den Stängeln zupfen. Einige Blättchen zum Garnieren beiseitelegen. Putenbrustaufschnitt in Streifen schneiden.

8. Die Suppe mit Salz und Pfeffer abschmecken. Putenbruststreifen und Koriander oder Petersilie hinzugeben. Nach Belieben noch etwas Erdnusscreme unterrühren.

9. Die Kartoffel-Möhren-Suppe mit Erdnusscreme in tiefen Tellern oder Suppentassen verteilen und mit den beiseitegelegten Koriander- oder Petersilienblättchen garnieren.

Tipps: Erdnusscreme und Chili geben der Suppe ein ganz besonders wohlschmeckendes Aroma. Möchten Sie die Suppe mit etwas mehr „Biss" servieren, bestreuen Sie sie vor dem Servieren mit einigen gerösteten Erdnusskernen. Möchten Sie die Suppe ohne Erdnusscreme zubereiten, ersetzen Sie sie durch 2 Esslöffel Doppelrahm-Frischkäse.

Kartoffelpfanne I

Deftig

4 Portionen

Pro Portion: E: 30 g, F: 68 g, Kh: 33 g, kJ: 3618, kcal: 869, BE: 3,0

4	*Mettenden (je etwa 80 g)*
600 g	*gekochte Kartoffeln (festkochende)*
1 Stange	*Porree (Lauch)*
4	*Eier (Größe M)*
200 g	*Schlagsahne*
1 Bund	*glatte Petersilie*
3 EL	*Speiseöl*
	Salz
	gem. Pfeffer
120 g	*ger. mittelalter Gouda*

Zubereitungszeit: 30 Minuten

1. Mettenden und Kartoffeln in Würfel schneiden. Porree putzen, die Stange längs halbieren, gründlich waschen, abtropfen lassen und in Streifen schneiden. Eier mit Sahne in einer Schüssel verschlagen.

2. Petersilie abspülen und gut trocken tupfen. Die Blättchen von den Stängeln zupfen, Blättchen grob zerschneiden und unter die Eiersahne rühren.

3. Speiseöl in einer hitzebeständigen Pfanne mit hohem Rand erhitzen. Die Kartoffel- und Mettwurstwürfel darin von allen Seiten anbraten, die Porreestreifen unterrühren und kurz miterhitzen. Vorsichtig mit Salz und Pfeffer würzen.

4. Den Backofengrill vorheizen.

5. Eiersahne auf der Kartoffel-Mettwurst-Mischung in der Pfanne verteilen und bei schwacher bis mittlerer Hitze unter vorsichtigem Rühren stocken lassen. Die Kartoffelpfanne mit geriebenem Käse bestreuen. Die Pfanne auf dem Rost unter den vorgeheizten Backofengrill schieben. Die Kartoffelpfanne so lange überbacken, bis der Käse leicht gebräunt ist.

Beilage: Salate jeglicher Art oder eingelegte Gewürzgurken und Zwiebeln oder Mixed Pickles.

Tipp: Die Zubereitung gelingt am besten in einer beschichteten Pfanne.

Kartoffelpuffer-Lachs-Auflauf I

Gut vorzubereiten

4 Portionen

Pro Portion: E: 23 g, F: 31 g, Kh: 41 g, kJ: 2227, kcal: 532, BE: 3,5

10	*TK-Kartoffelpuffer (Reibekuchen, je etwa 60 g)*
250 g	*geräucherter Stremel-Lachs*
1 Bund	*Dill*
3	*Eier (Größe M)*
150 g	*Schmand (Sauerrahm)*
3 TL	*Sahne-Meerrettich*
2 TL	*Dijon-Senf*
1 TL	*flüssiger Akazienhonig*
2 EL	*Zitronensaft*
	Salz
	gem. Pfeffer

Zubereitungszeit: 20 Minuten
Garzeit: etwa 15 Minuten

1. Den Backofengrill auf etwa 220 °C vorheizen.

2. Die gefrorenen Kartoffelpuffer auf ein Backblech legen. Das Backblech unter den vorgeheizten Backofengrill schieben. Die Kartoffelpuffer von beiden Seiten goldbraun grillen.

3. In der Zwischenzeit von dem Lachs die Haut abziehen. Lachs in Stücke zupfen. Dill abspülen und trocken tupfen. Die Spitzen von den Stängeln zupfen. Spitzen klein schneiden.

4. Den Backofen vorheizen.
Ober-/Unterhitze: etwa 220 °C
Heißluft: etwa 200 °C

5. Die Kartoffelpuffer vom Backblech nehmen und dachziegelartig mit den Lachsstücken in eine große, flache Auflaufform (gefettet) schichten.

6. Eier mit Schmand, Meerrettich, Senf, Honig und Zitronensaft verrühren. Mit Salz, Pfeffer und Dill würzen. Die Eiermasse auf den Kartoffelpuffern verteilen. Die Form auf dem Rost in den vorgeheizten Backofen schieben. Den Auflauf **etwa 15 Minuten garen,** bis die Eiermasse gestockt ist.

Tipp: Sie können den Auflauf gut vorbereiten. Geben Sie die Eiermasse jedoch erst auf die Kartoffelpuffer, wenn Sie den Auflauf in den vorgeheizten Backofen schieben.

Kartoffelsalat to go | Fruchtig

2–3 Portionen

Pro Portion: E: 26 g, F: 28 g, Kh: 58 g, kJ: 2494, kcal: 596, BE: 4,5

500–600 g gekochte Pellkartoffeln
200 g gegrilltes Hähnchenfleisch ohne Haut
3 Stangen Staudensellerie
1 kleiner Apfel
4 EL Salatmayonnaise
150 g Joghurt (3,5 % Fett)
2 EL mittelscharfer Senf
½–1 EL flüssiger Honig oder Zucker
Salz, gem. Pfeffer

Zubereitungszeit: 20 Minuten

1. Die Pellkartoffeln pellen oder mit der Schale in grobe Würfel schneiden. Das Hähnchenfleisch in Stücke schneiden.

2. Sellerie putzen, abspülen und abtropfen lassen. Selleriestangen in dünne Scheiben schneiden. Den Apfel abspülen, abtrocknen, vierteln und entkernen. Apfelviertel mit der Schale in Scheiben schneiden.

3. Die Salatmayonnaise mit Joghurt, Senf und Honig oder Zucker verrühren, mit Salz und Pfeffer würzen. Die vorbereiteten Salatzutaten mit der Sauce vermischen. Den Kartoffelsalat mit Salz und Pfeffer abschmecken.

Kartoffelsuppe I

Klassisch – für Kinder

2 Portionen

Pro Portion: E: 7 g, F: 8 g, Kh: 41 g, kJ: 1133, kcal: 271, BE: 3,0

4 mehligkochende Kartoffeln (etwa 600 g)
400 ml heiße Hühner- oder Gemüsebrühe
1 Stange Porree (Lauch, etwa 200 g)
50 g Crème fraîche
Salz, gem. Pfeffer
2 EL Schnittlauchröllchen

Zubereitungszeit: 30 Minuten

1. Kartoffeln schälen, abspülen, abtropfen lassen, in sehr kleine Würfel schneiden und mit der heißen Brühe in einem Topf zum Kochen bringen.

2. In der Zwischenzeit den Porree putzen, die Stange längs halbieren, gründlich waschen, abtropfen lassen und in möglichst schmale Streifen schneiden (dann lässt sich die Suppe später glatter pürieren). Dabei die weißen und grünen Porreestreifen trennen.

3. Die Kartoffelwürfel mit den weißen Porreestreifen zugedeckt etwa 15 Minuten kochen lassen.

4. Die Crème fraîche mit den grünen Porreestreifen hinzugeben und weitere etwa 10 Minuten garen.

5. Die Suppe mit einem Pürierstab pürieren, bis eine feine, samtige und glatte Konsistenz entstanden ist.

6. Die Kartoffelsuppe mit Salz und Pfeffer abschmecken, in Suppentellern anrichten und mit Schnittlauchröllchen bestreut servieren.

Beilage: Knuspriges Bauernbrot.

Käsebrot aus dem Ofen I

Mit Alkohol, wenn Sie es möchten

Pro Portion: E: 25 g, F: 23 g, Kh: 42 g, kJ: 2038, kcal: 487, BE: 3,5

125 g Gruyère Käse im Stück
1 Ei (Größe S oder M)
1 EL trockener Weißwein oder Gemüsebrühe
½ Knoblauchzehe
ger. Muskatnuss
gem. Pfeffer
4 Scheiben Bauernbrot

evtl. Paprikapulver edelsüß oder rosenscharf
evtl. Schnittlauchhalme

Zubereitungszeit: 20 Minuten
Überbackzeit: etwa 7 Minuten

1. Den Backofen vorheizen.
Ober-/Unterhitze: etwa 220 °C
Heißluft: etwa 200 °C

2. Den Käse fein in eine Schüssel reiben. Ei, Wein oder Gemüsebrühe hinzufügen. Die Zutaten gut verrühren. Knoblauch abziehen, durch eine Knoblauchpresse drücken oder fein hacken und hinzufügen. Die Käsemasse mit Muskat und Pfeffer würzen.

3. Die Bauernbrotscheiben mit der Käsemasse dick bestreichen und auf einen Backofenrost (mit Backpapier belegt) legen. Den Rost in den vorgeheizten Backofen schieben. Die Brote **etwa 7 Minuten überbacken.**

4. Die Käsebrote nach Belieben mit etwas Paprika bestäuben, mit abgespülten, trocken getupften Schnittlauchhalmen garnieren und sofort genießen.

Beilage: Gemischte Rohkost wie klein geschnittene Radieschen, Tomaten, Salatgurke oder Paprikaschote.

Tipps: Noch schneller und meist noch etwas preiswerter gelingen die Brote, wenn Sie 150 g fertig geriebenen Gouda- oder Pizzakäse statt Gruyère verwenden. Die Brote schmecken dann allerdings nicht so kräftig-würzig. Wer es weniger herzhaft mag, nimmt kein Bauern-, sondern Toastbrot.

Kasselerröllchen mit Radieschen-Frischkäse auf Toast I

Herzhafter Frühstückssnack

2 Portionen

Pro Portion: E: 18 g, F: 3 g, Kh: 20 g, kJ: 763, kcal: 183, BE: 1,5

4 Scheiben	*Vollkorn-Toastbrot (etwa 80 g)*
100 g	*Frischkäse (0,2 % Fett)*
	gem. Pfeffer
1 TL	*Delikatess-Senf*
12	*mittelgroße Radieschen (etwa 120 g)*
evtl.	*Salz*
8 dünne Scheiben	*Kasseler-Aufschnitt (etwa 80 g)*
evtl. etwas	*Gartenkresse*

Außerdem:

Holzstäbchen

Zubereitungszeit: 10 Minuten

1. Die Toastbrot-Scheiben im Toaster goldbraun rösten und etwas abkühlen lassen.

2. In der Zwischenzeit den Frischkäse mit Pfeffer und Senf verrühren. Radieschen putzen, abspülen, trocken tupfen und in feine Stifte schneiden oder raspeln. Die Radieschenstifte oder -raspel unter den Frischkäse mischen. Den Radieschen-Frischkäse evtl. mit etwas Salz abschmecken.

3. Vollkorn-Toastbrot-Scheiben diagonal halbieren. Die Kasseler-Scheiben mit dem Radieschen-Frischkäse bestreichen, aufrollen und mit Holzstäbchen feststecken.

4. Die Kasselerröllchen auf den Toastbrot-Ecken anrichten. Nach Belieben mit etwas abgespülter, trocken getupfter Kresse bestreuen.

Tipp: Schneller geht es, wenn Sie die Toastbrot-Scheiben mit dem Frischkäse bestreichen, mit dem Aufschnitt belegen und die geputzten Radieschen dazu essen.

Kichererbsen-Zucchini-Salat mit Minz-Joghurt I

Exotisch

2 Portionen

Pro Portion: E: 25 g, F: 9 g, Kh: 55 g, kJ: 1728, kcal: 414, BE: 4,0

500 g abgetropfte Kichererbsen (aus der Dose)
1 Bund Radieschen
1 Zucchini
½ Blattsalat, z. B. Eichblatt-, Frisée-, Kopfsalat

Für den Minz-Joghurt:

3 Stängel Minze
150 g Joghurt (1,5 % Fett)
2 EL Zitronensaft
1 gestr. TL Harissa (afrikanische Gewürzpaste)
Salz, gem. Pfeffer
1 Prise Zucker

Zubereitungszeit: 30 Minuten

1. Die Kichererbsen kurz mit kaltem Wasser abspülen und gut abtropfen lassen.

2. Die Radieschen putzen, abspülen, abtropfen lassen und in dünne Scheiben schneiden.

3. Die Zucchini abspülen, abtrocknen und die Enden abschneiden. Zucchini auf der Haushaltsreibe grob raspeln.

4. Blattsalat putzen, waschen und abtropfen lassen oder trocken schleudern. Blattsalat in mundgerechte Stücke zupfen.

5. Blattsalat mit Kichererbsen, Radieschenscheiben und Zucchiniraspeln in eine Salatschüssel geben und vermischen.

6. Für den Minz-Joghurt-Dip Minze abspülen, trocken tupfen und die Blättchen von den Stängeln zupfen. Blättchen in Streifen schneiden.

7. Den Joghurt mit 1 Esslöffel Minzestreifen, Zitronensaft und Harissa verrühren. Den Dip mit Salz, Pfeffer und Zucker abschmecken.

8. Die Salatzutaten mit dem Minz-Dip vermischen oder separat dazureichen.

Beilage: Frisches Fladenbrot.

Tipps: Radieschen gibt es vorwiegend in den wärmeren Monaten. In der kälteren Jahreszeit nehmen Sie statt Radieschen 200 g Cocktailtomaten. Tomaten abspülen, abtrocknen, je nach Größe halbieren oder vierteln und die Stängelansätze herausschneiden. Harissa ist eine Gewürzpaste aus roten Chilischoten. Sie schmeckt feurig-scharf – setzen Sie sie deshalb vorsichtig ein. Lassen Sie den Blattsalat unbedingt sehr gut abtropfen oder schleudern Sie ihn sehr gut trocken, damit die anderen Gemüsezutaten nicht verwässern. Kichererbsen stecken voller biologischem Eiweiß und Kohlenhydrate. Eiweiß ist wichtig für unseren Zellenaufbau, Kohlenhydrate geben Power für den Tag.

Knoblauchspätzle mit grünem Spargel I

Mit Alkohol – für Gäste

4 Portionen

Pro Portion: E: 17 g, F: 18 g, Kh: 46 g, kJ: 1820, kcal: 435, BE: 3,0

400 g	*dünner, grüner Spargel*
2 Bund	*Frühlingszwiebeln*
2	*Fleischtomaten (je etwa 150 g)*
2	*Knoblauchzehen*
3 EL	*Olivenöl*
100 ml	*Gemüsebrühe*
100 ml	*Weißwein*
500 g	*frische Spätzle (aus dem Kühlregal)*
	Salz, gem. Pfeffer
80 g	*ger. Parmesan*

Zubereitungszeit: 30 Minuten

1. Von dem Spargel das untere Drittel schälen und die Enden abschneiden. Frühlingszwiebeln putzen, abspülen und abtropfen lassen. Den Spargel und die Frühlingszwiebeln in etwa 3 cm lange Stücke schneiden. Tomaten abspülen, trocken tupfen, halbieren und die Stängelansätze herausschneiden. Tomaten grob würfeln. Knoblauch abziehen und klein würfeln.

2. Olivenöl in einem Wok erhitzen. Die Spargelstücke darin andünsten. Dann Tomaten- und Knoblauchwürfel hinzugeben und mitdünsten lassen. Brühe und Weißwein hinzugießen. Die Zutaten zum Kochen bringen und etwa 5 Minuten kochen lassen. Spätzle und Frühlingszwiebelstücke hinzugeben, alles mit Salz, Pfeffer und 30 g Parmesan würzen und nochmals unter Rühren erhitzen.

3. Die Knoblauchspätzle mit dem Spargel auf Tellern anrichten und mit dem restlichen Parmesan bestreut servieren.

Tipps: Dazu passt kurz gebratener Fisch, z. B. Kabeljau. Eine besondere Note bekommt das Gericht, wenn Sie geröstete Knoblauchscheiben hinzugeben. Wer keinen grünen Spargel bekommt, kann entweder weißen Spargel oder TK-Prinzessbohnen verwenden.

Knusper-Fischstücke aus dem Ofen | Raffiniert

4 Portionen

Pro Portion: E: 29 g, F: 25 g, Kh: 18 g, kJ: 1749, kcal: 418, BE: 1,5

500–600 g	*festes Fischfilet, z. B. Zander, Seelachs, Lachs, Lachsforelle (frisch oder TK)*
2 EL	*Zitronensaft*
1 Bund	*glatte Petersilie*
1–2 Stängel	*frischer Thymian oder Rosmarin*
5 EL	*Butter (zimmerwarm)*
6 EL	*Semmelbrösel, z. B. Vollkornbrösel*
2 EL	*milder Senf*
	Salz, gem. Pfeffer
1 TL	*Tomatenmark*

Zubereitungszeit: 10 Minuten
Garzeit: etwa 20 Minuten

1. Fischfilets (TK-Fischfilets vorher auftauen lassen) kurz unter fließendem kalten Wasser abspülen, trocken tupfen und evtl. vorhandene Gräten sorgfältig entfernen. Fischfilets mit Zitronensaft beträufeln und kurz durchziehen lassen.

2. Den Backofen vorheizen.
Ober-/Unterhitze: etwa 200 °C
Heißluft: etwa 180 °C

3. Petersilie und Thymian oder Rosmarin abspülen und trocken tupfen. Die Blättchen bzw. Nadeln von den Stängeln zupfen. Blättchen bzw. Nadeln sehr klein schneiden.

4. Butter in eine kleine Rührschüssel geben. Semmelbrösel, 1 Esslöffel Senf, ½ Teelöffel Salz und etwas Pfeffer hinzufügen und gut verkneten. Die Kräuter unterarbeiten.

5. Fischfilets in insgesamt 6–8 Portionsstücke teilen und nebeneinander in eine große Auflaufform (gefettet) legen. Mit Salz und Pfeffer würzen.

6. Restlichen Senf mit Tomatenmark verrühren. Die Fischfiletstücke damit dünn bestreichen. Die Butter-Kräuter-Mischung darauf verteilen.

7. Die Form auf dem Rost in den vorgeheizten Backofen schieben und die Fischfilets **etwa 20 Minuten garen.**

Beilage: Kartoffelpüree und Gurkensalat mit Dill-Sahne-Dressing.

Kokossuppe mit Huhn und Koriander I

Exotisch

4 Portionen

Pro Portion: E: 32 g, F: 22 g, Kh: 3 g, kJ: 1416, kcal: 342, BE: 0,5

500 ml Hühnerbrühe
500 ml Kokosmilch
1 rote Chilischote
Saft von
½ Limette
2 doppelte Hühnerbrüste ohne Haut und Knochen
4 frische Limettenblätter
Salz
gem. Pfeffer
½ Bund Koriander

Zubereitungszeit: 25 Minuten

1. Hühnerbrühe und Kokosmilch in einen Wok geben und zum Kochen bringen.

2. In der Zwischenzeit die Chilischote abspülen, abtropfen lassen, entstielen und in feine Ringe schneiden, zusammen mit dem Limettensaft in die heiße Kokosbrühe geben.

3. Hühnerbrüste kurz unter fließendem kalten Wasser abspülen, mit Küchenpapier trocken tupfen, quer in dünne Scheiben schneiden und bei schwacher Hitze etwa 10 Minuten in der Brühe gar ziehen lassen.

4. Die abgespülten und trocken getupften Limettenblätter hinzugeben. Die Suppe mit Salz und Pfeffer würzen. Koriander abspülen und trocken tupfen. Die Blättchen von den Stängeln zupfen. Einige Blättchen zum Garnieren beiseitelegen. Restliche Blättchen klein schneiden und in die Suppe geben.

5. Die Suppe in Schalen anrichten und mit den beiseitegelegten Korianderblättchen garniert servieren.

Tipps: Die Suppe eignet sich für 4 Personen als Vorspeise oder für 2 Personen als Hauptspeise.
Um die Suppe gehaltvoller zu machen, kann sie mit Basmatireis serviert werden.

Kräuterdorsch mit Gurken und Dill | Würzig

4 Portionen

Pro Portion: E: 29 g, F: 13 g, Kh: 7 g, kJ: 1109, kcal: 265, BE: 0,2

4 Stücke küchenfertiges Dorschfilet (je etwa 150 g)
etwas Zitronensaft
Salz
gem. Pfeffer
2 EL Weizenmehl
3 EL Speiseöl
25 g TK-Kräuter der Provence
2 kleine Salatgurken (je 400–500 g)
1 Zwiebel
20 g Butter
1 Knoblauchzehe
25 g TK-Dill

Zubereitungszeit: 30 Minuten

1. Den Backofen vorheizen.
Ober-/Unterhitze: etwa 140 °C
Heißluft: etwa 120 °C

2. Die Fischfiletstücke kurz unter fließendem kalten Wasser abspülen und trocken tupfen. Mit Zitronensaft beträufeln, mit Salz und Pfeffer würzen und leicht mit Mehl bestäuben. Speiseöl in einer Pfanne erhitzen. Die Fischfiletstücke darin von beiden Seiten anbraten. Kräuter der Provence auf die Oberseite der Filetstücke streuen. Fischfilets aus der Pfanne nehmen, auf eine vorgewärmte Platte legen und mit Alufolie zudecken. Die Platte auf dem Rost in den vorgeheizten Backofen schieben. Die Fischfiletstücke warm stellen.

3. In der Zwischenzeit Salatgurken schälen und die Enden abschneiden. Gurken längs halbieren und die Kerne mit einem Löffel herausschaben. Gurkenhälften in etwa 1 cm dicke Stücke schneiden. Zwiebel abziehen und in kleine Würfel schneiden.

4. Butter in einer Pfanne zerlassen. Zwiebelwürfel und Gurkenstücke darin unter Rühren andünsten, mit Salz und Pfeffer würzen. Knoblauch abziehen, durch eine Knoblauchpresse drücken und mit dem Dill unter die Gurkenstücke rühren. Das Gurkengemüse etwa 5 Minuten garen.

5. Den Kräuterdorsch auf dem Gurkengemüse anrichten. Mit der ausgetretenen Flüssigkeit von dem Kräuterdorsch beträufeln und sofort servieren.

Kreolische Schnitzel-Pfanne I

Würzig – raffiniert

2 Portionen

Pro Portion: E: 35 g, F: 14 g, Kh: 27 g, kJ: 1584, kcal: 379, BE: 1,5

240 g Schnitzelfleisch, z. B. Pute, Hähnchen oder Kalbsschnitzel
1 Stück frischer Ingwer
300 g kleine Möhren
6 Frühlingszwiebeln
2 TL Sonnenblumenöl
Salz
gem. Pfeffer
1 TL Tomatenmark
2 kleine Lorbeerblätter
evtl. geschrotete Chilischoten
evtl. gem. Piment (Nelkenpfeffer)
evtl. gem. Gewürznelke
200 ml Gemüsebrühe
30 g gesalzene, geröstete Erdnusskerne
200 ml Orangensaft

Zubereitungszeit: 20 Minuten

1. Schnitzelfleisch kurz unter fließendem kalten Wasser abspülen, trocken tupfen und in etwa 6 kleine Schnitzel schneiden.

2. Die Schnitzel nebeneinander zwischen Frischhaltefolie oder in einen großen Gefrierbeutel legen und vorsichtig plattieren.

3. Ingwer schälen und fein reiben oder würfeln. Die Möhren putzen, schälen, abspülen, abtropfen lassen und in feine Stifte schneiden.

4. Frühlingszwiebeln putzen, abspülen, abtropfen lassen und schräg in etwa 2 cm große Stücke schneiden.

5. Sonnenblumenöl in einer beschichteten Pfanne erhitzen. Die Schnitzel mit Salz und Pfeffer würzen, dann auf beiden Seiten dünn mit Tomatenmark bestreichen. Die Schnitzel in dem erhitzten Sonnenblumenöl kurz von beiden Seiten anbraten, herausnehmen und zugedeckt auf einem Teller warm halten.

6. Ingwer und Möhrenstifte in dem verbliebenen Bratfett unter Rühren etwa 3 Minuten braten, mit Salz und Pfeffer würzen.

7. Die Frühlingszwiebelstücke und die Lorbeerblätter hinzugeben und etwa 2 Minuten mitbraten oder mitdünsten lassen. Nach Belieben jeweils etwas von den Gewürzen hinzugeben.

8. Die Zutaten mit Brühe ablöschen, zum Kochen bringen und die Hälfte der Erdnusskerne unterrühren, etwa 2 Minuten einkochen lassen.

9. Dann die Schnitzel wieder hinzugeben, Orangensaft hinzugießen, nochmals mit Salz und Pfeffer abschmecken. Die Flüssigkeit bei starker Hitze weitere etwa 2 Minuten kräftig einkochen.

10. Die Schnitzel, das Gemüse und die Sauce auf einem Teller anrichten. Die Schnitzel-Pfanne mit den restlichen Erdnusskernen bestreuen.

Tipp: Sie können die Möhren auch durch 1–2 rote Paprikaschoten ersetzen. Dann die Paprikaschoten halbieren, entstielen, entkernen und die weißen Scheidewände entfernen. Schotenhälften abspülen, trocken tupfen, in längliche Streifen schneiden und wie unter Punkt 6 beschrieben mit dem Ingwer in etwa 3 Minuten anbraten.

Lachs-Champignon-Pfanne mit Wirsing | Für Gäste

4 Portionen

Pro Portion: E: 24 g, F: 29 g, Kh: 6 g, kJ: 1563, kcal: 375, BE: 0,5

600 g Wirsing
1 Zwiebel
500 g Champignons
2 EL Butter
150 g Crème fraîche
50 ml Gemüsebrühe
Salz, gem. Pfeffer
2–3 TL körniger Senf
250–300 g Räucherlachs in Scheiben
evtl. 1–2 EL Schnittlauchröllchen

Zubereitungszeit: 30 Minuten

1. Von dem Wirsing die äußeren welken Blätter entfernen. Wirsing vierteln und den Strunk abschneiden. Wirsingviertel abspülen, abtropfen lassen und in feine Streifen schneiden. Zwiebel abziehen und würfeln.

2. Champignons putzen, evtl. kurz abspülen, trocken tupfen und vierteln.

3. Einen Esslöffel der Butter in einer großen Pfanne zerlassen. Zwiebelwürfel und Champignonviertel darin evtl. portionsweise bei starker Hitze unter Rühren kräftig anbraten und aus der Pfanne nehmen.

4. Restliche Butter in dem verbliebenen Bratfett zerlassen. Wirsingstreifen darin unter Rühren anbraten und etwa 8 Minuten unter gelegentlichem Rühren bei mittlerer Hitze dünsten.

5. In der Zwischenzeit Crème fraîche mit Brühe, Salz, Pfeffer und Senf glatt rühren, zu den Wirsingstreifen geben und untermischen. Wirsingstreifen zugedeckt weitere 10–15 Minuten dünsten.

6. Lachs in feine Streifen schneiden, mit den Champignons unter das Wirsinggemüse heben, nochmals kurz erhitzen. Das Gemüse mit Salz und Pfeffer abschmecken und auf Tellern anrichten. Nach Belieben mit Schnittlauchröllchen bestreut servieren.

Beilage: Bandnudeln.

Tipp: Statt der frischen Champignons können Sie auch abgetropfte Champignons (aus der Dose) verwenden. Dann die Champignons mit den Lachsstreifen unter das Wirsinggemüse heben.

Lagerfeuerpfanne I

Etwas teurer – würzig

4 Portionen

Pro Portion: E: 35 g, F: 27 g, Kh: 45 g, kJ: 2377, kcal: 567, BE: 3,5

450 g TK-Rösti

2 EL Speiseöl
500 g Rindergeschnetzeltes
Salz, gem. Pfeffer
300 g abgetropfte Kidneybohnen (aus der Dose)
370 g stückige Tomaten mit Kräutern und Würze (aus dem Tetrapak)
1 TL Pfeffersaucenpulver (aus der Dose)

Zubereitungszeit: 30 Minuten

1. Rösti im vorgeheizten Backofen nach Packungsanleitung zubereiten.

2. In der Zwischenzeit das Speiseöl in einer großen Pfanne erhitzen. Geschnetzeltes mit Salz und Pfeffer würzen und in dem erhitzten Speiseöl von allen Seiten 5–10 Minuten anbraten.

3. Kidneybohnen mit den stückigen Tomaten hinzugeben und einige Minuten bei mittlerer Hitze mitgaren lassen.

4. Das Pfeffersaucenpulver unter die Feuerpfanne rühren und unter Rühren aufkochen lassen.

5. Die Lagerfeuerpfanne zu den Rösti servieren.

Lammfilet mit Fenchel und Pesto I

Für Gäste

4 Portionen

Pro Portion: E: 36 g, F: 32 g, Kh: 12 g, kJ: 2004, kcal: 480, BE: 1,0

8 Lammfilets
3 EL Olivenöl
Salz, gem. Pfeffer
2 mittelgroße Fenchelknollen
2 Bio-Orangen (unbehandelt, ungewachst)
1 TL Fenchelsamen
130 g Pesto (aus dem Glas)
2–3 EL Olivenöl

Zubereitungszeit: 30 Minuten

1. Lammfilets mit Küchenpapier trocken tupfen und halbieren. 2 Esslöffel des Olivenöls in einem Wok erhitzen. Die Lammfilets darin rosa braten. Die Filets mit Salz und Pfeffer würzen, herausnehmen und warm stellen. Den Wok beiseitestellen.

2. Von dem Fenchel das Fenchelgrün abzupfen und zum Garnieren beiseitelegen. Knollen putzen, abspülen, abtropfen lassen und quer in dünne Scheiben schneiden.

3. Orangen heiß abwaschen, abtrocknen und die Schale abreiben. Orangen halbieren und den Saft auspressen.

4. Restliches Olivenöl zum Bratfett in den beiseitegestellten Wok geben und erhitzen. Die Fenchelscheiben darin portionsweise von beiden Seiten braten. Anschließend die Fenchelscheiben aus dem Wok nehmen. Fenchelsamen und Orangenschale in den heißen Wok geben und sofort den Orangensaft hinzugießen. Den Saft zum Kochen bringen und auf etwa 4 Esslöffel Sud einkochen lassen.

5. Die Fenchelscheiben auf 4 Tellern anrichten, mit dem Orangensud beträufeln, mit Salz und Pfeffer würzen. Die Lammfilets auf den Fenchelscheiben verteilen und mit dem beiseitegelegten, abgespülten, trocken getupften Fenchelgrün garnieren.

6. Pesto mit Olivenöl verrühren, die Lammfilets und Fenchelscheiben damit beträufeln.

Tipps: Das Lammfilet mit Fenchel eignet sich sehr gut als Vorspeise. Richten Sie das Lammfilet zum Servieren mit Orangenfilets an.

Lammpfanne mit Auberginen und Kichererbsen I

Für Gäste

2–3 Portionen

Pro Portion: E: 48 g, F: 17 g, Kh: 20 g, kJ: 1801, kcal: 430, BE: 1,5

480 g	*Lammrückenfilet*
2	*Auberginen (etwa 400 g)*
1 Bund	*glatte Petersilie*
3	*Knoblauchzehen*
2 EL	*Speiseöl, z. B. Olivenöl*
220 g	*abgetropfte Kichererbsen (aus der Dose)*
	Salz, gem. Pfeffer
	ger. Muskatnuss
300 ml	*Gemüsebrühe oder -fond*

Zubereitungszeit: 30 Minuten

1. Lammrücken mit Küchenpapier trocken tupfen und in Würfel oder Streifen schneiden.

2. Auberginen abspülen, abtrocknen und die Stängelansätze entfernen. Auberginen zunächst längs vierteln, dann in etwa 1 cm dicke Scheiben schneiden.

3. Petersilie abspülen und trocken tupfen. Die Blättchen von den Stängeln zupfen. Die Blättchen klein schneiden, 1–2 Teelöffel davon zum Garnieren beiseitelegen. Knoblauch abziehen und in kleine Würfel schneiden.

4. Das Speiseöl in einer großen Pfanne erhitzen. Die Fleischwürfel oder -streifen darin von allen Seiten anbraten. Die Auberginenscheiben hinzugeben und etwa 5 Minuten mitbraten.

5. Kichererbsen, Petersilie und die Knoblauchwürfel hinzufügen. Das Ganze mit Salz, Pfeffer und Muskat kräftig würzen.

6. Brühe oder Fond hinzugießen, zum Kochen bringen und in 3–6 Minuten um etwa drei Viertel einkochen lassen. Die Lammpfanne mit beiseitegelegter Petersilie bestreut servieren.

Lauchkuchen | Klassisch

4 Portionen

Pro Portion: E: 8 g, F: 36 g, Kh: 23 g, kJ: 1885, kcal: 451, BE: 2,0

200 g TK-Blätterteig
2 Schalotten oder Zwiebeln
1 Stange Porree (Lauch)
50 g Butter
½ TL ganzer Kümmelsamen
½ TL Koriandersamen
½ TL rote Pfefferbeeren
½ TL Fenchelsamen
Salz, gem. Pfeffer
125 g Schlagsahne
2 Eier (Größe M)

Zubereitungszeit: 20 Minuten, ohne Auftauzeit
Backzeit: etwa 20 Minuten

1. Blätterteigplatten nebeneinander zugedeckt nach Packungsanleitung auftauen lassen.

2. In der Zwischenzeit die Schalotten oder Zwiebeln abziehen, zuerst in Scheiben schneiden, dann in Ringe teilen. Den Porree putzen, die Stange längs halbieren, gründlich waschen, gut abtropfen lassen und in dünne Streifen schneiden.

3. Den Backofen vorheizen.
Ober-/Unterhitze: etwa 200 °C
Heißluft: etwa 180 °C

4. Butter in einer Pfanne zerlassen. Schalotten- oder Zwiebelwürfel und Porreestreifen darin andünsten. Kümmel, Koriander, Pfefferbeeren und Fenchelsamen hinzufügen. Mit Salz und Pfeffer würzen. Sahne mit den Eiern verschlagen und untermischen. Die Masse bei schwacher Hitze leicht stocken lassen.

5. Die Blätterteigplatten aufeinanderlegen, auf einer leicht bemehlten Arbeitsfläche zu einer runden Platte (Ø etwa 30 cm) ausrollen und in eine Springform (Ø 28 cm, gefettet) legen, dabei den Rand andrücken.

6. Die leicht gestockte Eier-Sahne-Masse auf dem Teig verteilen. Die Form auf dem Rost in den vorgeheizten Backofen schieben. Den Lauchkuchen **etwa 20 Minuten backen.**

7. Die Form auf einen Kuchenrost stellen. Den Lauchkuchen etwas abkühlen lassen, dann aus der Form lösen, auf eine Platte legen und warm servieren.

Leichte Brokkolicremesuppe I

Löffel für Löffel genießen

4 Portionen

Pro Portion: E: 17 g, F: 6 g, Kh: 20 g, kJ: 865, kcal: 206, BE: 1,5

Für die Suppe:

1 kg Brokkoli
300 ml heiße Gemüsebrühe
500 ml Milch (3,5 % Fett)
4 EL Instant-Haferflocken
Salz
gem. weißer Pfeffer
ger. Muskatnuss

Zum Garnieren:

1 Stängel Dill
100 g gegartes Krabbenfleisch
geschroteter, weißer Pfeffer

Zubereitungszeit: 25 Minuten

1. Für die Suppe vom Brokkoli die Blätter entfernen. Den Brokkoli in kleine Röschen teilen, die Stängel am Strunk schälen und klein schneiden. Brokkoliröschen und -stückchen abspülen, abtropfen lassen.

2. Heiße Gemüsebrühe, Brokkoliröschen und -stückchen in einen Topf geben. Die Zutaten zum Kochen bringen und zugedeckt etwa 15 Minuten bei schwacher Hitze kochen.

3. In der Zwischenzeit die Milch erhitzen.

4. Anschließend den Brokkoli in der Brühe mit einem Pürierstab pürieren. Nach und nach die Milch zum Brokkolipüree geben. Die Flüssigkeit mit dem Pürierstab so lange pürieren, bis eine glatte Cremesuppe entstanden ist. Haferflocken mit einem Schneebesen unterrühren, nochmals kurz unter Rühren aufkochen lassen. Die Suppe mit Salz, Pfeffer und Muskat abschmecken.

5. Zum Garnieren Dill abspülen und trocken tupfen. Die Spitzen von dem Stängel zupfen.

6. Die Krabben in tiefen Tellern oder Suppentassen verteilen. Brokkolicremesuppe daraufgeben, mit geschrotetem Pfeffer und Dillspitzen garnieren.

Tipps: Bereiten Sie die Suppe mit Blumenkohl oder Kohlrabi zu. Im Winter schmeckt die Suppe gut mit TK-Rosenkohl. Würzen Sie sparsam mit Liebstöckel.

Letscho mit mediterranem Touch I

Ungarisch angehaucht

2 Portionen

Pro Portion: E: 23 g, F: 44 g, Kh: 28 g, kJ: 2529, kcal: 603, BE: 2,0

2 Zwiebeln
1 Knoblauchzehe
2 rote Paprikaschoten
1 gelbe Paprikaschote
2 Tomaten
2 EL Speiseöl
500 g passierte Tomaten (aus dem Tetrapak)
Salz
1 TL Paprikapulver edelsüß
1 TL mediterrane Würzmischung oder Pizza-Gewürzmischung
1 Cabanossi (etwa 220 g, im Naturdarm)

Zubereitungszeit: 30 Minuten

1. Zwiebeln und Knoblauch abziehen. Die Zwiebeln grob würfeln, den Knoblauch fein würfeln. Die Paprikaschoten halbieren, entstielen, entkernen und die weißen Scheidewände entfernen. Schoten abspülen, abtropfen lassen und in Streifen schneiden. Tomaten abspülen, abtrocknen, halbieren und die Stängelansätze herausschneiden. Tomaten in Stücke schneiden.

2. Das Speiseöl in einem Topf erhitzen. Zwiebel- und Knoblauchwürfel darin andünsten. Die Paprikastreifen und Tomatenstücke hinzugeben und etwa 5 Minuten unter gelegentlichem Rühren mitdünsten lassen.

3. Die passierten Tomaten unterrühren. Alles mit Salz, Paprika und der Gewürzmischung würzen. Letscho zugedeckt etwa 15 Minuten bei schwacher Hitze kochen lassen, dabei gelegentlich umrühren.

4. In der Zwischenzeit Cabanossi in dünne Scheiben schneiden. Die Wurstscheiben im Letscho erwärmen. Zum Servieren das Letscho nochmals mit den Gewürzen abschmecken.

Beilage: Geröstetes Bauernbrot oder vorgegarter Reis (aus dem Supermarkt).

Tipps: Etwas schärfer wird das Letscho, wenn Sie es zusätzlich mit 1 Teelöffel Sambal Oelek würzen. Mediterrane Würzmischung ist eine Mischung aus Schnittlauch, Blattpetersilie, Kerbel, Oregano, Estragon und Majoran (alles gefriergetrocknet).

Linguine mit scharfer Rinderhüfte I

Würzig – nussig

4 Portionen

Pro Portion: E: 45 g, F: 22 g, Kh: 105 g, kJ: 3363, kcal: 803, BE: 8,5

400 g Rinderhüftsteaks (gut abgehangen)
2 große, rote Chilischoten
2 große, rote Zwiebeln
2 Knoblauchzehen
100 g ungesalzene Cashewkerne
8 Minzeblätter
2–3 EL Olivenöl
Salz
gem. Pfeffer
4 EL süße Sojasauce
2 EL Sojasauce
1,2 kg gegarte Linguine (dünne Bandnudeln, etwa 500 g Rohgewicht)

Zubereitungszeit: 30 Minuten

1. Steaks mit Küchenpapier trocken tupfen und in Streifen schneiden. Chilischoten abspülen, trocken tupfen, entstielen und in Ringe schneiden. Zwiebeln abziehen, zuerst in Scheiben schneiden, dann in Ringe teilen.

2. Knoblauch abziehen und durch eine Knoblauchpresse drücken. Cashewkerne grob hacken. Minzeblätter abspülen, trocken tupfen und in Streifen schneiden.

3. Jeweils etwas Olivenöl in einem Wok erhitzen. Die Steakstreifen darin portionsweise scharf braten, herausnehmen, mit Salz und Pfeffer würzen, beiseitestellen.

4. Zwiebelringe, Knoblauch und Chiliringe in den Wok geben und unter Rühren anbraten.

5. Süße und salzige Sojasauce hinzugeben. Anschließend die Nudeln unterheben und erhitzen. Steaks ebenfalls unterheben.

6. Das Gericht auf Tellern anrichten, mit Cashewkernen und Minzestreifen bestreut servieren.

Linguine mit Ziegenfrischkäsesauce I

Raffiniert – für Gäste

4 Portionen

Pro Portion: E: 22 g, F: 32 g, Kh: 97 g, kJ: 3203, kcal: 768, BE: 7,5

5 l Wasser
1 Schalotte
2 Knoblauchzehen
1 Bund Frühlingszwiebeln
1 Bund Basilikum
12 Cocktailtomaten
5 gestr. TL Salz
500 g Linguine (dünne Bandnudeln)
20 g Butter
250 g Ziegenfrischkäse
125 g Schlagsahne
75 ml Gemüsebrühe
Salz, gem. Pfeffer

Zubereitungszeit: 20 Minuten

1. Wasser in einem großen Topf zugedeckt zum Kochen bringen. In der Zwischenzeit Schalotte und Knoblauch abziehen, in kleine Würfel schneiden. Die Frühlingszwiebeln putzen, abspülen, abtropfen lassen und in feine Scheiben schneiden. Basilikum abspülen und trocken tupfen. Die Blättchen von den Stängeln zupfen. Blättchen in Streifen schneiden. Die Tomaten abspülen, abtropfen lassen und die Stängelansätze herausschneiden.

2. Salz und Nudeln ins kochende Wasser geben. Die Nudeln im geöffneten Topf bei mittlerer Hitze nach Packungsanleitung bissfest garen, dabei gelegentlich umrühren.

3. In der Zwischenzeit Butter in einer Pfanne zerlassen. Zwiebel-, Knoblauchwürfel und Frühlingszwiebelscheiben darin unter Rühren andünsten. Ziegenfrischkäse, Sahne und Brühe hinzugeben, unter Rühren erhitzen, mit Salz und Pfeffer würzen. Tomaten in die Sauce geben und kurz ziehen lassen.

4. Die gegarten Nudeln in ein Sieb geben, mit heißem Wasser abspülen und abtropfen lassen. Die Nudeln zu der Frischkäsesauce in die Pfanne geben und vorsichtig vermengen, Basilikumstreifen unterheben. Linguine mit Ziegenfrischkäsesauce auf Tellern anrichten und sofort servieren.

Linsencremesuppe mit Ziegenkäsenocken I

Vegetarisch

4 Portionen

Pro Portion: E: 21 g, F: 39 g, Kh: 43 g, kJ: 2550, kcal: 609, BE: 3,5

Für die Suppe:

1 mittelgroße Zwiebel
1 Knoblauchzehe
3 EL Olivenöl
400 g TK-Suppengemüse
175 g rote Linsen
1 l heiße Gemüsebrühe
200 g passierte Tomaten (aus der Dose)
1 Lorbeerblatt
Salz, gem. Pfeffer
75 g abgetropfte, getrocknete Tomaten in Öl
4–5 Stängel Basilikum
200 g Schlagsahne

Für die Nocken:

200 g Ziegenfrischkäse

Zum Beträufeln:

etwa 4 EL milder, dunkler Balsamico-Essig

Zubereitungszeit: 25 Minuten

1. Für die Suppe Zwiebel und Knoblauch abziehen, grob würfeln. Olivenöl in einem Topf erhitzen, Zwiebel- und Knoblauchwürfel darin andünsten.

2. Gefrorenes Suppengemüse und Linsen zur Zwiebel-Knoblauch-Mischung geben. Brühe hinzugießen, zum Kochen bringen und etwa 8 Minuten unter gelegentlichem Rühren kochen lassen.

3. Passierte Tomaten unterrühren. Lorbeerblatt hinzugeben. Die Suppe mit Salz und Pfeffer würzen, wieder zum Kochen bringen und etwa 5 Minuten bei mittlerer Hitze kochen lassen, bis die Linsen leicht zerfallen.

4. In der Zwischenzeit Tomaten in Streifen schneiden. Einige Tomatenstreifen zum Garnieren beiseitelegen. Basilikum abspülen und trocken tupfen. Die Blättchen von den Stängeln zupfen. Blättchen klein schneiden.

5. Das Lorbeerblatt entfernen. Die Suppe pürieren, evtl. durch ein Sieb streichen. Sahne hinzugießen, nochmals unter Rühren kurz aufkochen. Die Suppe mit Salz und Pfeffer abschmecken.

6. Die Linsencremesuppe in tiefen Tellern oder Suppentassen verteilen. Mithilfe von 2 Teelöffeln Nocken aus dem Ziegenfrischkäse formen und jeweils 1 Nocke in die Suppe geben. Je 1 Esslöffel Balsamico-Essig daraufträufeln. Die Suppe mit Tomaten- und Basilikumstreifen garnieren und sofort servieren.

Makkaroni mit Schafskäsesauce

Würzig – vegetarisch

4 Portionen

Pro Portion: E: 26 g, F: 31 g, Kh: 97 g, kJ: 3254, kcal: 778, BE: 8,0

5 l Wasser
2 Zwiebeln
2 Knoblauchzehen
2 EL Olivenöl
1 EL Weizenmehl
150 ml heiße Gemüsebrühe
150 g Schlagsahne
5 gestr. TL Salz
500 g Makkaroni
1 rote Paprikaschote
200 g milder Schafskäse
1 Bund Petersilie
Salz, gem. Pfeffer
evtl. 1 TL Zaziki-Gewürz

Zubereitungszeit: 25 Minuten

1. Das Wasser in einem großen Topf zugedeckt zum Kochen bringen. In der Zwischenzeit Zwiebeln und Knoblauch abziehen und in sehr kleine Würfel schneiden. Olivenöl in einem Topf erhitzen. Zwiebel- und Knoblauchwürfel darin andünsten. Mit Mehl bestäuben und kurz mitdünsten lassen. Heiße Brühe und Sahne hinzugießen, mit einem Schneebesen durchschlagen. Dabei darauf achten, dass keine Klümpchen entstehen. Die Sauce unter Rühren kurz aufkochen lassen.

2. Salz und Makkaroni ins kochende Wasser geben. Die Makkaroni im geöffneten Topf bei mittlerer Hitze nach Packungsanleitung bissfest garen, dabei gelegentlich umrühren.

3. Paprikaschote halbieren, entstielen, entkernen und die weißen Scheidewände entfernen. Schote abspülen, abtropfen lassen und in kleine Würfel schneiden. Paprikawürfel unter die Sauce rühren, nochmals zum Kochen bringen und etwa 3 Minuten bei schwacher Hitze kochen lassen.

4. Schafskäse in etwa 1 cm große Würfel schneiden. Petersilie abspülen und trocken tupfen. Die Blättchen von den Stängeln zupfen. Blättchen klein schneiden.

5. Schafskäsewürfel und Petersilie in die Sauce geben. Die Sauce mit Salz, Pfeffer und nach Belieben mit Zaziki-Gewürz abschmecken.

6. Die gegarten Makkaroni in ein Sieb geben, mit heißem Wasser abspülen und abtropfen lassen. Die Makkaroni mit der Schafskäsesauce vermischen, auf Tellern anrichten und sofort servieren.

Mandel-Safran-Reis

Vegetarisch

4 Portionen

Pro Portion: E: 14 g, F: 22 g, Kh: 78 g, kJ: 2413, kcal: 576, BE: 6,5

300 g	*Möhren*
1 Stange	*Porree (Lauch)*
2	*Zwiebeln*
3 EL	*Speiseöl*
220 g	*Langkornreis*
500 ml	*heiße Gemüsebrühe*
125 g	*getrocknete Aprikosen*
70 g	*Rosinen*
100 g	*abgezogene, ganze Mandeln*
2 Döschen	*Safran (je 0,1 g)*
	gem. Kreuzkümmel (Cumin)
	Salz

Zubereitungszeit: 30 Minuten

1. Die Möhren putzen, schälen, abspülen, abtropfen lassen und in dicke Scheiben schneiden. Porree putzen, die Stange längs halbieren, gründlich waschen, abtropfen lassen und in Streifen schneiden. Zwiebeln abziehen und in kleine Würfel schneiden.

2. Speiseöl in einer Pfanne erhitzen. Zwiebelwürfel darin andünsten. Den Reis hinzugeben, ebenfalls kurz mitdünsten lassen, heiße Brühe hinzugießen. Die Aprikosen, Rosinen, Möhrenscheiben, Mandeln und Porreestreifen zum Reis in die Pfanne geben, mit Safran, Kreuzkümmel und Salz würzen. Die Zutaten zum Kochen bringen und zugedeckt etwa 20 Minuten bei schwacher Hitze garen.

3. Den Mandel-Safran-Reis sofort servieren.

Tipp: Eine frische Note bekommt der Reis, wenn Sie ihn nach dem Kochen mit etwas Zitronen- oder Limettensaft abschmecken und einige abgespülte, trocken getupfte Minzestreifen untermischen.

Matrosengericht (Labskaus) I

Klassisch – macht richtig satt

3 Portionen

Pro Portion: E: 54 g, F: 44 g, Kh: 30 g, kJ: 3078, kcal: 734, BE: 2,5

340 g Corned Beef (aus der Dose)
1 große Zwiebel
3 EL Butter
1 Beutel Kartoffelpüreepulver (für 500 ml Wasser)
Salz
gem. Pfeffer
3 Eier (Größe M)
185 g abgetropfte Rote Bete (aus dem Glas)
185 g abgetropfte Cornichons (aus dem Glas)
6 Rollmöpse

Zubereitungszeit: 30 Minuten

1. Corned Beef grob würfeln. Die Zwiebel abziehen und klein würfeln. 2 Esslöffel von der Butter in einer Pfanne zerlassen. Corned-Beef- und Zwiebelwürfel darin bei schwacher Hitze etwa 10 Minuten leicht braten.

2. In der Zwischenzeit das Kartoffelpüree nach Packungsanleitung mit Wasser zubereiten.

3. Corned-Beef- und Zwiebelwürfel kräftig mit Salz und Pfeffer würzen und unter das Kartoffelpüree mischen.

4. Restliche Butter in der Pfanne zerlassen. Die Eier vorsichtig aufschlagen und nebeneinander in das Fett gleiten lassen. Spiegeleier mit etwas Salz würzen. Das Püree auf 2 Tellern verteilen und je 1 Spiegelei daraufsetzen. Rote Bete, Cornichons und je 2 Rollmöpse dazureichen.

Maultaschensuppe, feine I

Schwäbisch

4 Portionen

Pro Portion: E: 12 g, F: 15 g, Kh: 34 g, kJ: 1344, kcal: 319, BE: 2,5

Für die Suppe:

3 mittelgroße Tomaten
3–4 Stängel frischer Thymian
400 ml Fischfond (aus dem Glas)
200 g Porree (Lauch)
20 g Butter oder Margarine
1 Lorbeerblatt
600 ml heiße Gemüsebrühe
gem. Pfeffer, Salz

Für die Einlage:

4–8 Maultaschen (aus dem Kühlregal, z. B. mit Lachs- oder Fleischfüllung; 300–600 g)
3 EL Schnittlauchröllchen

Zubereitungszeit: 20 Minuten

1. Für die Suppe die Tomaten kreuzweise einschneiden und mit kochendem Wasser übergießen. Nach 1–2 Minuten herausnehmen und mit kaltem Wasser abschrecken. Tomaten häuten und die Stängelansätze herausschneiden. Tomaten vierteln und entkernen. Tomatenkerne und -flüssigkeit auffangen, beiseitestellen. Die Tomatenviertel in Würfel schneiden und ebenfalls beiseitestellen. Thymian abspülen und trocken tupfen.

2. Tomatenkerne und -flüssigkeit, 2 Stängel Thymian und Fischfond in einen Topf geben. Die Zutaten zum Kochen bringen und etwa 5 Minuten bei schwacher Hitze ziehen lassen.

3. In der Zwischenzeit den Porree putzen, die Stange längs halbieren, gründlich waschen, abtropfen lassen und in etwa ½ cm große Streifen schneiden.

4. Butter oder Margarine in einem Topf zerlassen. Porreestreifen, restlichen Thymian und Lorbeerblatt hinzugeben und andünsten. Tomaten-Fischfond durch ein Sieb hinzugießen. Brühe ebenfalls hinzugießen und aufkochen lassen, mit Pfeffer würzen.

5. Für die Einlage Maultaschen in die Suppe geben und bei schwacher Hitze etwa 8 Minuten ziehen lassen. Die Suppe darf nicht mehr kochen.

6. Beiseitegestellte Tomatenwürfel in die Suppe geben und kurz miterhitzen. Die Suppe mit Salz und Pfeffer abschmecken, Lorbeerblatt entfernen.

7. Maultaschensuppe in tiefe Teller geben und mit Schnittlauchröllchen bestreut servieren.

Mediterraner Fisch-Eintopf mit Paprika-Dip I

Raffiniert

4 Portionen

Pro Portion: E: 42 g, F: 16 g, Kh: 44 g, kJ: 2072, kcal: 495, BE: 3,5

4 Knoblauchzehen
1 kg Fenchelknollen
600 g Möhren
800 g Porree (Lauch)
600 g festkochende Kartoffeln
2 EL Olivenöl
1 1/2 l Gemüsebrühe
3 Lorbeerblätter
Salz
gem. Pfeffer
12 Cocktailtomaten
600 g mageres, festes Fischfilet, z. B. Seelachs (frisch oder TK)

Für den Paprika-Dip:

40 g Ajvar, mild oder scharf (rote Paprikapaste aus dem Glas)
150 g Crème légère

Zubereitungszeit: 30 Minuten

1. Knoblauch abziehen und klein würfeln. Fenchel putzen, abspülen, abtropfen lassen. Das zarte Grün abschneiden und beiseitelegen. Die Fenchelknollen halbieren und in kleine Stücke schneiden. Möhren putzen, schälen, abspülen, abtropfen lassen und in Scheiben schneiden. Porree putzen, die Stange längs halbieren, gründlich waschen und abtropfen lassen. Porree schräg in Streifen schneiden. Die Kartoffeln schälen, abspülen, abtropfen lassen und in Würfel schneiden.

2. Olivenöl in einem großen Topf erhitzen. Knoblauchwürfel darin andünsten. Möhrenscheiben, Fenchelstücke und Kartoffelwürfel hinzugeben und unter Rühren kurz mitdünsten lassen. Brühe mit den Lorbeerblättern hinzugeben und zugedeckt zum Kochen bringen. Den Eintopf mit etwas Salz und Pfeffer würzen und mit leicht geöffnetem Deckel bei schwacher bis mittlerer Hitze 8–10 Minuten kochen lassen. Porreestreifen nach 3–5 Minuten Garzeit in den Eintopf geben und mitgaren lassen, dabei gelegentlich vorsichtig durchrühren.

3. In der Zwischenzeit Tomaten abspülen, abtrocknen, halbieren und die Stängelansätze herausschneiden. Fischfilet (TK-Fisch vorher auftauen lassen) kurz unter fließendem kalten Wasser abspülen, mit Küchenpapier trocken tupfen und in mundgerechte Stücke schneiden.

4. Die Fischstücke und Tomatenhälften in den Eintopf geben, zugedeckt auf der ausgeschalteten Kochstelle in etwa 2 Minuten gar ziehen lassen.

5. Für den Paprika-Dip Ajvar mit Crème légère verrühren.

6. Den Eintopf nochmals mit den Gewürzen abschmecken, Lorbeerblätter entfernen. Den Eintopf in Suppentellern verteilen, mit dem beiseitegelegten Fenchelgrün und dem Paprika-Dip anrichten.

Mediterraner Nudelsalat mit Tunfisch-Dressing | Würzig

4 Portionen

Pro Portion: E: 20 g, F: 24 g, Kh: 48 g, kJ: 2047, kcal: 489, BE: 4,0

2 ½ l Wasser
2 ½ gestr. TL Salz
250 g Nudeln, z. B. Rigatoni, Penne
75 g abgetropfte Kapernäpfel (aus dem Glas)
150 g Cocktailtomaten
100 g Rucola (Rauke)
1 Bio-Zitrone (unbehandelt, ungewachst)
1 Bund glatte Petersilie
1–2 Knoblauchzehen
50 g Delikatessmayonnaise
75 g Schlagsahne
175 g abgetropfter Tunfisch naturell (aus der Dose)
Salz
Cayennepfeffer

Zubereitungszeit: 30 Minuten

1. Wasser in einem großen Topf zugedeckt zum Kochen bringen. Dann Salz und Nudeln hinzugeben. Die Nudeln im geöffneten Topf bei mittlerer Hitze nach Packungsanleitung bissfest kochen, dabei gelegentlich umrühren.

2. In der Zwischenzeit von den Kapernäpfel die Stiele entfernen. Kapernäpfel halbieren. Tomaten abspülen, abtropfen lassen, halbieren und die Stängelansätze herausschneiden. Rucola verlesen und die dicken Stiele entfernen. Rucola abspülen, gut abtropfen lassen oder trocken schleudern.

3. Die gegarten Nudeln in ein Sieb geben, mit heißem Wasser abspülen, abtropfen lassen und zugedeckt warm halten.

4. Die Zitrone heiß abwaschen, abtrocknen und die Schale fein abreiben. Die Zitrone halbieren, den Saft auspressen und etwa 3 Esslöffel davon abmessen. Petersilie abspülen und trocken tupfen. Die Blättchen von den Stängeln zupfen, grob zerschneiden.

5. Knoblauch abziehen und grob hacken. Mayonnaise mit Sahne verrühren. Tunfisch und Knoblauch unterrühren, mit Salz und Cayennepfeffer würzen. Das Dressing fein pürieren, mit Zitronenschale und -saft abschmecken. Petersilie unterrühren.

6. Die noch leicht warmen Nudeln mit dem Dressing vermischen. Den Nudelsalat nochmals mit den Gewürzen abschmecken. Den Nudelsalat mit Kapernäpfeln, Tomatenhälften und Rucola anrichten.

Meerrettich-Pastinaken-Suppe mit Schinken-Chips I

Löffel für Löffel genießen

2 Portionen

Pro Portion: E: 12 g, F: 11 g, Kh: 37 g, kJ: 1260, kcal: 302, BE: 3,0

2 TL	*Sonnenblumenöl*
4 Scheiben	*magerer, geräucherter Schinken (etwa 50 g), z. B. Schwarzwälder-Schinken*
2	*Zwiebeln*
400 g	*Pastinaken*
200 g	*mehligkochende Kartoffeln*
6 Stängel	*frischer Thymian*
	Salz, gem. Pfeffer
600 ml	*Gemüsebrühe*
100 g	*Sahne zum Kochen (7 % Fett)*
1 kleines Stück	*frischer Meerrettich (ersatzweise etwa 3 EL Meerrettich aus dem Glas)*

Zubereitungszeit: 30 Minuten

1. Sonnenblumenöl in einem Topf erhitzen. Die Schinkenscheiben hineinlegen und bei mittlerer Hitze von beiden Seiten kross braten, herausnehmen, auf Küchenpapier abtropfen und erkalten lassen.

2. In der Zwischenzeit die Zwiebeln abziehen und in kleine Würfel schneiden. Pastinaken putzen, schälen, abspülen und abtropfen lassen. Kartoffeln schälen, abspülen, abtropfen lassen. Pastinaken und Kartoffeln in etwa gleich große Stücke (etwa 2 cm) schneiden. Thymian abspülen und trocken tupfen.

3. Die Zwiebelwürfel in dem Topf im verbliebenen Bratfett braun anbraten. Dann Pastinaken- und Kartoffelstücke hinzugeben. Die Zutaten mit etwas Salz, Pfeffer und 2 Stängeln Thymian würzen. Brühe hinzugießen und zugedeckt zum Kochen bringen. Die Suppe zugedeckt bei schwacher Hitze 10–12 Minuten kochen lassen.

4. Thymianstängel aus der Suppe entfernen. Die Zutaten in der Brühe vorsichtig mit einem Pürierstab fein pürieren. Sahne hinzugießen und nochmals kurz unter Rühren aufkochen lassen. Die Suppe mit Salz und Pfeffer abschmecken.

5. Von dem restlichen Thymian die Blättchen abzupfen. Meerrettich schälen und grob raspeln. Die Schinkenscheiben grob zerbröseln. Die Suppe mit Thymianblättchen, Schinken und Meerrettich anrichten.

Melonen-Hähnchen-Pfanne I

Für Gäste

4 Portionen

Pro Portion: E: 34 g, F: 23 g, Kh: 17 g, kJ: 1721, kcal: 412, BE: 1,5

- *400 g Hähnchenbrustfilet*
- *1 EL Currypulver*
- *1 EL helle Sojasauce*
- *1 EL Speisestärke*
- *1 rote Zwiebel*
- *400 g Champignons*
- *1 Cantaloup-, Ogen- oder Honigmelone*
- *8 EL Sojaöl*
- *100 g roher Schinken in Scheiben*
- *½ Bund Schnittlauch*
- *Salz*

Zubereitungszeit: 30 Minuten

1. Hähnchenbrustfilet kurz unter fließendem kalten Wasser abspülen und trocken tupfen. Das Filet in dünne Streifen schneiden, mit Curry, Sojasauce und Speisestärke vermischen.

2. Zwiebel abziehen und in kleine Würfel schneiden. Champignons putzen, evtl. kurz abspülen und trocken tupfen. Champignons in Scheiben schneiden. Melone halbieren und entkernen. Die Melone achteln und die Schale abschneiden. Von dem Melonen-Fruchtfleisch 400 g abwiegen und in etwa 2 cm große Würfel schneiden.

3. Sojaöl in einem Wok erhitzen. Die Fleischstreifen darin von allen Seiten anbraten. Zwiebelwürfel und Champignonscheiben hinzufügen, etwa 5 Minuten unter Rühren braten.

4. In der Zwischenzeit Schinkenscheiben in Streifen schneiden. Schnittlauch abspülen und trocken tupfen. Einige Halme zum Garnieren beiseitelegen. Restlichen Schnittlauch in Röllchen schneiden.

5. Die Schinkenstreifen und Melonenwürfel zu der Fleisch-Champignon-Mischung in den Wok geben, vorsichtig unterrühren und kurz erhitzen. Melonen-Hähnchen-Pfanne mit Salz abschmecken, Schnittlauchröllchen unterheben. Mit den beiseitegelegten Schnittlauchhalmen garniert servieren.

Beilage: Reis- oder Glasnudeln.

Mikrowellen-Gemüse-Gnocchi I

Vegetarisch

2–3 Portionen

Pro Portion: E: 11 g, F: 14 g, Kh: 80 g, kJ: 2047, kcal: 489, BE: 6,0

1	*mittelgroße Zucchini (etwa 200 g)*
3	*Tomaten (etwa 400 g)*
1 kleines Bund	*Thymian*
500 g	*frische Gnocchi (aus dem Kühlregal)*
3 EL	*Olivenöl*
	Salz, gem. Pfeffer
	Knoblauchpulver
1 geh. TL	*Gemüsebrühenpulver*

Zubereitungszeit: 30 Minuten

1. Zucchini abspülen, abtrocknen und die Enden abschneiden. Zucchini in gleich große Stücke (in Größe der Gnocchi) schneiden. Tomaten abspülen, trocken tupfen, vierteln, entkernen und die Stängelansätze herausschneiden. Tomaten in Würfel schneiden.

2. Thymian abspülen und trocken tupfen. Die Blättchen von den Stängeln zupfen.

3. Gnocchi mit Zucchinistücken, Tomatenwürfeln, Thymianblättchen und Olivenöl mischen, mit Salz, Pfeffer, Knoblauch und Gemüsebrühe pikant würzen.

4. Die Zutaten in eine mikrowellengeeignete Form geben und in der Mikrowelle bei 800 Watt etwa 15 Minuten (bei 600 Watt etwa 18 Minuten) ohne Abdeckhaube garen. Gemüse nach jeweils 5 Minuten umrühren.

5. Gnocchi mit Tomaten und Zucchini in der ausgeschalteten Mikrowelle etwa 2 Minuten stehen lassen.

Tipps: Das Gericht vor dem Servieren mit frisch gehobeltem Parmesan bestreuen und mit Olivenöl beträufeln. Die Zucchinistücke sind nach der angegebenen Garzeit bissfest, wer es weicher mag, kann die Garzeit um etwa 5 Minuten verlängern.

Milchreis | Klassisch – für Kinder

6 Portionen

Pro Portion: E: 7 g, F: 6 g, Kh: 40 g, kJ: 1039, kcal: 248, BE: 3,5

Für den Milchreis:

1 l Milch (1,5 % Fett)
2 EL Zucker
1 Pck. Dr. Oetker Vanillin-Zucker
175 g Milchreis (Rundkornreis)

Zum Bestreuen:

2 EL Zucker
½ TL gem. Zimt

Zubereitungszeit: 30 Minuten

1. Für den Milchreis die Milch mit Zucker und Vanillin-Zucker in einem Topf unter gelegentlichem Rühren zum Kochen bringen.

2. Milchreis unterrühren, unter Rühren zum Kochen bringen und mit halb aufgelegtem Deckel bei schwacher Hitze nach Packungsanleitung ausquellen lassen. Dabei gelegentlich umrühren, damit der Reis nicht anbrennt.

3. Zum Bestreuen Zucker mit Zimt vermischen. Den fertigen Milchreis noch warm mit dem Zimt-Zucker bestreuen und servieren oder erkalten lassen und dann mit dem Zimt-Zucker bestreut servieren.

Tipp: Als süßes Hauptgericht reicht der Milchreis für 3–4 Portionen.

Milchreiswaffeln mit roter Grütze | Für Kinder

9 Stück

Pro Stück: E: 8 g, F: 19 g, Kh: 43 g, kJ: 1614, kcal: 384, BE: 3,5

Für den Schüttelteig:

150 g Weizenmehl
½ gestr. TL Dr. Oetker Backin
75 g Zucker
abgeriebene Schale von
½ Bio-Zitrone (unbehandelt, ungewachst)
3 Eier (Größe M)
125 g zerlassene, abgekühlte Butter
500 g Milchreis (aus dem Kühlregal)

Zum Bestreuen:

75 g gehackte Mandeln

Für die Füllung:

500 g rote Grütze (aus dem Kühlregal)

Zubereitungszeit: 30 Minuten

1. Das Waffeleisen erhitzen und evtl. leicht fetten, dabei die Herstelleranleitung beachten.

2. Für den Teig das Mehl mit Backpulver mischen, in eine verschließbare Schüssel (3-Liter-Inhalt) geben, mit Zucker und Zitronenschale mischen. Eier, Butter und den Milchreis hinzufügen. Die Schüssel mit dem Deckel fest verschließen. Schüssel mehrmals kräftig schütteln (insgesamt 15–30 Sekunden), sodass alle Zutaten gut vermischt sind.

3. Alles mit einem Schneebesen oder Rührlöffel nochmals sorgfältig durchrühren, damit vor allem trockene Zutaten vom Rand und Deckel mit untergerührt werden.

4. Jeweils 1 Esslöffel Mandeln in das vorbereitete Waffeleisen streuen, etwa 3 Esslöffel Teig daraufgeben und vorsichtig verstreichen. Die Waffeln goldbraun backen, mit einer Gabel oder einem Pfannenwender herausnehmen und einzeln auf einem Kuchenrost erkalten lassen.

5. Für die Füllung die Waffeln einzeln auf Teller legen. Auf eine Waffelhälfte 1–2 Esslöffel rote Grütze geben und die andere Waffelhälfte darüberklappen.

Tipp: Die Waffeln nach Belieben mit abgespülten, trocken getupften Himbeeren oder Johannisbeeren und Minzeblättchen garnieren und mit Puderzucker bestäuben (Foto).

Misosuppe mit Zuckerschoten I

Ein Hauch Asien

2 Portionen

Pro Portion: E: 8 g, F: 6 g, Kh: 28 g, kJ: 840, kcal: 201, BE: 2,0

4 Frühlingszwiebeln
100 g Zuckerschoten
600 ml Hühnerbrühe
2 TL Miso (chinesische Würzpaste, erhältlich im Asialaden)
40 g Wok-Nudeln (Instant-Nudeln)
100 g abgetropfte Bambusschösslinge in Streifen (aus dem Glas)
2 TL Sesamöl
2 TL Sojasauce
1–1 1/2 TL Weißweinessig
evtl. Salz
gem. Pfeffer

Zubereitungszeit: 25 Minuten

1. Frühlingszwiebeln putzen, abspülen, abtropfen lassen und in feine Scheiben schneiden. Von den Zuckerschoten die Enden abschneiden, evtl. abfädeln. Schoten abspülen, abtropfen lassen und schräg in Stücke schneiden.

2. Die Hühnerbrühe mit Miso in einem Topf unter gelegentlichem Rühren bei starker Hitze zum Kochen bringen. Die Nudeln hinzufügen und alles zugedeckt etwa 3 Minuten bei mittlerer Hitze kochen lassen.

3. Bambusschösslinge, Frühlingszwiebelscheiben und Zuckerschotenstücke hinzufügen. Alles erneut zum Kochen bringen und zugedeckt bei schwacher bis mittlerer Hitze weitere etwa 2 Minuten garen, bis das Gemüse und die Nudeln bissfest sind. Den Topf von der Kochstelle nehmen.

4. Die Suppe mit Sesamöl, Sojasauce, Essig, evtl. Salz und Pfeffer pikant abschmecken. Die Suppe in Schälchen servieren.

Beilage: Sehr lecker schmeckt Rührei in der Suppe (Foto). Dafür 2 kleine Eier (Größe S) und 2 Teelöffel Milch (1,5 % Fett) mit einer Gabel verschlagen. Dann 2 Teelöffel Speiseöl in einer kleinen Pfanne erhitzen. Die Eiermilch hineingeben und zum Rührei braten. Das Rührei mit 2 Gabeln zerpflücken und in die heiße Suppe geben.

Nudelsalat all'arlecchino I

Etwas teurer

2–3 Portionen

Pro Portion: E: 26 g, F: 34 g, Kh: 34 g, kJ: 2293, kcal: 548, BE: 2,5

200 g	*Rinderfilet oder Rumpsteak*
1–2 EL	*Speiseöl, z. B. Olivenöl*
	Salz, gem. Pfeffer
1 Msp.	*Paprikapulver edelsüß*
1	*rote Paprikaschote*
400 g	*Nudelsalat mit Erbsen, Paprika und Möhren (aus dem Kühlregal)*
185 g	*abgetropfte Erbsen (aus der Dose)*
1–2 Stängel	*Basilikum*

Zubereitungszeit: 20 Minuten

1. Rinderfilet oder Rumpsteak mit Küchenpapier trocken tupfen und in schmale Streifen schneiden.

2. Speiseöl in einer Pfanne erhitzen. Fleischstreifen darin von allen Seiten kurz und kräftig anbraten, mit Salz, Pfeffer und Paprika würzen. Fleischstreifen aus der Pfanne nehmen und etwas abkühlen lassen.

3. In der Zwischenzeit die Paprikaschote halbieren, entstielen, entkernen und die weißen Scheidewände entfernen. Schote abspulen, abtropfen lassen und in sehr kleine Würfel schneiden.

4. Nudelsalat in eine Schüssel geben. Paprikawürfel und Erbsen hinzugeben und unter den Nudelsalat mischen. Salat mit Salz und Pfeffer abschmecken.

5. Basilikum abspülen und trocken tupfen. Die Blättchen von den Stängeln zupfen. Den Nudelsalat mit den Fleischstreifen auf Tellern anrichten und mit Basilikumblättchen garniert servieren.

Abwandlung: Der Salat schmeckt statt mit gebratenem Rinderfilet oder Rumpsteak auch mit gebratenen Hähnchenbrustfilet-Streifen aus dem Kühlregal oder Roastbeef-Aufschnitt sehr lecker.

Nudelsalat all'arrabbiata

Grüße aus Italien

3–4 Portionen

Pro Portion: E: 16 g, F: 10 g, Kh: 57 g, kJ: 1609, kcal: 385, BE: 4,5

2 ½ l Wasser
2 ½ gestr. TL Salz
250 g Nudeln, z. B. Maccheroni
1 Knoblauchzehe
30 g Bacon (Frühstücksspeck)
250 g Cocktailtomaten
einige Stängel Petersilie

Für das Dressing:

150 g Joghurt (3,5 % Fett)
1 EL Tomatenmark
2 EL Balsamico- oder Weißweinessig
Salz
gem. Pfeffer
1 Prise Zucker
1 Prise Chiliflocken oder Cayennepfeffer

8 abgetropfte, schwarze Oliven ohne Stein (etwa 40 g)
30 g frisch gehobelter Parmesan

Zubereitungszeit: 30 Minuten

1. Das Wasser in einem großen Topf zugedeckt zum Kochen bringen. Dann Salz und Nudeln hinzugeben. Die Nudeln im geöffneten Topf bei mittlerer Hitze nach Packungsanleitung bissfest kochen, dabei gelegentlich umrühren.

2. In der Zwischenzeit Knoblauch abziehen und klein würfeln. Bacon in kleine Würfel schneiden. Baconwürfel in einer heißen Pfanne ohne Fett anbraten. Die Knoblauchwürfel kurz mit anbraten. Bacon-Knoblauch-Mischung aus der Pfanne nehmen und auf einen Teller geben.

3. Die gegarten Nudeln in ein Sieb geben, mit kaltem Wasser abspülen und abtropfen lassen. Die Nudeln in eine Schüssel geben.

4. Die Tomaten abspülen, trocken tupfen, halbieren und die Stängelansätze herausschneiden. Petersilie abspülen und trocken tupfen. Die Blättchen von den Stängeln zupfen. Einige Blättchen zum Garnieren beiseitelegen. Restliche Blättchen klein schneiden.

5. Für das Dressing Joghurt mit Tomatenmark und Essig verrühren, mit Salz, Pfeffer, Zucker und Chili oder Cayennepfeffer würzen. Das Dressing unter die Nudeln mischen. Tomatenhälften, Oliven, klein geschnittene Petersilie und die Bacon-Knoblauch-Mischung hinzugeben und unter den Nudelsalat mischen. Salat evtl. nochmals mit Essig, Salz, Pfeffer, Zucker und Chili oder Cayennepfeffer abschmecken.

6. Den Nudelsalat in einer Schale anrichten, mit gehobeltem Parmesan bestreuen und mit den beiseitegelegten Petersilienblättchen garniert servieren.

Nudelspieße, überbackene I

Raffiniert

4 Portionen (8 Spieße)

Pro Portion: E: 25 g, F: 26 g, Kh: 48 g, kJ: 2198, kcal: 525, BE: 3,5

250 g	*Cocktailtomaten*
200 g	*Zucchini*
200 g	*kleine Champignons*
500 g	*Tortelloni Formaggia (aus dem Kühlregal)*
400 g	*stückige Tomaten (aus der Dose)*
3–4 EL	*Tomatenketchup*
	Salz
	gem. Pfeffer
2 EL	*Olivenöl*
100 g	*ger. Pecorino*
etwa 4 Stängel	*Basilikum*

Außerdem:

8	*Holzspieße*

Zubereitungszeit: 15 Minuten
Garzeit: etwa 22 Minuten

1. Die Tomaten abspülen, abtropfen lassen und die Stängelansätze herausschneiden. Zucchini abspülen, abtrocknen und die Enden abschneiden. Zucchini in etwa 1 cm dicke Scheiben schneiden. Champignons putzen, evtl. kurz abspülen und trocken tupfen.

2. Abwechselnd Tortelloni mit Tomaten, Zucchinischeiben und Champignons auf die Holzspieße stecken (auf jeden Spieß 4–5 Tortelloni).

3. Den Backofen vorheizen.
Ober-/Unterhitze: etwa 200 °C
Heißluft: etwa 180 °C

4. Stückige Tomaten mit Ketchup verrühren und in einer großen Auflaufform (gefettet) verteilen. Die Sauce mit Salz und Pfeffer würzen. Die Nudelspieße hineinlegen. Die restlichen Tomaten, Zucchinischeiben und Champignons zwischen den Spießen verteilen. Nudelspieße mit Salz und Pfeffer würzen, mit Olivenöl beträufeln und mit Käse bestreuen.

5. Die Form auf dem Rost in den vorgeheizten Backofen schieben. Die Spieße **etwa 10 Minuten garen.**

6. Nach etwa 10 Minuten Garzeit die Backofentemperatur auf Ober-/Unterhitze: etwa 180 °C, Heißluft: etwa 160 °C herunterschalten. Nudelspieße **weitere etwa 12 Minuten garen.**

7. In der Zwischenzeit Basilikum abspülen und trocken tupfen. Die Blättchen von den Stängeln zupfen, Blättchen in Streifen schneiden. Die Nudelspieße mit Basilikumstreifen bestreut servieren.

Nudeltopf mit Cabanossi I

Würzig

4 Portionen

Pro Portion: E: 19 g, F: 29 g, Kh: 47 g, kJ: 2182, kcal: 522, BE: 4,0

1	*Zwiebel*
250 g	*Cabanossi*
4 EL	*Tomatenmark*
1 l	*Gemüsebrühe*
250 g	*Spiralnudeln (Spirelli)*
3 EL	*feine Basilikumstreifen (frisch oder TK)*
	Salz, gem. Pfeffer
evtl. einige	*Basilikumblättchen*

Zubereitungszeit: 20 Minuten

1. Zwiebel abziehen und in kleine Würfel schneiden. Cabanossi in Scheiben schneiden und in einem Topf kurz von beiden Seiten anbraten, sodass etwas Fett austritt. Cabanossischeiben herausnehmen und kurz beiseitestellen.

2. Die Zwiebelwürfel in dem Bratfett (Cabanossifett) andünsten. Tomatenmark unterrühren und kurz mitdünsten lassen. Brühe hinzugießen und unter Rühren zum Kochen bringen. Nudeln hinzugeben, wieder zum Kochen bringen und etwa 10 Minuten bei mittlerer Hitze unter gelegentlichem Rühren gar kochen.

3. Beiseitegestellte Cabanossischeiben in den Nudeltopf geben und nochmals kurz erhitzen. Basilikumstreifen unterrühren. Dann den Nudeltopf mit Salz und Pfeffer würzen. Nach Belieben mit abgespülten und trocken getupften Basilikumblättchen garnieren. Sofort servieren.

Tipps: Das Gericht darf nicht zu stark kochen, da die Nudeln in wenig Flüssigkeit gegart werden und leicht am Topfboden ansetzen. Der Nudeltopf sollte auch sofort serviert werden, da die Nudeln noch nachgaren. Statt der Cabanossi können auch Mettwürstchen oder Rauchenden verwendet werden. Wer es lieber vegetarisch mag, kann auch statt der Wurst 2 in Würfel geschnittene Tomaten oder auch 250 g TK-Brokkoliröschen mit in den Nudeltopf geben und das Gericht mit geriebenem Parmesan bestreut servieren.

Oliven-Tunfisch-Pfanne mit Ravioli | Für Gäste

4 Portionen

Pro Portion: E: 31 g, F: 21 g, Kh: 62 g, kJ: 2361, kcal: 561, BE: 4,5

4 Fleischtomaten (etwa 750 g)
80 g abgetropfte, grüne Oliven ohne Stein (aus dem Glas)
500 g Ravioli Formaggio (Nudeltaschen mit Käsefüllung, aus dem Kühlregal)
260 g abgetropfter Tunfisch im eigenen Saft (aus Dosen)
2 EL Olivenöl
einige Stängel Basilikum
Salz
gem. Pfeffer

Zubereitungszeit: 25 Minuten

1. Tomaten abspülen, abtrocknen, halbieren und die Stängelansätze herausschneiden. Tomaten in grobe Würfel schneiden. Oliven halbieren.

2. Ravioli in ein Sieb geben, mit kaltem Wasser abspülen (um ein Zusammenkleben zu verhindern) und abtropfen lassen. Den Tunfisch evtl. in etwas kleinere Stücke teilen.

3. Olivenöl in einer großen Pfanne erhitzen. Tomatenwürfel, Olivenhälften und Tunfischstücke darin unter vorsichtigem Rühren kräftig andünsten. Ravioli hinzufügen, vorsichtig unterheben. Das Ganze weitere 5–10 Minuten dünsten.

4. In der Zwischenzeit Basilikum abspülen und trocken tupfen. Die Blättchen von den Stängeln zupfen. Blättchen grob zerschneiden.

5. Die Oliven-Tunfisch-Pfanne mit Salz und Pfeffer herzhaft würzen. Basilikum unterheben. Die Oliven-Tunfisch-Pfanne mit Ravioli servieren.

Omeletts mit Schnittknoblauch und Schafskäse I

Klassiker mal anders

2 Portionen

Pro Portion: E: 32 g, F: 48 g, Kh: 1 g, kJ: 2340, kcal: 558, BE: 0,0

4 Eier (Größe M)
Salz
gem. Pfeffer
1 kleines
Bund Schnittknoblauch
200 g Schafskäse
40 g Butter

Zubereitungszeit: 25 Minuten

1. Eier in einer Rührschüssel verschlagen. Mit Salz und Pfeffer würzen. Schnittknoblauch abspülen, trocken tupfen und in feine Ringe schneiden. Schafskäse in etwa 1 ½ cm große Würfel schneiden. Schnittknoblauchringe und Schafskäsewürfel unter die verschlagenen Eier rühren.

2. Die Hälfte der Butter in einer Pfanne (Ø 22–24 cm) zerlassen. Die Hälfte der Eiermasse hineingeben und zugedeckt bei schwacher Hitze 4–5 Minuten stocken lassen. Omelett vorsichtig wenden, von der zweiten Seite kurz anbraten, herausnehmen und warm stellen. Das zweite Omelett auf die gleiche Weise zubereiten.

Tipp: Die Omeletts können auch mit einem würzigen Käse, z. B. Gruyère- oder Edelschimmel-Käse, zubereitet werden.

Orecchiette-Blumenkohl-Pfanne

Für Kinder – preiswert

4 Portionen

Pro Portion: E: 25 g, F: 39 g, Kh: 64 g, kJ: 2966, kcal: 710, BE: 5,0

4	Eier
2	Frühlingszwiebeln
75 g	roher Schinken in Scheiben
50 g	Butter
4 EL	Semmelbrösel
	1 TL fein abger. Schale von
1	Bio-Zitrone (unbehandelt, ungewachst)
500 g	vorbereitete Blumenkohlröschen (frisch oder TK)
2 EL	Speiseöl, z. B. Rapsöl
125 ml	Gemüsebrühe
200 g	Schlagsahne
	Salz
	gem. Pfeffer
	ger. Muskatnuss
2 1/2–3 l	Wasser
2 1/2–3 gestr. TL	Salz
250–300 g	Orecchiette (Öhrchennudeln)
1 TL	Weizenmehl

Zubereitungszeit: 25 Minuten

1. Eier in kochendem Wasser wachsweich kochen. In der Zwischenzeit die Frühlingszwiebeln putzen, abspülen, abtropfen lassen und in Scheiben schneiden. Schinken in Streifen schneiden. Butter in einer großen Pfanne zerlassen. Schinkenstreifen darin knusprig braten, herausnehmen und auf Küchenpapier abtropfen lassen. Semmelbrösel und Zitronenschale in dem verbliebenen Bratfett unter Rühren goldbraun rösten, herausnehmen und auf einem Teller abkühlen lassen. Die Eier abschrecken und warm stellen.

2. Die Blumenkohlröschen abspülen und trocken tupfen. Speiseöl zum Bratfett in die Pfanne geben. Blumenkohlröschen darin unter vorsichtigem Wenden leicht anbraten. Frühlingszwiebelscheiben hinzugeben und kurz mitbraten lassen. Mit Brühe und der Hälfte der Sahne ablöschen. Mit Salz, Pfeffer und Muskat würzen. Die Zutaten zum Kochen bringen und zugedeckt etwa 5 Minuten dünsten.

3. In der Zwischenzeit das Wasser in einem großen Topf zugedeckt zum Kochen bringen. Dann Salz und Nudeln hinzugeben. Die Nudeln im geöffneten Topf bei mittlerer Hitze nach Packungsanleitung bissfest kochen, dabei gelegentlich umrühren.

4. Restliche Sahne mit Mehl anrühren, unter Rühren zu den Blumenkohlröschen geben und unter vorsichtigem Rühren kräftig aufkochen. Die gegarten Nudeln in ein Sieb geben, mit heißem Wasser abspülen und abtropfen lassen. Nudeln zu den Blumenkohlröschen in die Pfanne geben und gut vermischen. Nochmals mit den Gewürzen abschmecken. Eier pellen und halbieren. Orecchiette mit Blumenkohl, Eierhälften, Semmelbröseln und Schinkenstreifen auf Tellern anrichten.

Tipp: Das Gericht schmeckt auch lecker mit Brokkoliröschen. Dann Brokkoliröschen aber nur kurz anbraten und anschließend nur 2–3 Minuten garen.

Paprika-Hoppel-Poppel

Raffiniert – vegetarisch

2–3 Portionen

Pro Portion: E: 10 g, F: 19 g, Kh: 26 g, kJ: 1325, kcal: 316, BE: 2,0

2 kleine Paprikaschoten
2 Tomaten
2–3 gekochte Kartoffeln
40 g Butter oder Margarine
2 Eier (Größe M)
1 EL Weizenmehl
50 ml Milch (3,5 % Fett)
Salz

Zubereitungszeit: 25 Minuten

1. Paprikaschoten halbieren, entstielen, entkernen und die weißen Scheidewände entfernen. Die Schoten abspülen, trocken tupfen und in Streifen schneiden. Tomaten kreuzweise einschneiden und mit kochendem Wasser übergießen. Nach 1–2 Minuten herausnehmen und mit kaltem Wasser abschrecken. Die Tomaten häuten, halbieren, entkernen und die Stängelansätze herausschneiden. Tomaten in Scheiben schneiden. Kartoffeln ebenfalls in Scheiben schneiden.

2. Butter oder Margarine in einer Pfanne zerlassen. Kartoffelscheiben darin unter Wenden goldbraun anbraten. Paprikastreifen hinzugeben und zugedeckt etwa 5 Minuten mitdünsten lassen. Den Deckel abnehmen. Tomaten auf die Kartoffel-Paprika-Masse legen und zugedeckt weitere 2–3 Minuten dünsten.

3. Eier mit Mehl und Milch verschlagen, mit 1 Prise Salz würzen. Die Eiermilch auf der Kartoffel-Paprika-Tomaten-Masse verteilen und bei mittlerer Hitze stocken lassen.

Tipp: Den Paprika-Hoppel-Poppel mit Tomatensaft servieren.

Penne mit Entenbrust

Exotisch – etwas Besonderes

4 Portionen

Pro Portion: E: 37 g, F: 29 g, Kh: 79 g, kJ: 3052, kcal: 733, BE: 6,0

2	*kleine Entenbrustfilets (etwa 500 g)*
	Salz
200 g	*Zuckerschoten*
1 Bund	*Frühlingszwiebeln*
1	*Mango (etwa 400 g)*
3–3 1/2 l	*Wasser*
3–3 1/2 gestr. TL	*Salz*
300–350 g	*Penne (Röhrennudeln)*
	gem. Pfeffer
1 geh. TL	*Weizenmehl*
2–3 TL	*mildes Currypulver*
400 ml	*ungesüßte Kokosmilch (aus der Dose)*
	grob geschroteter Chili

Zubereitungszeit: 30 Minuten

1. Die Entenbrustfilets kurz unter fließendem kalten Wasser abspülen und trocken tupfen. Von den Filets die Hautschichten ablösen. Die Entenhaut in etwa 1 cm breite Streifen schneiden und in einer Pfanne ohne Fett bei mittlerer Hitze knusprig ausbraten, leicht mit Salz würzen.

2. In der Zwischenzeit Zuckerschoten putzen, abspülen, abtropfen lassen und schräg in Stücke schneiden. Frühlingszwiebeln putzen, abspülen, abtropfen lassen und in etwa 3 cm breite Stücke schneiden.

3. Von der Mango das Fruchtfleisch vom Stein schneiden und schälen. Das Fruchtfleisch in Stücke schneiden.

4. Wasser in einem großen Topf zugedeckt zum Kochen bringen. Dann Salz und Nudeln hinzugeben. Die Nudeln im geöffneten Topf bei mittlerer Hitze nach Packungsanleitung bissfest kochen, dabei gelegentlich umrühren.

5. Inzwischen die Entenbrustfilets in etwa 1 cm breite Scheiben schneiden. Die gebratene Entenhaut aus der Pfanne nehmen und auf Küchenpapier abtropfen lassen. Die Entenscheiben in dem verbliebenen Bratfett von beiden Seiten kurz und kräftig anbraten. Mit Salz und Pfeffer würzen.

6. Die Filetscheiben aus der Pfanne nehmen, auf einen vorgewärmten Teller legen und mit Alufolie zugedeckt warm stellen.

7. Den größten Teil des Bratfetts aus der Pfanne gießen. Frühlingszwiebelstücke in dem restlichen Bratfett unter Rühren andünsten. Mit Mehl und Curry bestäuben, kurz mitdünsten. Mit Kokosmilch ablöschen und zum Kochen bringen.

8. Die Sauce kräftig mit Salz, Pfeffer und Chili würzen. Zuckerschotenstücke hinzugeben und etwa 2 Minuten bei schwacher Hitze mitkochen lassen.

9. Dann Mangostücke und Fleischscheiben mit dem ausgetretenen Fleischsaft hinzugeben, wieder zum Kochen bringen und weitere etwa 2 Minuten bei schwacher Hitze kochen lassen.

10. Inzwischen die gegarten Nudeln in ein Sieb geben, mit heißem Wasser abspülen und abtropfen lassen. Die Nudeln mit der Entenbrust, der fruchtigen Currysauce und der knusprigen Entenhaut auf Tellern anrichten.

Penne mit Kürbis und Kapern

Vegetarisch

3 Portionen

Pro Portion: E: 14 g, F: 12 g, Kh: 77 g, kJ: 1988, kcal: 475, BE: 6,0

3 l Wasser
3 gestr. TL Salz
300 g Penne (Röhrennudeln)
2 Schalotten
2 Fleischtomaten (etwa 300 g)
3 EL Olivenöl
100 g abgetropfte, eingelegte Kürbisstücke (aus dem Glas)
25 g abgetropfte Kapern (aus dem Röhrchen)
einige Stängel Minze
Salz, gem. Pfeffer
ger. Muskatnuss

Zubereitungszeit: 25 Minuten

1. Das Wasser in einem großen Topf zugedeckt zum Kochen bringen. Dann Salz und Nudeln hinzugeben. Die Nudeln im geöffneten Topf bei mittlerer Hitze nach Packungsanleitung bissfest kochen, dabei gelegentlich umrühren.

2. In der Zwischenzeit Schalotten abziehen und in Scheiben schneiden. Tomaten abspülen, trocken tupfen, halbieren und die Stängelansätze herausschneiden. Tomaten in Stücke schneiden.

3. Olivenöl in einem Topf erhitzen. Schalottenscheiben darin andünsten. Kürbisstücke, Kapern und Tomatenstücke hinzufügen, unter Rühren mitdünsten lassen.

4. Minze abspülen und trocken tupfen. Die Blättchen von den Stängeln zupfen (einige Blättchen zum Garnieren beiseitelegen). Blättchen in Streifen schneiden.

5. Die gegarten Nudeln in ein Sieb geben, mit heißem Wasser abspülen und abtropfen lassen.

6. Die Nudeln mit dem angedünsteten Gemüse vermengen und nochmals kurz erhitzen. Mit Salz, Pfeffer und Muskat würzen. Minzestreifen unterheben.

7. Penne mit den beiseitegelegten Minzeblättchen garniert servieren.

Pfannen-Pizza-Brot I

Raffiniert

2–3 Portionen

Pro Portion: E: 35 g, F: 45 g, Kh: 74 g, kJ: 3455, kcal: 825, BE: 6,5

400 g	*fertiger Pizzateig (aus dem Kühlregal)*
2 EL	*Speiseöl*
1	*hart gekochtes Ei*
125 g	*abgetropfter Mozzarella*
1 EL	*Pesto (rot oder grün, aus dem Glas)*
2 Scheiben	*Kochschinken*
	Salz
	gem. Pfeffer
1 EL	*abgetropfte, entsteinte Oliven*
einige	*Basilikumblättchen*

Zubereitungszeit: 20 Minuten

1. Den Pizzateig halbieren. 1 Esslöffel von dem Speiseöl in einer großen Pfanne erhitzen. Eine Teighälfte darin unter mehrmaligem Wenden bei schwacher bis mittlerer Hitze etwa 5 Minuten backen. Dann das Pizzabrot aus der Pfanne nehmen und die zweite Teighälfte mit dem restlichen Speiseöl auf die gleiche Weise backen.

2. Das Ei pellen und in Scheiben schneiden. Mozzarella ebenfalls in Scheiben schneiden. Die Pizzabrote mit dem Pesto bestreichen. Auf ein Pizzabrot den Schinken, die Eier- und Mozzarellascheiben verteilen. Mit Salz und Pfeffer würzen.

3. Die Oliven nach Belieben in Ringe schneiden und mit den abgespülten, trocken getupften Basilikumblättchen auf dem Pizzabrot verteilen. Das zweite bestrichene Pizzabrot mit der bestrichenen Seite nach unten darauflegen. Das belegte Pizzabrot halbieren oder dritteln und servieren.

Tipps: Statt Kochschinken und Ei schmeckt auch abgetropfter Tunfisch aus der Dose, mit dünnen Zwiebelscheiben belegt, sehr lecker dazu. Oder bestreichen Sie die Pizzabrote statt mit Pesto mit Frischkäse, dann den Mozzarella weglassen.

Pfeffer-Roastbeef mit Kichererbsen-Dip I

Herzhafter Abendsnack

2 Portionen

Pro Portion: E: 45 g, F: 12 g, Kh: 29 g, kJ: 1727, kcal: 413, BE: 1,5

Für den Kichererbsen-Dip:

100 g abgetropfte Kichererbsen (aus der Dose)
1 Knoblauchzehe
30 ml Gemüsebrühe
2 TL Zitronensaft
Cayennepfeffer
etwas gem. Kreuzkümmel (Cumin), gem. Gewürznelke und gem. Piment (Nelkenpfeffer)
1 TL Joghurt (1,5 % Fett)
Salz, gem. Pfeffer

240 g Roastbeef-Aufschnitt in Scheiben
grob gem. Pfeffer

Für das Gemüse:

1 Gemüsezwiebel (etwa 400 g)
2 TL Olivenöl
200 g Cocktailtomaten
200 g Zucker-Aprikosen

evtl. einige Stängel Thymian

Zubereitungszeit: 20 Minuten

1. Für den Dip die Kichererbsen in ein Sieb geben, mit kaltem Wasser abspülen und abtropfen lassen. Knoblauch abziehen und grob würfeln. Kichererbsen mit Knoblauch, Brühe, Zitronensaft und den Gewürzen in einen hohen Rührbecher geben. Die Zutaten mit einem Pürierstab fein pürieren. Den Joghurt unterrühren. Den Dip mit Salz, Pfeffer und evtl. noch etwas Zitronensaft abschmecken.

2. Die Roastbeef-Scheiben auf einem Teller anrichten und mit grob gemahlenem Pfeffer bestreuen.

3. Für das Gemüse Zwiebel abziehen, halbieren, zuerst in Scheiben schneiden, dann in Ringe teilen. Olivenöl in einer Pfanne erhitzen. Zwiebelringe darin unter Wenden braun anbraten, mit Salz und Pfeffer würzen.

4. Tomaten abspülen, abtrocknen, halbieren und die Stängelansätze herausschneiden. Aprikosen abspülen, abtrocknen, halbieren und entsteinen. Die Aprikosenhälften in Spalten schneiden.

5. Die Tomatenhälften und Aprikosenspalten zu den Zwiebelringen in die Pfanne geben, mit Salz, Pfeffer und nach Belieben mit den angegebenen Gewürzen abschmecken. Das Gemüse bei mittlerer Hitze etwa 2 Minuten unter Rühren braten.

6. Das Pfeffer-Roastbeef mit dem Zwiebel-Tomaten-Gemüse und dem Kichererbsen-Dip anrichten. Nach Belieben mit abgespülten, trocken getupften Thymianstängeln garnieren.

Pilzfrikadellen, ungarische Art I

Weckt das Fernweh

4 Portionen

Pro Portion: E: 24 g, F: 32 g, Kh: 2 g, kJ: 1600, kcal: 383, BE: 0,0

250 g	*Champignons*
400 g	*Schweinegehacktes*
1	*Knoblauchzehe*
1	*Zwiebel*
1 Bund	*Kerbel*
1	*Ei (Größe M)*
	Salz
2 gestr. TL	*Paprikapulver edelsüß*
½ gestr. TL	*Paprikapulver rosenscharf*
3 EL	*Sonnenblumenöl*

Zubereitungszeit: 30 Minuten

1. Champignons putzen, evtl. kurz abspülen, trocken tupfen und in kleine Stücke schneiden. Gehacktes in eine Schüssel geben und mit den Pilzstücken vermengen.

2. Knoblauch und Zwiebel abziehen, in kleine Würfel schneiden. Kerbel abspülen und trocken tupfen. Die Blättchen von den Stängeln zupfen. Blättchen klein schneiden.

3. Ei, Knoblauch-, Zwiebelwürfel und Kerbel zur Gehacktes-Pilz-Masse geben und gut unterarbeiten. Mit Salz und Paprika würzen.

4. Aus der Gehacktes-Pilz-Masse mit angefeuchteten Händen kleine Frikadellen formen. Sonnenblumenöl in einer Pfanne erhitzen. Die Frikadellen darin unter mehrmaligem Wenden etwa 10 Minuten braten.

Beilage: Marinierte Paprikaschoten, Essiggemüse und getoastetes Bauernbrot.

Tipp: Statt Champignons können auch Austern- oder Wildpilze verwendet werden.

Pizza-Nudel-Pfanne

Preiswert

4 Portionen

Pro Portion: E: 31 g, F: 42 g, Kh: 73 g, kJ: 3319, kcal: 793, BE: 6,0

2–3 frische Bratwürste (etwa 300 g)
1 EL Olivenöl
2 EL Butter
2–3 TL Pizzagewürz
2 EL TK-Zwiebelwürfel
1 Knoblauchzehe
1 TL brauner Zucker
1 Lorbeerblatt
400 g stückige Tomaten (aus Dose oder Tetrapak)
Salz
gem. Pfeffer
3 1/2–4 l Wasser
3 1/2–4 gestr. TL Salz
350–400 g Pasta, z. B. Mini-Conchiglie, Mini-Pipe Rigate
200 g abgetropfter Mozzarella
1/2 Bund oder Töpfchen Basilikum

Zubereitungszeit: 25 Minuten

1. Wurstbrät aus der Pelle drücken und in kleine Klößchen formen. Olivenöl in einem Topf oder einer Pfanne erhitzen. 1 Esslöffel der Butter hinzugeben und zerlassen. Die Klößchen darin von allen Seiten braun anbraten. Mit Pizzagewürz bestreuen und kurz mit anrösten. Klößchen herausnehmen und warm stellen.

2. Restliche Butter in dem verbliebenen Bratfett in dem Topf oder der Pfanne zerlassen. Zwiebelwürfel darin glasig dünsten. Den Knoblauch abziehen, durch eine Knoblauchpresse drücken und kurz mitdünsten lassen. Mit Zucker bestreuen und Lorbeerblatt hinzufügen. Die Zutaten etwa 1 Minute karamellisieren lassen. Stückige Tomaten mit dem Saft hinzugeben, mit Salz und Pfeffer würzen, zum Kochen bringen und etwa 10 Minuten bei schwacher Hitze kochen lassen.

3. In der Zwischenzeit Wasser in einem großen Topf zugedeckt zum Kochen bringen. Dann Salz und Nudeln hinzugeben. Die Nudeln im geöffneten Topf bei mittlerer Hitze nach Packungsanleitung bissfest garen, dabei gelegentlich umrühren.

4. Mozzarella in feine Würfel schneiden. Basilikum abspülen und trocken tupfen. Die Blättchen von den Stängeln zupfen.

5. Die gegarten Nudeln in ein Sieb geben, mit heißem Wasser abspülen und abtropfen lassen. Die Nudeln mit der Tomatensauce mischen. Die warm gestellten Bratklößchen unterheben. Lorbeerblatt entfernen. Die Nudeln mit den Mozzarellawürfeln und Basilikumblättchen anrichten.

Tipp: Statt der Brätklößchen 150–200 g Kochschinken in Streifen unter die Nudeln mischen.

Pizza-Toasts | Raffiniert – für Gäste

4 Portionen

Pro Portion: E: 29 g, F: 18 g, Kh: 27 g, kJ: 1626, kcal: 388, BE: 2,0

8–10 Scheiben	*Vollkorn-Toast*
2	*Fleischtomaten*
1 EL	*TK-Knoblauch-Kräuter-Mischung oder ½–1 TL Pizza-Gewürz-Mischung*
1 EL	*Olivenöl*
	Salz, gem. Pfeffer
4–5 kleine Scheiben	*Kochschinken oder Salami*
200–250 g	*abgetropfter Mozzarella*

Zubereitungszeit: 15 Minuten
Überbackzeit: etwa 10 Minuten

1. Den Backofen vorheizen.
Ober-/Unterhitze: etwa 200 °C
Heißluft: etwa 180 °C

2. Toastbrotscheiben im Toaster leicht rösten, abkühlen lassen und auf einem Backblech (mit Backpapier belegt) verteilen.

3. Tomaten abspülen, trocken tupfen, halbieren und die Stängelansätze herausschneiden. Tomaten in kleine Würfel schneiden, anschließend in ein Sieb geben und abtropfen lassen.

4. Die Tomatenwürfel mit der Kräuter- oder Gewürz-Mischung und Olivenöl verrühren. Mit Salz und Pfeffer würzen. Die Tomatenwürfel auf den Toastbrotscheiben verteilen.

5. Schinken- oder Salamischeiben halbieren und auf die Tomatenwürfel legen. Mozzarella in feine Scheiben schneiden und darauf verteilen.

6. Das Backblech in den vorgeheizten Backofen schieben. Pizza-Toasts **etwa 10 Minuten goldbraun überbacken.**

7. Die Pizza-Toasts vom Backblech nehmen und sofort servieren.

Polenta-Gemüsesuppe mit Kasselerstreifen | Für Kinder

2 Portionen

Pro Portion: E: 18 g, F: 6 g, Kh: 28 g, kJ: 991, kcal: 236, BE: 2,0

1	*Knoblauchzehe*
2	*Zwiebeln*
2	*Möhren (etwa 140 g)*
1	*Kohlrabi (etwa 500 g)*
2 TL	*Olivenöl*
600 ml	*heiße Gemüsebrühe*
	Salz, gem. Pfeffer
2	*Lorbeerblätter*
30 g	*Instant-Polenta (Maisgrieß)*
100 g	*Frischkäse (0,2 % Fett)*
4 Scheiben	*magerer Kasseler-Aufschnitt (etwa 50 g)*
2 EL	*klein geschnittene Petersilie (frisch oder TK)*

Zubereitungszeit: 30 Minuten

1. Knoblauch und Zwiebeln abziehen, in kleine Würfel schneiden. Möhren putzen, schälen, abspülen, abtropfen lassen und klein würfeln. Kohlrabi putzen, schälen und das zarte Grün beiseitelegen. Kohlrabi abspülen, abtropfen lassen und in kleine Würfel schneiden.

2. Olivenöl in einem Topf erhitzen. Knoblauch- und Zwiebelwürfel darin andünsten. Möhren- und Kohlrabiwürfel hinzugeben, unter Rühren kurz mit anbraten. Die heiße Brühe hinzugießen, mit etwas Salz, Pfeffer und den Lorbeerblättern würzen, zum Kochen bringen. Das Gemüse zugedeckt etwa 10 Minuten bei schwacher Hitze kochen lassen.

3. Polenta unter Rühren in die Suppe streuen, auf der ausgeschalteten Kochstelle weitere etwa 3 Minuten ziehen lassen. Den Frischkäse unterrühren. Die Gemüsesuppe nochmals abschmecken.

4. Beiseitegelegtes Kohlrabigrün abspülen, trocken tupfen und klein schneiden. Lorbeerblätter aus der Suppe entfernen. Kasselerscheiben in feine Streifen schneiden.

5. Die Gemüsesuppe mit Kasselerstreifen, Petersilie und Kohlrabigrün anrichten.

Beilage: Ofenfrisches Baguette.

Porree-Linsen-Auflauf mit Lamm

Etwas teurer – für Gäste

4 Portionen

Pro Portion: E: 46 g, F: 31 g, Kh: 38 g, kJ: 2564, kcal: 613, BE: 3,0

50 g getrocknete Tomaten
2 Stangen Porree (Lauch, etwa 500 g)
1 Zwiebel
1 Knoblauchzehe
1 EL Butter
200 g rote Linsen
350 ml Gemüsebrühe
100 g Schlagsahne
Salz
gem. Pfeffer
500 g Lammrückenfilet
1 EL Butterschmalz
1 Bio-Zitrone (unbehandelt, ungewachst)
50 g ger. Parmesan
2 EL Semmelbrösel

Zubereitungszeit: 25 Minuten
Garzeit: etwa 12 Minuten

1. Tomaten in Streifen schneiden. Porree putzen, die Stangen längs halbieren, gründlich waschen, abtropfen lassen und in kleine Stücke schneiden. Zwiebel und Knoblauch abziehen, in kleine Würfel schneiden.

2. Den Backofen vorheizen.
Ober-/Unterhitze: etwa 200 °C
Heißluft: etwa 180 °C

3. Butter in einem Topf zerlassen. Die Zwiebel-, Knoblauchwürfel und Porreestreifen darin unter Rühren andünsten. Linsen kurz mitdünsten lassen. Brühe und Sahne hinzugießen, Tomatenstreifen unterrühren, mit Salz und Pfeffer würzen. Die Linsen zum Kochen bringen und etwa 10 Minuten bei schwacher Hitze garen.

4. In der Zwischenzeit Lammrücken mit Küchenpapier trocken tupfen, evtl. halbieren. Butterschmalz in einer Pfanne erhitzen. Lammrücken darin von allen Seiten kräftig anbraten, mit Salz und Pfeffer würzen.

5. Die Linsen-Porree-Mischung in einer großen, flachen Auflaufform (gefettet) verteilen. Lammrücken daraufsetzen.

6. Die Zitrone heiß abwaschen, abtrocknen und die Schale abreiben. Zitronenschale mit Parmesan und Semmelbröseln mischen. Die Bröselmischung auf dem Lammrücken verteilen und die Form auf dem Rost in den vorgeheizten Backofen schieben. Den Auflauf **etwa 12 Minuten garen.**

Pürierte Erbsensuppe mit Lachs I

Klassiker – modern interpretiert

4 Portionen

Pro Portion: E: 26 g, F: 16 g, Kh: 12 g, kJ: 1236, kcal: 296, BE: 1,0

300 g junge TK-Erbsen
1 gestr. TL Zucker
1 l heiße Gemüsebrühe
400 g TK-Lachsfilet im Stück
2 EL frisch gepresster Zitronensaft
2 EL Crème fraîche
2–3 Stängel Dill

Zubereitungszeit: 25 Minuten

1. Für die Suppe die gefrorenen Erbsen mit Zucker in einen Topf geben. Die heiße Brühe hinzugießen und zum Kochen bringen. Erbsen zugedeckt etwa 15 Minuten bei schwacher Hitze kochen lassen.

2. In der Zwischenzeit Lachsfilet kurz unter fließendem kalten Wasser abspülen und trocken tupfen. Das gefrorene Fischfilet mit Zitronensaft würzen, dann in etwa 1 ½ cm große Würfel schneiden, zugedeckt beiseitestellen und auftauen lassen.

3. Crème fraîche in die gegarte Suppe geben. Die Suppe mit einem Pürierstab fein pürieren. Die Lachswürfel in die Suppe geben und etwa 5 Minuten bei schwacher Hitze gar ziehen lassen. Dill abspülen und trocken tupfen. Die Spitzen von den Stängeln zupfen. 4 Dillspitzen beiseitelegen. Restliche Spitzen klein schneiden.

4. Die Erbsensuppe mit Lachs in tiefen Tellern oder Suppentassen verteilen. Die Suppe mit dem Dill garnieren und sofort servieren.

Tipps: Statt Dill passt auch gut Petersilie oder Schnittlauch zur pürierten Erbsensuppe mit Lachs. Wenn es noch schneller gehen soll, die Suppe statt mit Lachsfilet mit 250 g in Streifen geschnittenem Räucherlachs oder etwa 200 g Krabben zubereiten. Beides jeweils kurz vor dem Servieren in die Suppe geben. Mögen Sie es eher deftig, ersetzen Sie die Lachswürfel durch etwa 200 g Salamistreifen oder Mettwurstscheiben, die Sie in einer kleinen Pfanne ohne Fett mit 2 Esslöffeln Zwiebelwürfel anbraten. Dann den Dill durch Petersilie ersetzen.

Putenbrustpfanne mit Aprikosen und Rosmarin | Fruchtig

4 Portionen

Pro Portion: E: 41 g, F: 28 g, Kh: 16 g, kJ: 2008, kcal: 481, BE: 1,5

2 kleine Putenbrustfilets (je etwa 300 g)
200 g Austernpilze
240 g abgetropfte Aprikosenhälften (aus der Dose)
1 Stange Porree (Lauch)
4 EL Speiseöl
Salz, gem. Pfeffer
einige frische oder getrocknete Rosmarinnadeln
2 EL Sojasauce
125 ml Aprikosensaft (aus der Dose)
200 g Schlagsahne

Zubereitungszeit: 30 Minuten

1. Die Putenbrustfilets kurz unter fließendem kalten Wasser abspülen und trocken tupfen. Putenbrustfilets quer zur Faser in etwa 1 cm dicke Scheiben schneiden, evtl. nochmals halbieren.

2. Die Austernpilze putzen, evtl. kurz abspülen und trocken tupfen, größere Austernpilze halbieren. Von den Aprikosenhälften den Saft auffangen und 125 ml abmessen. Aprikosenhälften nochmals halbieren.

3. Porree putzen, die Stange längs halbieren, gründlich waschen, abtropfen lassen in etwa 1 cm breite Streifen schneiden.

4. Jeweils etwas von dem Speiseöl in einer Pfanne erhitzen, Putenbrustfiletstreifen darin portionsweise von allen Seiten kräftig anbraten, mit Salz und Pfeffer würzen. Putenbrustfiletstreifen herausnehmen.

5. Austernpilze in dem verbliebenen Bratfett unter Rühren anbraten. Aprikosenstücke und Porreestreifen unterrühren, kurz mit andünsten. Mit Salz, Pfeffer, Rosmarin und Sojasauce kräftig würzen.

6. Mit Aprikosensaft ablöschen. Putenbrustfiletstreifen wieder hinzufügen. Sahne hinzugießen.

7. Die Zutaten zum Kochen bringen und etwa 5 Minuten garen. Evtl. nochmals mit den Gewürzen abschmecken.

Beilage: Ofenfrische Baguette oder Bandnudeln.

Putenfilet mit Avocado-Zitrusfrucht-Salsa I

Fruchtig – vitaminreich

2 Portionen

Pro Portion: E: 40 g, F: 12 g, Kh: 16 g, kJ: 1400, kcal: 334, BE: 1,0

2 Putenschnitzel (etwa 300 g)
Salz
gem. Pfeffer
2 kleine Orangen (etwa 200 g)
4 Tomaten (etwa 350 g)
1/2 Avocado (etwa 150 g)
2 EL klein geschnittenes Basilikum (frisch oder TK)
2 Prisen getrocknete Chiliflocken

Zubereitungszeit: 20 Minuten

1. Putenschnitzel kurz unter fließendem kalten Wasser abspülen, trocken tupfen und evtl. gleichmäßig etwas flacher klopfen. Die Schnitzel in einer beschichteten Pfanne ohne Fett bei mittlerer Hitze etwa 5 Minuten unter Wenden braten, mit Salz und Pfeffer würzen.

2. In der Zwischenzeit die Orangen so schälen, dass die weiße Haut vollständig mitentfernt wird. Die Filets zwischen den Trennhäuten herausschneiden und den Saft dabei auffangen. Aus den Trennhäuten zusätzlich den Saft ausdrücken. Die Orangenfilets in kleine Würfel schneiden. Tomaten abspülen, abtrocknen, halbieren und die Stängelansätze herausschneiden. Tomaten ebenfalls klein würfeln.

3. Avocadohälfte schälen und in feine Spalten schneiden. Orangen-, Tomatenwürfel und Basilikum vermischen. Aufgefangenen Orangensaft, etwas Salz und Chili untermischen, abschmecken.

4. Die Putenschnitzel mit der Zitrusfrucht-Salsa und den Avocadospalten anrichten.

Tipps: Die Orangen können auch durch Aprikosen, Pfirsiche oder Melone ausgetauscht werden. Zu dem Gericht passt für hungrige Familienmitglieder eine Wildreis-Langkorn-Mischung.

Putenmedaillons auf Birnen-Möhren-Salat I

Raffiniert – fruchtig

4 Portionen

Pro Portion: E: 43 g, F: 27 g, Kh: 40 g, kJ: 2437, kcal: 582, BE: 3,5

4 EL gehobelte Mandeln

Für den Birnen-Möhren-Salat:

100 g getrocknete Aprikosen
3 süße Birnen, z. B. Forelle
1–2 EL Zitronensaft
2 Bund Möhren (etwa 800 g)

Für das Dressing:

2 EL Obstessig
Salz
1–2 TL flüssiger Honig
gem. Pfeffer
6 EL Traubenkernöl

Für die Putenmedaillons:

12 Putenmedaillons (je etwa 50 g)
2 EL Rapsöl

1 Kästchen Kresse

Zubereitungszeit: 30 Minuten

1. Die Mandeln in einer Pfanne ohne Fett unter Rühren anrösten, herausnehmen und auf einen Teller geben.

2. Für den Salat Aprikosen in feine Streifen schneiden. Die Birnen abspülen, abtrocknen, jeweils den Stiel und Blütenansatz entfernen. Birnen mit der Schale bis auf das Kerngehäuse grob raspeln oder in feine Streifen schneiden. Die Birnenraspel oder -streifen mit dem Zitronensaft vermischen.

3. Möhren putzen, schälen, abspülen, abtropfen lassen und ebenfalls grob raspeln oder in feine Streifen schneiden. Möhren-, Aprikosen- und Birnenstreifen oder -raspel vermischen.

4. Für das Dressing Obstessig mit 1 Prise Salz verrühren, Honig und Pfeffer unterrühren. Das Traubenkernöl mit einem Schneebesen unterschlagen. Das Dressing mit den Salatzutaten vermischen.

5. Für die Putenmedaillons die Medaillons kurz unter fließendem kalten Wasser abspülen und mit Küchenpapier trocken tupfen. Das Rapsöl in einer großen Pfanne erhitzen. Die Putenmedaillons darin von beiden Seiten anbraten und bei mittlerer Hitze unter mehrmaligem Wenden fertig braten. Die Medaillons mit Salz und Pfeffer würzen.

6. Kresse abspülen, trocken tupfen und vom Beet schneiden. Zum Servieren den Salat auf eine Platte geben und die Putenmedaillons darauf anrichten. Die Kresse mit den Mandeln daraufstreuen.

Puten-Pilaw | Macht richtig satt

4 Portionen

Pro Portion: E: 33 g, F: 4 g, Kh: 47 g, kJ: 1502, kcal: 359, BE: 3,5

400 g Putenschnitzel
10 g Butter
1 EL Paprikapulver edelsüß
Salz, gem. weißer Pfeffer
200 g Langkornreis
500 ml heiße Hühnerbrühe
2 Zwiebeln
1 Bund Suppengrün (Möhre, Sellerie, Porree, etwa 400 g)
200 g Champignons
4 Tomaten (etwa 300 g)
1–2 EL klein geschnittene TK-Petersilie

Zubereitungszeit: 30 Minuten

1. Die Putenschnitzel kurz unter fließendem kaltem Wasser abspülen, trocken tupfen und in etwa 2 cm große Würfel schneiden. Die Butter in einem großen Topf zerlassen. Die Fleischwürfel darin von allen Seiten anbraten, mit Paprika, Salz und Pfeffer würzen.

2. Den Langkornreis mit der heißen Hühnerbrühe hinzufügen. Die Zutaten zum Kochen bringen und etwa 10 Minuten bei mittlerer Hitze garen.

3. In der Zwischenzeit die Zwiebeln abziehen und in kleine Würfel schneiden.

4. Das Suppengrün putzen, abspülen und abtropfen lassen. Möhre und Sellerie grob raspeln, Porree in etwa ½ cm breite Streifen schneiden.

5. Die Champignons putzen, evtl. kurz abspülen und trocken tupfen. Champignons in Scheiben schneiden.

6. Die Tomaten kreuzweise einschneiden und mit kochendem Wasser übergießen. Nach 1–2 Minuten herausnehmen und mit kaltem Wasser abschrecken. Die Tomaten häuten, achteln und die Stängelansätze herausschneiden.

7. Zwiebeln, Suppengrün, Champignons und Tomaten zu dem Reisfleisch geben und unterrühren. Die Zutaten weitere 5–10 Minuten garen.

8. Das Puten-Pilaw mit der Petersilie bestreuen und servieren.

Puten-Souflaki zu Kräuter-Reisnudeln I

Fruchtig – raffiniert

2 Portionen

Pro Portion: E: 29 g, F: 6 g, Kh: 52 g, kJ: 1608, kcal: 384, BE: 3,5

250 ml	*Gemüsebrühe*
	Salz
80 g	*griechische Reisnudeln (Kritharaki)*
200 g	*Putenschnitzel*
2	*Knoblauchzehen*
2 TL	*gerebelter Oregano*
2 TL	*Zitronensaft*
2 TL	*Olivenöl*
2	*Zwiebeln*
4	*Tomaten (etwa 300 g)*
140 g	*abgetropfte Aprikosenhälften (aus der Dose, etwa 10 Stück)*
	gem. Pfeffer
evtl. 2 Prisen	*Cayennepfeffer oder getrocknete Chiliflocken*
2 TL	*TK-Gemischte Kräuter*

Außerdem:

	Holzspieße
etwas	*Speiseöl*

Zubereitungszeit: 25 Minuten

1. Brühe und etwas Salz zugedeckt in einem kleinen Topf zum Kochen bringen. Die Reisnudeln hineingeben, durchrühren und bei schwacher Hitze ohne Deckel nach Packungsanleitung unter gelegentlichen Rühren garen.

2. In der Zwischenzeit Putenschnitzel kurz unter fließendem kalten Wasser abspülen, gut trocken tupfen und gleichmäßig plattieren. Die Putenschnitzel längs in etwa 3 cm breite Streifen schneiden.

3. Knoblauch abziehen, durch eine Knoblauchpresse drücken, mit Oregano, Zitronensaft und Olivenöl in einer kleinen Schüssel verschlagen. Die Fleischstreifen untermischen und kurz ziehen lassen.

4. Zwiebeln abziehen und in feine Streifen schneiden. Tomaten abspülen, abtrocknen, halbieren und die Stängelansätze herausschneiden. Tomaten grob würfeln. Aprikosenhälften ebenfalls grob würfeln.

5. Die Fleischstreifen wellenförmig auf geölte Holzspieße stecken. Eine beschichtete Pfanne erhitzen. Die Fleischspieße darin rundherum braun anbraten, mit Salz und Pfeffer würzen. Zwiebelstreifen hinzugeben und mit anbraten, dann Tomaten- und Aprikosenwürfel hinzufügen. Alles mit Salz, Pfeffer und nach Belieben mit etwas Cayennepfeffer oder Chili würzen. Die Spieße mit dem Tomaten-Aprikosen-Gemüse zugedeckt etwa 4 Minuten bei schwacher Hitze garen.

6. Die gemischten Kräuter unter die Nudeln mischen. Die Puten-Souflaki-Spieße mit den Nudeln und dem Tomaten-Aprikosen-Gemüse anrichten.

Quarkschmarren I

Süße Mahlzeit

4 Portionen

Pro Portion: E: 19 g, F: 18 g, Kh: 19 g, kJ: 1340, kcal: 320, BE: 2,0

3 Eiweiß (Größe M)
400 g Speisequark
3 Eigelb (Größe M)
4 EL Weizenmehl
½ gestr. TL Salz
2 EL Butter
20 g Puderzucker

Zubereitungszeit: 20 Minuten

1. Eiweiß steif schlagen. In einer zweiten Schüssel den Quark mit Eigelb, Mehl und Salz gut verrühren. Den Eischnee unter die Quarkmasse heben. Aus dem Teig 2 Schmarren backen.

2. Dafür je 1 Esslöffel Butter in einer Pfanne zerlassen. Die Hälfte der Quarkmasse etwa 1 cm dick hineingeben und von beiden Seiten goldgelb backen.

3. Quarkschmarren mit einem Pfannenwender oder 2 Gabeln in kleine Stücke zerreißen und diese unter Wenden gut bräunen, dabei evtl. noch etwas Butter hinzufügen.

4. Quarkschmarren mit Puderzucker bestäuben und sofort servieren.

Radieschensuppe

Vegan

2 Portionen

Pro Portion: E: 3 g, F: 9 g, Kh: 6 g, kJ: 512, kcal: 122, BE: 0,0

2	*Schalotten*
2 Bund	*Radieschen (je 250–300 g)*
1 EL	*Speiseöl*
500 ml	*heiße Gemüsebrühe*
	Salz
	gem. weißer Pfeffer
etwa 2 EL	*frisch gepresster Zitronensaft*
4–6 Tropfen	*Sojasauce*

Zubereitungszeit: 30 Minuten

1. Schalotten abziehen und in kleine Würfel schneiden. Von den Radieschen die Wurzelenden und das Grün entfernen. Radieschen abspülen, trocken tupfen und in kleine Würfel schneiden (etwas Radieschengrün und einige Radieschenscheiben zum Garnieren beiseitelegen).

2. Das Speiseöl in einem Topf erhitzen. Schalottenwürfel darin goldgelb andünsten. Radieschenwürfel hinzufügen und kurz mitdünsten lassen. Heiße Gemüsebrühe hinzugießen und zum Kochen bringen. Die Suppe zugedeckt bei mittlerer Hitze etwa 20 Minuten kochen lassen, dabei gelegentlich umrühren. Anschließend die Suppe mit einem Pürierstab fein pürieren.

3. Beiseitegelegtes Radieschengrün abspülen, trocken tupfen und in feine Streifen schneiden. Die Suppe evtl. nochmals erwärmen. Mit Salz, Pfeffer, Zitronensaft und Sojasauce abschmecken. Die Radieschensuppe mit beiseitegelegten Radieschenscheiben und Radieschengrünstreifen garnieren, heiß servieren.

Beilage: Baguettebrot.

Rahmschnitzel mit Zwiebel-Kräuter-Kruste | Würzig

4 Portionen

Pro Portion: E: 53 g, F: 31 g, Kh: 18 g, kJ: 2352, kcal: 564, BE: 1,5

4	*Putenschnitzel (je etwa 150 g)*
1–2 EL	*Speiseöl, z. B. Sonnenblumenöl*
	Salz, gem. Pfeffer
400 g	*Champignons*
100 g	*Schlagsahne*
75 g	*Röstzwiebeln (Fertigprodukt)*
je 3 Stängel	*frischer Majoran und Thymian oder jeweils ½ TL gerebelter Majoran oder Thymian*
3 EL	*Semmelbrösel*
150 g	*geraspelter Gratin-Käse*

Zubereitungszeit: 20 Minuten
Garzeit: etwa 20 Minuten

1. Die Putenschnitzel kurz unter fließendem kalten Wasser abspülen und trocken tupfen. Das Speiseöl in einer großen Pfanne erhitzen. Die Putenschnitzel darin von beiden Seiten kurz anbraten. Mit Salz und Pfeffer würzen. Putenschnitzel herausnehmen und in einer großen Auflaufform (gefettet) verteilen.

2. Den Backofen vorheizen.
Ober-/Unterhitze: etwa 200 °C
Heißluft: etwa 180 °C

3. Champignons putzen, evtl. kurz abspülen, trocken tupfen und in Scheiben schneiden. Die Champignonscheiben in dem verbliebenen Bratfett unter Rühren kurz andünsten. Mit Salz und Pfeffer würzen. Sahne und 2–3 Esslöffel Wasser hinzugießen, unter Rühren aufkochen lassen.

4. Die Champignonmasse auf den Putenschnitzeln verteilen und mit Röstzwiebeln bestreuen.

5. Majoran und Thymian abspülen und trocken tupfen. Die Blättchen von den Stängeln zupfen. Majoran, Thymian und Semmelbrösel mit dem geraspelten Käse mischen und auf den Putenschnitzeln verteilen.

6. Die Form auf dem Rost in den vorgeheizten Backofen schieben. Die Rahmschnitzel **etwa 20 Minuten garen.**

7. Die Rahmschnitzel mit Zwiebel-Kräuter-Kruste nach etwa 15 Minuten Garzeit mit Alufolie zudecken, damit die Kräuterkruste nicht zu dunkel wird.

Beilage: Spätzle oder ofenfrisches Baguette.

Räucherfischpfanne I

Pikant

2–3 Portionen

Pro Portion: E: 39 g, F: 13 g, Kh: 50 g, kJ: 2028, kcal: 486, BE: 3,5

600 g	*gekochte, festkochende Pellkartoffeln*
200 g	*Cocktailtomaten*
1 Bund	*Frühlingszwiebeln*
2 EL	*Speiseöl*
400 g	*geräuchertes Forellenfilet ohne Haut und Gräten*
½ Bund	*Dill*
	Salz
	gem. Pfeffer
	Saft von
½	*Zitrone*

Zubereitungszeit: 25 Minuten

1. Die Kartoffeln pellen und in Scheiben schneiden. Tomaten abspülen, trocken tupfen, halbieren und die Stängelansätze herausschneiden.

2. Die Frühlingszwiebeln putzen, abspülen, abtropfen lassen und anschließend in etwa 2 cm lange Stücke schneiden.

3. Speiseöl in einer Pfanne erhitzen. Die Kartoffelscheiben darin unter Wenden braun anbraten. Frühlingszwiebelstücke hinzugeben. Die Zutaten unter gelegentlichem Rühren etwa 10 Minuten garen.

4. In der Zwischenzeit das Forellenfilet in etwa 2 cm breite Stücke schneiden. Dill abspülen und trocken tupfen. Die Spitzen von den Stängeln zupfen. Spitzen klein schneiden.

5. Tomatenhälften unter die Kartoffel-Frühlingszwiebel-Mischung heben und kurz mitbraten lassen.

6. Dill unter das Gemüse rühren. Forellenfiletstücke vorsichtig unterheben und miterwärmen. Räucherfischpfanne mit Salz, Pfeffer und Zitronensaft pikant abschmecken.

Tipp: Statt geräuchertem Forellenfilet können Sie auch Heilbuttfilet verwenden.

Variante: Bunte Fischpfanne mit Stremel-Lachs (2 Portionen). 1 rote Paprikaschote halbieren, entstielen, entkernen und die weißen Scheidewände entfernen. Die Schote abspülen, abtropfen lassen und in Stücke schneiden. 1 Bund Frühlingszwiebeln putzen, abspülen, abtropfen lassen, in etwa 3 cm lange Stücke schneiden. 2 Knoblauchzehen abziehen und klein würfeln. 1 Esslöffel Speiseöl in einer beschichteten Pfanne erhitzen. Den Knoblauch in die Pfanne geben und andünsten. Die Frühlingszwiebel-, Paprikastücke und 245 g abgetropfte Mungobohnensprossen (aus dem Glas) hinzufügen, unter Rühren kurz anbraten. ¼ Teelöffel gemahlenen Ingwer und 125 ml Gemüsebrühe unterrühren und alles etwa 3 Minuten garen. 360 g gegarten Naturreis (etwa 125 g Rohgewicht) unterrühren und kurz miterwärmen. 4 Esslöffel Chilisauce (Fertigprodukt) unterrühren. 300 g Stremel-Lachs in Stücke schneiden und vorsichtig unterheben. Fischpfanne evtl. mit Salz und Pfeffer abschmecken, mit abgespülten, trocken getupften Korianderblättchen garniert servieren.

Red-Snapper-Filets mit Mango-Paprika-Salat I

Etwas Besonderes

4 Portionen

Pro Portion: E: 33 g, F: 9 g, Kh: 20 g, kJ: 1290, kcal: 309, BE: 1,5

1 reife Mango (etwa 300 g Fruchtfleisch)
2 rote Paprikaschoten (etwa 400 g)
1 walnussgroßes Stück frischer Ingwer (etwa 10 g)
Saft von ½ Limette
2 EL Fischsauce
1 EL flüssiger Honig
1–2 EL Olivenöl
2 EL süße Chilisauce
4 Red-Snapper-Filets (je etwa 150 g)
2 EL Olivenöl
Salz, gem. Pfeffer
2 Schalen Daikonkresse

Zubereitungszeit: 25 Minuten

1. Die Mango halbieren und den Stein herauslösen. Die Mangohälften schälen und in etwa 1 cm große Würfel schneiden. Die Paprikaschoten grob schälen, halbieren, entstielen, entkernen und weiße Scheidewände entfernen. Schoten abspülen, abtropfen lassen und ebenfalls in Würfel schneiden. Den Ingwer schälen und fein reiben.

2. Mango-, Paprikawürfel und Ingwer in eine Schüssel geben. Limettensaft, Fischsauce, Honig, Olivenöl und Chilisauce untermischen.

3. Die Fischfilets kurz unter fließendem kalten Wasser abspülen und trocken tupfen. Olivenöl in einer großen Pfanne erhitzen. Die Fischfilets mit der Hautseite nach unten in die Pfanne legen und 2–3 Minuten braten, dann wenden und von der zweiten Seite nochmals 2–3 Minuten braten. Fischfilets von beiden Seiten mit Salz und Pfeffer würzen und herausnehmen.

4. Die Kresse abspülen, trocken tupfen und abschneiden. Die Blättchen evtl. etwas kleiner schneiden. Die Red-Snapper-Filets auf dem Mango-Paprika-Salat anrichten und mit Kresse bestreut servieren.

Reis-Kohlrabi-Puffer mit Schinkenquark I

Preiswert – für Kinder

2 Portionen

Pro Portion: E: 19 g, F: 16 g, Kh: 41 g, kJ: 1609, kcal: 385, BE: 3,5

1	*kleine Zwiebel*
1	*kleiner Kohlrabi (etwa 150 g)*
200 g	*gegarter, abgekühlter Reis (Rohgewicht etwa 75 g)*
20 g	*Weizenmehl*
1	*Ei (Größe M)*
	Salz
	gem. Pfeffer
1 1/2 EL	*Speiseöl, z. B. Sonnenblumenöl*

Für den Schinkenquark:

125 g	*Speisequark (20 % Fett)*
2 EL	*Milch*
1 EL	*Schinkenwürfel (aus dem Kühlregal)*
etwa 1/2 TL	*Paprikapulver edelsüß oder rosenscharf*

Zubereitungszeit: 25 Minuten

1. Zwiebel abziehen und in kleine Würfel schneiden. Kohlrabi schälen, abspülen, abtropfen lassen und auf der Haushaltsreibe grob raspeln.

2. Den gegarten Reis in eine Schüssel geben. Zwiebelwürfel, Kohlrabiraspel, Mehl und Ei hinzugeben und gut vermischen. Reis-Kohlrabi-Masse mit Salz und Pfeffer kräftig würzen.

3. Das Speiseöl in einer großen Pfanne erhitzen. Jeweils 1–1 1/2 gut gehäufte Esslöffel der Reismasse zu kleinen, dicken Puffern darin verstreichen (insgesamt 6 Stück).

4. Die Reis-Kohlrabi-Puffer von jeder Seite bei mittlerer bis starker Hitze in etwa 4 Minuten goldbraun und knusprig braten.

5. Für den Schinkenquark den Quark mit der Milch glatt rühren. Die Schinkenwürfel unterheben, mit Salz, Pfeffer und Paprika würzen. Die Reis-Kohlrabi-Puffer mit dem Schinkenquark anrichten.

Beilage: Ein frischer grüner Salat.

Variante: **Reispuffer mit Möhre und Frühlingszwiebeln.** Dafür statt der Zwiebel und der Kohlrabi 1 Möhre (etwa 100 g) und 1–2 dicke Frühlingszwiebeln (etwa 40 g) nehmen. Möhre putzen, schälen, abspülen, abtropfen lassen und fein raspeln. Frühlingszwiebeln putzen, abspülen, abtropfen lassen und in feine Scheiben schneiden. Das Gemüse mit Reis, Mehl, Ei und den Gewürzen vermischen und wie beschrieben 6 Puffer braten. Den Quark mit 1 Esslöffel klein geschnittenen Kräutern statt der Schinkenwürfel zubereiten und zu den Puffern genießen.

Reismehl-Crêpes I

Für Kinder

4 Portionen

Pro Portion: E: 11 g, F: 30 g, Kh: 87 g, kJ: 2810, kcal: 671, BE: 7,5

100 g Reismehl (aus dem Reformhaus)
2 Eier (Größe M)
125 ml Milch (3,5 % Fett)
1 EL Zucker
30 g Butterschmalz
250 g Schmand (Sauerrahm)
5 EL Waldmeistersirup
4 Bananen
4 EL Zartbitter-Raspelschokolade
125 ml Schokoladensauce (Fertigprodukt)

Zubereitungszeit: 30 Minuten, ohne Ruhezeit

1. Reismehl in eine Rührschüssel geben. Die Eier mit Milch und Zucker verschlagen. Die Eiermilch nach und nach unter Rühren zum Mehl geben. Dabei darauf achten, dass keine Klümpchen entstehen. Den Teig etwa 10 Minuten ruhen lassen.

2. Etwas Butterschmalz in einer Pfanne erhitzen. Den Teig gut durchrühren und eine dünne Teiglage mit einer drehenden Bewegung gleichmäßig auf dem Boden der Pfanne verteilen. Den Crêpe von beiden Seiten goldbraun backen. Bevor der Crêpe gewendet wird, wieder etwas Butterschmalz in die Pfanne geben. Aus dem restlichen Reismehlteig weitere 7 Crêpes auf die gleiche Weise backen.

3. Schmand mit 3 Esslöffeln Waldmeistersirup verrühren. Die Bananen schälen und in dicke Scheiben schneiden.

4. Auf jeden Crêpe 1 Esslöffel Waldmeister-Schmand geben, darauf einige Bananenscheiben legen, mit Raspelschokolade bestreuen und mit dem restlichen Waldmeistersirup beträufeln. Zusammenklappen und je 2 Crêpes auf einen Teller legen. Mit der Schokoladensauce verzieren oder die Schokoladensauce dazureichen.

Reispfanne mit Rinderfilet

Beliebt – für Gäste

4 Portionen

Pro Portion: E: 30 g, F: 15 g, Kh: 68 g, kJ: 2234, kcal: 533, BE: 4,5

250 g Langkornreis
400 g Rinderfilet
10 g frischer Ingwer
gem. Pfeffer
300 g Zuckerschoten
2 Bund Frühlingszwiebeln
12 Cocktailtomaten
4 EL Speiseöl, z. B. Erdnussöl
Salz
1 EL Currypulver

Zubereitungszeit: 30 Minuten

1. Den Reis nach Packungsanleitung zubereiten und dann in einem Sieb abtropfen lassen.

2. In der Zwischenzeit Rinderfilet mit Küchenpapier trocken tupfen und in 1–2 cm große Würfel schneiden. Ingwer schälen und klein würfeln. Filetwürfel mit Pfeffer und Ingwer bestreuen und vermischen.

3. Von den Zuckerschoten die Enden abschneiden, evtl. abfädeln. Schoten abspülen und abtropfen lassen. Frühlingszwiebeln putzen, abspülen, abtropfen lassen und in etwa 1 cm lange Stücke schneiden. Die Tomaten abspülen, abtropfen lassen und die Stängelansätze herausschneiden.

4. Das Speiseöl in einem Wok erhitzen. Die Filetwürfel darin von allen Seiten anbraten, mit Salz würzen. Die Zuckerschoten und Frühlingszwiebelstücke hinzufügen und unter Rühren mitbraten lassen.

5. Den gegarten Reis in den Wok geben, mit Curry unter die Filet-Gemüse-Mischung rühren, etwa 2 Minuten erhitzen. Die Reispfanne mit Salz und Pfeffer abschmecken. Cocktailtomaten unterheben und kurz erwärmen. Die Reispfanne sofort servieren.

Rettich-Schnittchen mit Geflügelwurst | Leckerer Abendsnack

2 Portionen

Pro Portion: E: 14 g, F: 8 g, Kh: 30 g, kJ: 1048, kcal: 251, BE: 2,5

300 g	*weißer Rettich*
2 TL	*geröstete Sesamsamen*
60 g	*Frischkäse (0,2 % Fett)*
	Salz, gem. Pfeffer
60 g	*fettreduzierte Geflügelwurst*
4 kleine Scheiben	*Vollkornbrot (etwa 130 g)*
2 TL	*Schnittlauchröllchen (frisch oder TK)*

Zubereitungszeit: 10 Minuten

1. Rettich putzen, schälen, abspülen und gut abtropfen lassen. Rettich auf einer Küchenreibe grob raspeln, mit Sesam und Frischkäse verrühren. Den Rettich-Frischkäse mit Salz und Pfeffer würzen.

2. Die Geflügelwurst in feine Streifen schneiden. Den Rettich-Frischkäse auf den Vollkornbrotscheiben anrichten. Die Geflügelwurststreifen darauf verteilen und mit den Schnittlauchröllchen bestreuen.

Tipp: Rühren Sie zusätzlich 1 Teelöffel Meerrettich oder etwas Wasabi-Pulver (erhältlich im Asialaden oder in der Asia-Abteilung gut sortierter Supermärkte) unter den Rettich-Frischkäse.

Rinderfilet „Lukullus" I

Klassisch – etwas teurer

2 Portionen

Pro Portion: E: 38 g, F: 7 g, Kh: 0 g, kJ: 920, kcal: 219, BE: 0,0

2 Rinderfiletsteaks (je etwa 180 g)
Salz
gerebelter Majoran
grob gem. Pfeffer
1 TL Tomatenmark
evtl. klein geschnittene Petersilie oder Thymianblättchen

Außerdem:

Alufolie

Zubereitungszeit: 5 Minuten
Garzeit: etwa 16 Minuten

1. Den Backofen vorheizen.
Ober-/Unterhitze: etwa 240 °C
Heißluft: etwa 220 °C

2. Rinderfiletsteaks mit Küchenpapier trocken tupfen. Die Filetsteaks mit Salz, Majoran und Pfeffer einreiben und mit Tomatenmark bestreichen.

3. Die Filetsteaks in Alufolie wickeln und auf ein Backblech legen. Das Backblech in den vorgeheizten Backofen schieben. Die Filetsteaks **etwa 16 Minuten garen.**

4. Nach etwa 10 Minuten Garzeit die Alufolie öffnen. Die Filetsteaks bei gleicher Backofentemperatur nochmals etwa 6 Minuten bräunen lassen.

5. Die Rinderfiletsteaks vom Backblech nehmen und in der Alufolie servieren.

6. Nach Belieben die Rinderfiletsteaks mit Petersilie oder Thymianblättchen bestreut servieren.

Beilage: Bratkartoffeln.

Tipp: Nach Belieben frische Champignonscheiben von 2–3 Champignons und 2–3 abgezogene, geviertelte Tomaten mitgaren lassen.

Rinderfilet mit Vollkornnudeln und Pilzen I

Etwas teurer

2 Portionen

Pro Portion: E: 38 g, F: 11 g, Kh: 35 g, kJ: 1613, kcal: 385, BE: 2,5

80 g	*Vollkornspätzle*
	Salz
300 g	*Austernpilze*
100 g	*Frühlingszwiebeln*
1–2 Stängel	*Thymian*
250 g	*Rinderfilet*
1 TL	*Speiseöl, z. B. Olivenöl*
	gem. bunter Pfeffer
1 Msp.	*gem. Piment (Nelkenpfeffer)*
50 g	*saure Sahne (10 % Fett)*
1 Msp.	*Paprikapulver edelsüß*

Zubereitungszeit: 30 Minuten

1. Spätzle in kochendem Salzwasser nach Packungsanleitung zubereiten.

2. In der Zwischenzeit die Pilze putzen, evtl. kurz abspülen, gut trocken tupfen und in Streifen schneiden. Frühlingszwiebeln putzen, abspülen, abtropfen lassen und in dünne Scheiben schneiden. Thymian abspülen und trocken tupfen. Die Blättchen von den Stängeln zupfen.

3. Das Rinderfilet mit Küchenpapier trocken tupfen, evtl. enthäuten und in etwa 1 cm dicke Scheiben schneiden.

4. Die gegarten Spätzle in ein Sieb geben, abtropfen lassen und warm stellen.

5. Speiseöl in einer Pfanne erhitzen. Filetscheiben darin von jeder Seite etwa 2 Minuten braten. Die Filetscheiben aus der Pfanne nehmen, mit Salz und Pfeffer würzen, warm stellen.

6. Pilzstreifen und Frühlingszwiebelscheiben in dem verbliebenen Bratfett unter Rühren anbraten. 2 Esslöffel Wasser hinzufügen. Pilz-Frühlingszwiebel-Masse etwa 3 Minuten garen. Mit Piment und Salz würzen. Saure Sahne und Thymianblättchen unterrühren.

7. Spätzle mit den Pilzen und den Rinderfiletscheiben auf einer vorgewärmten Platte anrichten. Mit Paprika bestreut servieren.

Beilage: Gemischter Blattsalat mit Zitronen-Vinaigrette.

Rinderhüfte im Bagel | Würzig

4 Portionen

Pro Portion: E: 29 g, F: 19 g, Kh: 46 g, kJ: 1998, kcal: 478, BE: 3,5

400 g Rinderhüfte
2 rote Zwiebeln
1 rote Chilischote
½ Bund Petersilie
1 Bund Rucola (Rauke)
2–3 EL Olivenöl
Salz, gem. Pfeffer
1 EL abgetropfte Kapern
2 EL süße Sojasauce
4 Bagels (Fertigprodukt)
200 g Frühlingsquark

Außerdem:

8 Holzspieße

Zubereitungszeit: 25 Minuten

1. Rinderhüfte mit Küchenpapier trocken tupfen und in etwa ½ cm dicke Scheiben schneiden. Zwiebeln abziehen, zuerst in dünne Scheiben schneiden, dann in Ringe teilen. Chilischote halbieren, entstielen und entkernen. Schote abspülen, trocken tupfen und klein würfeln. Petersilie abspülen und trocken tupfen. Die Blättchen von den Stängeln zupfen, Blättchen klein schneiden. Rucola verlesen und die dicken Stiele entfernen. Rucola abspülen und trocken tupfen.

2. Olivenöl in einem Wok erhitzen. Fleischscheiben darin portionsweise kurz von beiden Seiten braten. Mit Salz und Pfeffer würzen und aus dem Wok nehmen. Zwiebelringe mit Chiliwürfeln und Kapern zum verbliebenen Bratfett in den Wok geben und anbraten, mit etwas Salz würzen. Petersilie und Sojasauce untermischen. Den Wok von der Kochstelle nehmen.

3. Die Bagels waagerecht durchschneiden und jede Hälfte mit Frühlingsquark bestreichen. Die Fleischscheiben auf den unteren Bagelhälften verteilen, Rucola und die Zwiebel-Chili-Mischung daraufgeben. Die oberen Bagelhälften jeweils daraufsetzen, mit Holzspießen feststecken.

4. Die Bagels einmal senkrecht durchschneiden, anrichten und servieren.

Risi e pisi (Reis mit Erbsen) I

Grüße aus Italien

6 Portionen

Pro Portion: E: 10 g, F: 13 g, Kh: 30 g, kJ: 1159, kcal: 277, BE: 2,5

1 Zwiebel
100 g Kochschinken
70 g Butter
200 g italienischer Rundkornreis oder Langkornreis
400–500 ml Hühner- oder Rindfleischbrühe
150 g junge Erbsen oder TK-Erbsen
Salz, gem. Pfeffer
40 g ger. Parmesan

Zubereitungszeit: 30 Minuten

1. Zwiebel abziehen und in kleine Würfel schneiden. Schinken in schmale Streifen schneiden.

2. 50 g Butter in einem Topf zerlassen. Zwiebelwürfel und Schinkenstreifen darin andünsten. Den Reis hinzugeben und unter Rühren glasig dünsten.

3. Brühe hinzugießen und zum Kochen bringen. Den Reis zugedeckt bei schwacher Hitze nach Packungsanleitung garen, dabei gelegentlich umrühren.

4. Etwa 5 Minuten vor Ende der Garzeit die Erbsen (gefrorene Erbsen) hinzugeben und alles fertig garen. Restliche Butter untermischen. Den Reis mit Salz und Pfeffer abschmecken.

5. Den Reis anrichten und mit Parmesan bestreut servieren.

Rosinen-Spitzkohl-Pfanne mit Schweinefilet I

Etwas Besonderes

4 Portionen

Pro Portion: E: 48 g, F: 19 g, Kh: 21 g, kJ: 1910, kcal: 456, BE: 1,5

750 g Schweinefilet
1 Spitzkohl (etwa 600 g)
1 Fleischtomate
2 EL Olivenöl
50 g Schinkenwürfel (aus dem Kühlregal)
100 g Rosinen
40 g Butter
Salz
gem. Pfeffer

Zubereitungszeit: 25 Minuten

1. Das Schweinefilet mit Küchenpapier trocken tupfen, evtl. entsehnen und entfetten. Schweinefilet längs halbieren und in dünne Scheiben schneiden.

2. Spitzkohl putzen, vierteln und den Strunk herausschneiden. Kohlviertel in Streifen schneiden, abspülen und abtropfen lassen. Die Tomate abspülen, trocken tupfen, halbieren, entkernen und den Stängelansatz herausschneiden. Tomate in Würfel schneiden.

3. Olivenöl in einer großen Pfanne erhitzen. Die Filetscheiben darin von beiden Seiten gut anbraten. Die Spitzkohlstreifen und Schinkenwürfel hinzugeben, etwa 10 Minuten unter gelegentlichem Rühren mitbraten. Rosinen und Butter unterrühren, kurz miterhitzen.

4. Die Rosinen-Spitzkohl-Pfanne mit Salz und Pfeffer kräftig würzen und mit den Tomatenwürfeln bestreut sofort servieren.

Röstkartoffeln mit Garnelen und Gurken-Dip | Würzig – raffiniert

2 Portionen

Pro Portion: E: 24 g, F: 6 g, Kh: 45 g, kJ: 1387, kcal: 330, BE: 3,5

300 g	festkochende Kartoffeln
75 ml	Wasser
	Salz
	gem. Pfeffer
1	kleines Lorbeerblatt
4	Radieschen (etwa 40 g)
1 Stück	Salatgurke (etwa 150 g)
75 g	Frischkäse (0,2 % Fett)
½ TL	mittelscharfer Senf
1 TL	Sonnenblumenöl
50 g	gegarte, geschälte Garnelen oder Krabben (entdarmt)
etwas	Shiso-Kresse

Zubereitungszeit: 20 Minuten

1. Kartoffeln schälen, abspülen, abtrocknen und in etwa 1 ½ cm breite Spalten schneiden. Wasser, etwas Salz, Pfeffer, Lorbeerblatt und Kartoffelspalten in eine kleine beschichtete Pfanne geben, zugedeckt zum Kochen bringen und etwa 7 Minuten bei schwacher Hitze garen.

2. In der Zwischenzeit Radieschen putzen, abspülen, abtropfen lassen und in feine Stifte schneiden. Gurke nach Belieben schälen, sonst gründlich waschen und abtrocknen. Gurke in kleine Stücke schneiden. Frischkäse mit Senf verrühren, mit Salz und Pfeffer würzen. Gurkenwürfel und Radieschenstifte untermischen, nochmals abschmecken.

3. Den Deckel von der Pfanne nehmen. Die noch vorhandene Flüssigkeit bei starker Hitze einkochen lassen. Dann das Sonnenblumenöl zu den Kartoffelspalten in die Pfanne geben. Die Kartoffelspalten bei mittlerer Hitze unter vorsichtigem Wenden braun braten.

4. Garnelen oder Krabben kurz unter fließendem kalten Wasser abspülen und auf Küchenpapier abtropfen lassen. Kartoffelspalten, Gemüse-Dip und Garnelen oder Krabben auf einem Teller anrichten. Nach Belieben mit etwas abgespülter, trocken getupfter Kresse bestreuen.

Rote Bete mit Kartoffelpüree-Walnuss-Haube I

Raffiniert

4 Portionen

Pro Portion: E: 11 g, F: 34 g, Kh: 25 g, kJ: 1870, kcal: 450, BE: 2,0

1 kleines Bund frischer Salbei
4 EL Butter
500 g Rote Bete (vorgegart, vakuumverpackt)
gem. Pfeffer
Salz
50–75 g milder Gorgonzola
75 g Schlagsahne
1 Beutel Kartoffelpüreepulver (für 3 Portionen)
125 ml Milch (3,5 % Fett)
375 ml warmes Wasser
75 g Walnusskernhälften

Zubereitungszeit: 20 Minuten
Garzeit: etwa 18 Minuten

1. Den Backofen vorheizen.
Ober-/Unterhitze: etwa 220 °C
Heißluft: etwa 200 °C

2. Salbei abspülen und trocken tupfen. Die Blättchen von den Stängeln zupfen. Butter in einer Pfanne zerlassen. Die Salbeiblättchen darin bei mittlerer Hitze anbraten. Die Pfanne beiseitestellen.

3. Rote Bete in Viertel oder Achtel schneiden und in einer großen, flachen Auflaufform (gefettet) verteilen. Rote Bete mit Pfeffer und etwas Salz würzen. Einige angebratene Salbeiblättchen darauf verteilen. Käse fein zerbröseln und daraufstreuen. Sahne hinzugießen.

4. Die Form auf dem Rost in den vorgeheizten Backofen schieben. Die Rote Bete **etwa 8 Minuten vorgaren.**

5. In der Zwischenzeit das Kartoffelpüreepulver nach Packungsanleitung mit Milch und Wasser zubereiten. Die Hälfte der Salbeiblätter-Butter unter das Püree rühren, mit Salz und Pfeffer abschmecken.

6. Die Form auf einen Kuchenrost stellen. Kartoffelpüree in Klecksen auf den vorgegarten Rote-Bete-Stücken verteilen. Walnusskerne grob hacken und daraufstreuen. Restliche Salbeiblätter-Butter darauf verteilen.

7. Die Form wieder in den heißen Backofen schieben. Den Auflauf **bei gleicher Backofentemperatur in weiteren etwa 10 Minuten fertig garen.**

Rote-Linsen-Salat I

Vegetarisch – fruchtig

4 Portionen

Pro Portion: E: 17 g, F: 14 g, Kh: 47 g, kJ: 1603, kcal: 383, BE: 3,5

300 g Zuckerschoten
400 ml Gemüsebrühe
200 g rote Linsen
1 Bund Frühlingszwiebeln (etwa 250 g)
260 g abgetropfte Aprikosenhälften (aus der Dose)
20 g frischer Ingwer
3–4 EL Himbeeressig
Salz
gem. Pfeffer
2 EL Sonnenblumenöl
3 EL Nussöl

Zubereitungszeit: 25 Minuten, ohne Durchziehzeit

1. Von den Zuckerschoten die Enden abschneiden, evtl. abfädeln. Zuckerschoten abspülen und abtropfen lassen. Die Brühe in einem kleinen Topf zum Kochen bringen. Zuckerschoten darin kurz blanchieren und anschließend mit einer Schaumkelle herausnehmen. Die Schoten mit kaltem Wasser abschrecken, abtropfen lassen und halbieren.

2. Die Linsen in die Brühe geben, wieder zum Kochen bringen und etwa 8 Minuten bei schwacher Hitze kochen lassen, bis die Brühe von den Linsen aufgesogen ist.

3. In der Zwischenzeit die Frühlingszwiebeln putzen, abspülen, abtropfen lassen und schräg in Scheiben schneiden. Frühlingszwiebelscheiben unter die heißen Linsen heben. Die Linsen-Frühlingszwiebel-Mischung abkühlen lassen.

4. Die Aprikosenhälften in dünne Spalten schneiden. Ingwer schälen und fein reiben. Essig mit Salz, Pfeffer und Ingwer verrühren. Sonnenblumen- und Nussöl unterschlagen. Die Salatsauce mit der Linsen-Frühlingszwiebel-Mischung vermengen. Aprikosenspalten und Zuckerschoten unterheben.

5. Den Rote-Linsen-Salat nochmals mit den Gewürzen abschmecken und servieren. Oder noch besser, den Salat zugedeckt in den Kühlschrank stellen und etwa 1 Stunde durchziehen lassen.

Rucola-Salat

Grüße aus Italien – leckere Vorspeise

4 Portionen

Pro Portion: E: 16 g, F: 20 g, Kh: 7 g, kJ: 1124, kcal: 269, BE: 0,5

2 Schalen	*Rucola (Rauke)*
3–4 EL	*Balsamico-Essig*
1 EL	*flüssiger Honig*
	Salz
	gem. Pfeffer
4 EL	*Olivenöl*
12 Scheiben	*Parma- oder Serranoschinken*
40 g	*Parmesan im Stück*

Zubereitungszeit: 15 Minuten

1. Rucola verlesen und die dicken Stiele entfernen. Rucola abspülen und gut trocken tupfen. Essig mit Honig, Salz und Pfeffer verrühren. Olivenöl unterschlagen. Den Rucola auf Tellern oder auf einer Platte anrichten und mit der Salatsauce beträufeln.

2. Schinkenscheiben dekorativ auf den Salat legen, den Parmesan darüberhobeln und mit frisch gemahlenem Pfeffer bestreuen.

Variante: Rucola-Salat mit Hähnchenbruststreifen. Dafür 400 g Hähnchenbrustfilet kurz unter fließendem kalten Wasser abspülen, trocken tupfen und in dünne Streifen schneiden. 1 Esslöffel Balsamico-Essig mit 1 Esslöffel flüssigem Honig, Salz und Pfeffer verrühren und mit den Fleischstreifen vermischen. 2 Esslöffel Pinienkerne in einer Pfanne ohne Fett bei mittlerer Hitze leicht bräunen und aus der Pfanne nehmen. 2 Esslöffel Olivenöl in der Pfanne erhitzen und die marinierten Hähnchenbruststreifen darin 3–4 Minuten braten, dabei gelegentlich wenden. Den Salat wie im Rezept beschrieben zubereiten, aber den Schinken weglassen. Geflügelstreifen und Pinienkerne auf dem Salat verteilen.

Rührei mit Gambas und Koriander

Leckerer Abendsnack

2 Portionen

Pro Portion: E: 31 g, F: 40 g, Kh: 3 g, kJ: 2085, kcal: 404, BE: 0,5

5 Gambas (ohne Kopf und Schale) oder TK-Gambas
1 EL frische Korianderblättchen
5 Eier (Größe M)
4 EL Schlagsahne oder Crème fraîche
Salz
gem. Pfeffer
30 g Butter
einige Korianderblättchen

Zubereitungszeit: 15 Minuten

1. Die Gambas kurz unter fließendem kalten Wasser abspülen und in einem Sieb gut abtropfen lassen. Gambas halbieren und entdarmen (TK-Gambas nach Packungsanleitung auftauen lassen, abspülen und gut abtropfen lassen).

2. Korianderblättchen abspülen, trocken tupfen und klein schneiden. Eier mit Sahne oder Crème fraîche und Koriander in eine Schüssel geben und mit einem Schneebesen verschlagen. Kräftig mit Salz und Pfeffer würzen. Gambas hinzugeben.

3. Die Butter in einer Pfanne zerlassen. Eiersahne-Gambas-Mischung bei mittlerer Hitze unter gelegentlichem Rühren so lange braten, bis die Masse zu stocken beginnt. Rührei auf Tellern mit abgespülten und trocken getupften Korianderblättchen anrichten.

Tipp: Rührei mit oder auch in noch warmen Brötchen servieren.

Rumpsteaks mit Zwiebeln I

Für Gäste – etwas teurer

4 Portionen

Pro Portion: E: 46 g, F: 18 g, Kh: 5 g, kJ: 1522, kcal: 363, BE: 0,0

2 Gemüsezwiebeln (je etwa 200 g)
4 Rumpsteaks (je etwa 200 g)
3–4 EL Speiseöl
Salz
gem. Pfeffer
evtl. etwas Steakgewürz

Zubereitungszeit: 25 Minuten

1. Die Zwiebeln abziehen, halbieren und in Scheiben schneiden. Rumpsteaks mit Küchenpapier gut trocken tupfen und an den Rändern etwas einschneiden.

2. Speiseöl in einer Pfanne erhitzen. Rumpsteaks darin kurz von beiden Seiten anbraten. Dann die Steaks mit Salz, Pfeffer und evtl. Steakgewürz würzen und von jeder Seite 3–4 Minuten braten. Die Rumpsteaks dabei öfter mit dem Bratfett aus der Pfanne begießen, damit sie saftig bleiben.

3. Die Steaks aus der Pfanne nehmen, auf einer vorgewärmten Platte anrichten, mit Alufolie zudecken und warm stellen.

4. Die Zwiebelscheiben mit Salz und Pfeffer würzen und in dem verbliebenen Bratfett unter mehrmaligem Wenden einige Minuten bräunen. Zwiebelscheiben auf den warm gestellten Rumpsteaks verteilen und sofort servieren.

Tipps: Das Fleisch sollte nach dem Braten immer noch etwas ruhen, damit sich der Fleischsaft verteilt und das Steak saftig bleibt. Das 3-Minuten-Steak je Seite („medium“) ist besonders beliebt. Es ist nicht mehr roh („rare“, 1–2 Minuten je Seite), aber auch noch nicht ganz durchgebraten („well done“, 5 Minuten je Seite).

Saltimbocca alla romana I

Mit Alkohol

4 Portionen

Pro Portion: E: 26 g, F: 24 g, Kh: 3 g, kJ: 1472, kcal: 354, BE: 0,5

4 dünne Scheiben Kalbfleisch aus der Keule (je 100 g)
8 Salbeiblättchen
4 Scheiben Parmaschinken
Salz, gem. Pfeffer
20 g Weizenmehl
2–3 EL Speiseöl

Für die Sauce:

125 ml Weißwein
125 g Crème double
Zucker

Außerdem:

8 Holzstäbchen

Zubereitungszeit: 30 Minuten

1. Kalbfleisch mit Küchenpapier trocken tupfen. Die Salbeiblättchen abspülen und trocken tupfen. Kalbfleisch- und Parmaschinkenscheiben halbieren. Auf jede halbierte Kalbfleischscheibe 1 Parmaschinkenhälfte und 1 Salbeiblättchen legen und mit Holzstäbchen von oben feststecken. Von beiden Seiten mit Salz und Pfeffer bestreuen und in Mehl wenden.

2. Speiseöl in einer großen Pfanne erhitzen. Das vorbereitete Fleisch darin von jeder Seite 3–4 Minuten braten, herausnehmen, auf einen vorgewärmten Teller legen und mit einem zweiten Teller bedecken.

3. Für die Sauce den Bratensatz mit Weißwein loskochen und etwas einkochen. Crème double unterrühren und kurz erhitzen. Die Sauce mit Salz, Pfeffer und Zucker abschmecken. Den ausgetretenen Fleischsaft unterrühren. Die Sauce auf dem Fleisch verteilen oder dazureichen.

Beilage: Nudeln oder Reis.

Tipps: Statt Kalbfleisch kann man auch Schweine- oder Putenschnitzel verwenden. Anstelle von Crème double Mascarpone nehmen.

Saltimbocca vom Seeteufel

Grüße aus Italien

4 Portionen

Pro Portion: E: 40 g, F: 26 g, Kh: 21 g, kJ: 2008, kcal: 479, BE: 1,5

8 Seeteufelmedaillons (etwa 80 g, etwa 2 cm dick)
gem. Pfeffer
8 große Salbeiblätter
8 Scheiben Parmaschinken
1–2 EL Olivenöl
1 Knoblauchzehe
1 Stängel Rosmarin
300 ml Milch (3,5 % Fett)
300 ml Wasser
Salz
80 g Instant-Polenta (Maisgrieß)
2 EL Butter
60 g frisch ger. Parmesan
12 Cocktailtomaten

Außerdem:

8 Holzstäbchen

Zubereitungszeit: 25 Minuten

1. Die Seeteufelmedaillons kurz unter fließendem kalten Wasser abspülen, trocken tupfen und mit Pfeffer würzen, aber nicht salzen, da der Schinken gesalzen ist.

2. Salbeiblätter abspülen und gut trocken tupfen. Die Medaillons mit je 1 großen Salbeiblatt belegen und dann in je 1 Schinkenscheibe einschlagen. Schinkenscheiben mit Holzstäbchen feststecken.

3. Olivenöl in einer Pfanne erhitzen. Die Medaillons darin von jeder Seite etwa 4 Minuten braten.

4. In der Zwischenzeit den Knoblauch abziehen und zerdrücken. Rosmarin abspülen und trocken tupfen. Milch und Wasser mit Knoblauch, Rosmarin und Salz in einem Topf zum Kochen bringen. Den Maisgrieß unter Rühren einstreuen und unter Rühren kurz kochen lassen. Rosmarin und Knoblauch entfernen. Butter und Parmesan unterrühren, mit Salz und Pfeffer abschmecken.

5. Die gebratenen Medaillons aus der Pfanne nehmen. Cocktailtomaten abspülen, trocken tupfen und die Stängelansätze herausschneiden. Die Cocktailtomaten in dem verbliebenen Bratfett von allen Seiten kurz anbraten.

6. Falls die Polenta zu fest geworden ist, mit etwas heißem Wasser cremig rühren und in eine Schüssel geben.

7. Saltimbocca mit den Tomaten auf Tellern anrichten und die Polenta dazureichen.

Tipp: Saltimbocca ist italienisch und bedeutet so viel wie „Spring in den Mund“.

Scharfe China-Suppe I

Löffel für Löffel genießen

4 Portionen

Pro Portion: E: 22 g, F: 15 g, Kh: 27 g, kJ: 1382, kcal: 329, BE: 2,0

1 Entenbrust (etwa 350 g)
1 TL Currypulver
30 g frischer Ingwer
1 l Gemüsebrühe
1 Stange Porree (Lauch)
1 rote Paprikaschote
170 g abgetropfte Champignons (aus dem Glas)
200 g frische Ananaswürfel
100 g abgetropfte Bambussprossen in Streifen (aus dem Glas)
100 g abgetropfte Sojasprossen (aus dem Glas)
50 g Glasnudeln
1 EL Speisestärke
2–3 EL Sojasauce
1 TL Sambal Oelek

Zubereitungszeit: 30 Minuten

1. Die Entenbrust kurz unter fließendem kalten Wasser abspülen und mit Küchenpapier trocken tupfen.

2. Die Haut von der Entenbrust abschneiden. Das Entenbrustfleisch in feine Streifen schneiden.

3. Die Haut in einem großen Topf ausbraten und herausnehmen. Dann die Entenfleischstreifen in dem Topf unter Rühren anbraten und mit Curry bestreuen. Ingwer schälen, fein würfeln und hinzugeben.

4. Brühe hinzugießen und aufkochen. Porree putzen. Die Stange längs halbieren, gründlich waschen und abtropfen lassen. Porree in feine Streifen schneiden.

5. Paprikaschote halbieren, entstielen, entkernen und die weißen Scheidewände entfernen. Schote abspülen, abtropfen lassen und in sehr kleine Würfel schneiden.

6. Die Porreestreifen, Paprikawürfel, Champignons, Ananaswürfel, Bambus- und Sojasprossen in die Suppe geben.

7. Die Glasnudeln nach Packungsanleitung zubereiten. Speisestärke mit Sojasauce verrühren, in die Suppe rühren, zum Kochen bringen und 2–3 Minuten kochen lassen.

8. Die Suppe mit Sambal Oelek abschmecken. Die Glasnudeln in mundgerechte Stücke schneiden und vor dem Servieren in die Suppe geben.

Variante: Für eine **Indische Hühnersuppe** (4 Portionen) 2 Zwiebeln abziehen, klein würfeln. 1 Stange Porree putzen, längs halbieren, gründlich waschen, abtropfen lassen, in Streifen schneiden. 3 Esslöffel Speiseöl in einem Wok erhitzen. Die Zwiebelwürfel darin andünsten, Porreestreifen hinzugeben, etwa 2 Minuten mitdünsten. Mit 2 Esslöffeln Weizenmehl bestäuben, andünsten. 750 ml Hühnerbrühe nach und nach hinzugießen, darauf achten, dass keine Klümpchen entstehen. 1 Apfel schälen, bis zum Kerngehäuse raspeln. 75 g Langkornreis, Apfelraspel und 1 Esslöffel Currypulver in die Brühe geben, etwa 10 Minuten kochen. 300 g Hähnchenbrustfilet abspülen, trocken tupfen, klein schneiden, in die Suppe geben, weitere etwa 10 Minuten kochen. 2–3 Esslöffel Schlagsahne unterrühren. Die Suppe mit Salz, Pfeffer und Zitronensaft abschmecken.

Schinken-Fisch-Päckchen zu Rucola-Pasta

Raffiniert

3 Portionen

Pro Portion: E: 36 g, F: 9 g, Kh: 39 g, kJ: 1611, kcal: 386, BE: 3,0

1 ½ l	*Wasser*
1 ½ gestr. TL	*Salz*
150 g	*Tagliatelle (Bandnudeln)*
450 g	*mageres, festes Fischfilet, z. B. Pangasius, Kabeljau (frisch oder TK)*
1 Bund	*frische Kräuter, z. B. Salbei, Dill, Basilikum, oder 3 TL TK-Kräuter*
90 g	*Rucola (Rauke)*
	Salz
	gem. Pfeffer
3 große oder 6 längliche schmale Scheiben	*hauchdünn geschnittener, roher Schinken (etwa 60 g), z. B. Schwarzwälder oder Pfefferschinken*
1 ½ TL	*Butter*
3 EL	*Limettensaft*
225 ml	*Gemüsebrühe*
	Zucker

Zubereitungszeit: 30 Minuten

1. Wasser in einem Topf zugedeckt zum Kochen bringen. Dann Salz und Nudeln hinzugeben. Die Nudeln im geöffneten Topf bei mittlerer Hitze nach Packungsanleitung bissfest kochen, dabei gelegentlich umrühren.

2. In der Zwischenzeit Fischfilet kurz unter fließendem kalten Wasser abspülen, trocken tupfen und evtl. noch vorhandene Gräten sorgfältig entfernen. Das Fischfilet in 3 gleich große Stücke schneiden.

3. Kräuter abspülen und trocken tupfen. Die Blättchen bzw. Spitzen von den Stängeln zupfen.

4. Rucola putzen und dicke Stiele entfernen. Rucola abspülen, gut abtropfen lassen oder trocken schleudern und evtl. etwas kleiner zupfen.

5. Fischfiletstücke mit etwas Salz und Pfeffer würzen, die Kräuterblättchen bzw. -spitzen darauflegen. Die Fischfiletstücke mit den Schinkenscheiben sorgfältig umwickeln.

6. Butter in einer Pfanne zerlassen. Die Fischpäckchen darin unter vorsichtigem Wenden von beiden Seiten zartbraun braten, herausnehmen und zugedeckt auf einem vorgewärmten Teller warm halten.

7. Zwischenzeitlich die gegarten Nudeln in ein Sieb geben, mit heißem Wasser abspülen und abtropfen lassen.

8. Das verbliebene Bratfett mit Limettensaft und Brühe ablöschen, zum Kochen bringen und bei starker Hitze etwa um die Hälfte einkochen lassen. Die Sauce mit Salz, Pfeffer und Zucker abschmecken.

9. Die Nudeln zu der Sauce in die Pfanne geben und vermischen, dann Rucola hinzugeben und alles gut durchschwenken. Rucola-Nudeln mit Salz und Pfeffer würzen. Evtl. ausgetretenen Bratensaft von den Fischpäckchen hinzugießen. Die Schinken-Fisch-Päckchen mit der Rucola-Pasta anrichten.

Tipp: Im Frühling können Sie statt Rucola auch die gleiche Menge zarten Blattspinat für dieses Gericht verwenden.

Schmorpfanne mit Leberkäse und Gurken I

Preiswert

4 Portionen

Pro Portion: E: 23 g, F: 33 g, Kh: 6 g, kJ: 1731, kcal: 414, BE: 0,1

4 Scheiben Leberkäse (je etwa 125 g)
2 rote Zwiebeln (etwa 320 g)
2 Schmorgurken oder Salatgurken (etwa 500 g)
1/2 Bund glatte Petersilie
2 EL Speiseöl
Salz, gem. Pfeffer

Zubereitungszeit: 20 Minuten

1. Die Leberkäsescheiben halbieren und in etwa fingerdicke Streifen schneiden. Zwiebeln abziehen, halbieren und in Spalten schneiden.

2. Gurken schälen, längs halbieren und die Kerne mit einem Löffel herausschaben. Die Gurkenhälften in etwa 1 cm dicke Scheiben schneiden.

3. Petersilie abspülen und trocken tupfen. Blättchen von den Stängeln zupfen. Blättchen grob zerkleinern.

4. Speiseöl in einer großen Pfanne erhitzen. Zunächst die Zwiebelspalten darin anbraten. Dann die Gurkenscheiben hinzugeben und kurz unter Rühren mitbraten. Zuletzt die Leberkäsestreifen in die Pfanne geben und unter Wenden ebenfalls kurz mitbraten lassen.

5. Die Schmorpfanne mit etwas Salz und Pfeffer würzen. Petersilie unterheben.

Tipps: Eine ganz besondere Würze und eine leichte Schärfe bekommt die Schmorpfanne, wenn Sie sie vor dem Servieren mit frisch geriebenem Meerrettich bestreuen. Servieren Sie nach Belieben Laugengebäck dazu.

Schupfnudelauflauf mit Kasseler

Macht richtig satt

4 Portionen

Pro Portion: E: 35 g, F: 40 g, Kh: 51 g, kJ: 3070, kcal: 700, BE: 4,0

1 Bund Frühlingszwiebeln
40 g abgetropfte, getrocknete Tomaten in Öl
2 EL Butter
225 g abgetropfte Mischpilze (aus der Dose)
Salz
gem. Pfeffer
2 EL gemischte TK-Kräuter
4 Scheiben Kasseler-Lachsfleisch (etwa 300 g)
200 g Schmand (Sauerrahm)
1 Ei (Größe M)
500 g Schupfnudeln (aus dem Kühlregal)
150 g ger. Emmentaler

Zubereitungszeit: 20 Minuten
Garzeit: etwa 20 Minuten

1. Die Frühlingszwiebeln putzen, abspülen, abtropfen lassen und in feine Scheiben schneiden. Tomaten in Streifen schneiden.

2. Butter in einer Pfanne zerlassen. Die Pilze darin unter Wenden anbraten. Frühlingszwiebelscheiben hinzugeben, kurz mitbraten lassen und mit Salz und Pfeffer würzen. Tomatenstreifen und Kräuter untermischen.

3. Die Pilz-Zwiebel-Mischung in eine Schüssel geben und etwas abkühlen lassen.

4. Den Backofen vorheizen.
Ober-/Unterhitze: etwa 200 °C
Heißluft: etwa 180 °C

5. Die Kasselerscheiben mit Küchenpapier trocken tupfen und in Streifen schneiden. Schmand mit dem Ei verschlagen und unter die Pilz-Zwiebel-Mischung rühren.

6. Schupfnudeln, Pilz-Zwiebel-Mischung und Kasselerstreifen in eine große, flache Auflaufform (gefettet) schichten. Käse daraufstreuen.

7. Die Form auf dem Rost in den vorgeheizten Ofen schieben. Den Schupfnudelauflauf **etwa 20 Minuten garen.**

Tipps: Statt der Mischpilze können Sie auch Champignons verwenden. Eine weitere Rezeptabwandlung erhalten Sie, wenn Sie die Pilze durch eine Gemüse-Mais-Mischung (aus der Dose) ersetzen. Das Gemüse muss nicht angebraten werden. Noch schneller geht es, wenn Sie die Kasselerscheiben nicht in Streifen schneiden, sondern die ganzen Scheiben in die Form schichten.

Schweinefilet in Senf-Salbei-Sauce zu Kohlrabi-Kartoffel-Risotto I

Etwas Besonderes

2 Portionen

Pro Portion: E: 30 g, F: 11 g, Kh: 32 g, kJ: 1489, kcal: 355, BE: 2,5

300 g vorwiegend festkochende Kartoffeln
650 g Kohlrabi
1 TL Butter
Salz
gem. Pfeffer
ger. Muskatnuss
150 ml Gemüsebrühe
50 g Sahne zum Kochen (7 % Fett)
4 kleine Schweinefilet-Medaillons (je etwa 50 g)
1 Zwiebel
4–6 Salbeiblättchen oder 1 TL gerebelter Salbei
1 TL Sonnenblumenöl
200 ml heiße Gemüsebrühe
1 TL milder Senf
2 EL klein geschnittene Petersilie (frisch oder TK)

Zubereitungszeit: 30 Minuten

1. Kartoffeln und Kohlrabi schälen, abspülen und gut abtropfen lassen. Kartoffeln und Kohlrabi in etwa 1 cm große Würfel schneiden.

2. Butter in einem Topf zerlassen. Kartoffel- und Kohlrabiwürfel darin bei schwacher Hitze unter Rühren andünsten, mit Salz, Pfeffer und Muskat würzen. Die Brühe und Sahne hinzugießen, zum Kochen bringen und zugedeckt etwa 10 Minuten unter gelegentlichem Rühren kochen lassen.

3. In der Zwischenzeit Medaillons mit Küchenpapier trocken tupfen. Zwiebel abziehen und in kleine Würfel schneiden. Die Salbeiblättchen abspülen und trocken tupfen.

4. Sonnenblumenöl in einer beschichteten Pfanne erhitzen. Die Medaillons darin von beiden Seiten 3–4 Minuten braten, mit Salz und Pfeffer würzen.

5. Die Schweinefilet-Medaillons aus der Pfanne nehmen und zugedeckt auf einem vorgewärmten Teller warm halten.

6. Zwiebelwürfel in die Pfanne geben und in dem verbliebenen Bratfett unter Rühren goldbraun anbraten.

7. Salbeiblättchen und heiße Brühe hinzugeben, zum Kochen bringen und bei starker Hitze etwa 1 Minute kräftig einkochen lassen.

8. Den Saucenfond mit Salz, Pfeffer und Senf würzen, Petersilie unterrühren. Die Medaillons mit dem dabei entstandenen Bratensaft in die Sauce geben und kurz erhitzen.

9. Die Kohlrabi-Kartoffel-Würfel ohne Deckel bei starker Hitze sämig einkochen. Risotto mit Salz und Pfeffer abschmecken.

10. Die Schweinefilet-Medaillons in Senf-Salbei-Sauce mit dem Kohlrabi-Kartoffel-Risotto anrichten.

Tipp: Nach Belieben mit abgespülten und trocken getupften Salbeiblättchen und klein geschnittener Petersilie garnieren.

Schweinefilet, süßsauer I

Für Gäste

4 Portionen

Pro Portion: E: 29 g, F: 4 g, Kh: 18 g, kJ: 1054, kcal: 252, BE: 1,5

500 g	*Schweinefilet*
	Salz, gem. Pfeffer
1 EL	*Sojaöl*
175 g	*abgetropfte Ananasscheiben (aus der Dose)*
je 1	*rote und grüne Paprikaschote (etwa 400 g)*
2	*Knoblauchzehen*
100 g	*klare, asiatische, süße Chilisauce (aus der Flasche)*
2 EL	*asiatische Fischsauce*

Außerdem:

1 Stück Bratfolie oder Bratschlauch

Zubereitungszeit: 20 Minuten
Garzeit: etwa 20 Minuten

1. Schweinefilet mit Küchenpapier trocken tupfen und in Scheiben (Medaillons) schneiden, evtl. mit einem Küchenband in Form binden. Mit Salz und Pfeffer würzen. Sojaöl in einer Pfanne erhitzen. Die Medaillons darin von beiden Seiten kurz anbraten.

2. Den Backofen vorheizen.
Ober-/Unterhitze: etwa 200 °C
Heißluft: etwa 180 °C

3. Ananasscheiben in je 6 Stücke schneiden. Paprikaschoten halbieren, entstielen, entkernen und die weißen Scheidewände entfernen. Die Schoten abspülen, trocken tupfen und in kleine Würfel schneiden. Knoblauch abziehen und sehr klein würfeln.

4. Ananasstücke mit den Paprika- und Knoblauchwürfeln in einer Schüssel mischen. Chili- und Fischsauce unterrühren, mit Salz und Pfeffer würzen.

5. Ein großes Stück Bratfolie oder einen Bratschlauch auf ein Backblech legen. Ananas-Paprika-Mischung auf die Bratfolie oder in den Bratschlauch geben. Die Schweinemedaillons darauf verteilen. Die Bratfolie oder den Bratschlauch nach Packungsanleitung verschließen. Das Backblech in den vorgeheizten Backofen (unteres Drittel) schieben. Die Schweinefilets **etwa 20 Minuten garen.**

Beilage: Schmale Bandnudeln, mit 1 Esslöffel Sojasauce gewürzt.

Schweinesteak mit Tomaten-Oliven-Gemüse I

Mediterran

4 Portionen

Pro Portion: E: 39 g, F: 22 g, Kh: 29 g, kJ: 1987, kcal: 475, BE: 2,0

4	*kleine Schweinesteaks (je etwa 125 g, Minuten- oder Schmetterlingssteaks)*
1	*Knoblauchzehe*
1 1/2 EL	*Zitronensaft*
2 geh. TL	*scharfer Senf*
	Salz
	gem. Pfeffer
2 EL	*Sonnenblumenöl*
3	*Zwiebeln*
400 g	*Tomaten*
530 g	*gut abgetropfte Kichererbsen (aus der Dose)*
6 Stängel	*glatte Petersilie*
75 g	*schwarze, entsteinte Oliven, trocken eingelegt*
etwa 1 EL	*Zitronensaft*

Zubereitungszeit: 30 Minuten

1. Schweinesteaks mit Küchenpapier trocken tupfen. Knoblauch abziehen und durch eine Knoblauchpresse drücken. Zitronensaft mit Senf und Knoblauch verrühren, mit Salz und Pfeffer würzen. Steaks von beiden Seiten mit der Senfmischung bestreichen.

2. Sonnenblumenöl in einer großen Pfanne erhitzen. Die Steaks darin von jeder Seite 4–5 Minuten bei mittlerer bis starker Hitze braten.

3. In der Zwischenzeit Zwiebeln abziehen und in dünne Spalten schneiden. Tomaten abspülen, abtrocknen, halbieren und die Stängelansätze herausschneiden. Tomaten ebenfalls in Spalten schneiden.

4. Die gebratenen Steaks aus der Pfanne nehmen. Die Zwiebelspalten in dem verbliebenen Bratfett bei mittlerer Hitze in 2–3 Minuten unter gelegentlichem Rühren andünsten. Tomatenspalten und Kichererbsen hinzufügen, mit Salz und Pfeffer würzen. Das Gemüse zugedeckt bei mittlerer Hitze etwa 10 Minuten garen, dabei gelegentlich umrühren.

5. Inzwischen Petersilie abspülen und trocken tupfen. Die Blättchen von den Stängeln zupfen. Petersilie klein schneiden. Oliven und Petersilie zum Gemüse geben und unterrühren. Das Gemüse mit Salz, Pfeffer und etwas Zitronensaft abschmecken.

6. Angebratene Steaks auf das Gemüse legen und zugedeckt bei mittlerer Hitze noch 4–5 Minuten darin erwärmen. Die Steaks mit dem Gemüse anrichten.

Seelachs auf Zitronenspinat mit Möhrenreis | Raffiniert

4 Portionen

Pro Portion: E: 36 g, F: 12 g, Kh: 38 g, kJ: 1731, kcal: 413, BE: 3,0

600 g TK-Blattspinat
200 ml Gemüsebrühe
Salz, ger. Muskatnuss
4 Möhren (etwa 400 g)
2 Zitronen
600 g Seelachsfilet oder 4 Seelachsfilets (je etwa 150 g)
gem. Pfeffer
10 g zerlassene Butter
2 EL Speiseöl, z. B. Sonnenblumenöl
160 g Langkornreis
400 ml heiße Gemüsebrühe

Zubereitungszeit: 20 Minuten
Garzeit: Seelachs etwa 15 Minuten

1. Den Backofen vorheizen.
Ober-/Unterhitze: etwa 200 °C
Heißluft: etwa 180 °C

2. Spinat mit der Brühe in einem Topf unter gelegentlichem Rühren bei mittlerer Hitze erwärmen, bis der Spinat aufgetaut ist. Spinat mit Salz und Muskat würzen.

3. In der Zwischenzeit Möhren putzen, schälen, abspülen, abtropfen lassen und klein würfeln. 1 Zitrone so schälen, dass die weiße Haut mitentfernt wird. Die Zitrone in Scheiben schneiden.

4. Den Spinat in einer großen Auflaufform (gefettet) verteilen. Zitronenscheiben darauflegen. Das Fischfilet kurz unter fließendem kalten Wasser abspülen, trocken tupfen, mit Salz und Pfeffer würzen und auf den Spinat legen. Fischfilet mit zerlassener Butter bestreichen.

5. Die Form auf dem Rost in den vorgeheizten Backofen (unteres Drittel) schieben. Seelachs auf Spinat **etwa 15 Minuten garen.**

6. In der Zwischenzeit Speiseöl in einem Topf erhitzen. Möhrenwürfel und Reis hinzufügen, unter Rühren bei mittlerer Hitze kurz andünsten. Restliche Zitrone halbieren und den Saft auspressen. Die heiße Brühe mit dem Zitronensaft verrühren, zur Möhren-Reis-Mischung gießen, unter gelegentlichem Rühren zum Kochen bringen. Den Reis bei schwacher Hitze zugedeckt in etwa 15 Minuten ausquellen lassen. Seelachs mit Zitronenspinat und Möhrenreis anrichten und servieren.

Seelachsfilet mit Ofentomaten I

Würzig

4 Portionen

Pro Portion: E: 32 g, F: 14 g, Kh: 3 g, kJ: 1101, kcal: 263, BE: 0,0

400 g Cocktailtomaten
2 TL Olivenöl
Salz, gem. Pfeffer
4 Seelachsfilets (je etwa 150 g)
2 TL Olivenöl
4 Scheiben Pancetta (italienischer Bauchspeck, etwa 40 g)
2 TL Butter
3–4 Stängel Basilikum

Zubereitungszeit: 25 Minuten

1. Den Backofen vorheizen.
Ober-/Unterhitze: etwa 160 °C
Heißluft: etwa 140 °C

2. Die Tomaten abspülen, abtropfen lassen, halbieren und die Stängelansätze herausschneiden. Die Tomatenhälften auf einem Backblech (gefettet) verteilen. Die Tomatenhälften mit Olivenöl beträufeln, mit Salz und Pfeffer würzen. Das Backblech in den vorgeheizten Backofen schieben. Die Tomatenhälften **etwa 15 Minuten garen.**

3. In der Zwischenzeit Fischfilets kurz unter fließendem kalten Wasser abspülen, trocken tupfen, mit Pfeffer und nur etwas Salz (da der Speck salzig ist) würzen.

4. Olivenöl in einer Pfanne erhitzen. Die Speckscheiben darin kross ausbraten, dann aus der Pfanne nehmen und auf Küchenpapier abtropfen lassen.

5. Butter zum Speckfett in die Pfanne geben. Die Fischfiletstücke darin von jeder Seite etwa 4 Minuten braten.

6. Basilikum abspülen und trocken tupfen. Die Blättchen von den Stängeln zupfen.

7. Die Fischfilets mit den krossen Speckscheiben und den Ofentomaten auf vorgewärmten Tellern anrichten. Die Tomaten mit Basilikumblättchen bestreuen.

Beilage: Ofenfrisches Oliven-Ciabatta-Brot.

Sellerie-Apfel-Püree mit Röstzwiebelringen und Kasseler I

Würzig – fruchtig

3 Portionen

Pro Portion: E: 12 g, F: 12 g, Kh: 44 g, kJ: 1411, kcal: 337, BE: 3,5

2	*große Zwiebeln*
½ Bund	*frischer Majoran oder 1 ½ TL gerebelter Majoran*
750 g	*Knollensellerie (vorbereitet gewogen etwa 500 g)*
600 g	*mehligkochende Kartoffeln*
1–2	*säuerliche Äpfel (etwa 300 g), z. B. Boskop*
3 EL	*Sonnenblumenöl*
	Salz, gem. Pfeffer
500 ml	*heiße Gemüsebrühe*
6 Scheiben	*magerer Kasseler-Aufschnitt (80–90 g)*

Zubereitungszeit: 30 Minuten

1. Zwiebeln abziehen, zuerst in Scheiben schneiden, dann in Ringe teilen. Majoran abspülen und trocken tupfen. Sellerie putzen, schälen, abspülen und abtropfen lassen. Kartoffeln schälen, abspülen und abtropfen lassen. Sellerie und Kartoffeln in 2–3 cm große Würfel schneiden. Die Äpfel abspülen, abtrocknen, vierteln, entkernen und in schmale Spalten schneiden.

2. Sonnenblumenöl in einem Topf erhitzen. Die Apfelspalten darin unter vorsichtigem Wenden etwa 1 Minute zartbraun anbraten, herausnehmen und auf einem Teller zugedeckt warm stellen.

3. Zwiebelringe in dem Topf in dem Bratfett unter Rühren braun rösten, herausnehmen und ebenfalls auf dem Teller zugedeckt warm halten.

4. Sellerie- und Kartoffelwürfel in den Topf geben und im verbliebenen Bratfett kurz andünsten. Die Sellerie-Kartoffel-Mischung mit Salz, Pfeffer und Majoran würzen. Die heiße Brühe hinzugießen und zugedeckt zum Kochen bringen. Sellerie- und Kartoffelwürfel bei schwacher Hitze 12–14 Minuten garen. Dann die Majoranstängel herausnehmen.

5. Kartoffeln und Sellerie abgießen, dabei den Kochfond auffangen. Kartoffeln und Sellerie mit einem Kartoffelstampfer fein zerdrücken. Nach und nach so viel Kochfond hinzugießen und gründlich untermischen, dass ein cremiges Püree entsteht. Das Püree mit Salz und Pfeffer abschmecken.

6. Das Sellerie-Apfel-Püree mit Apfelspalten, Zwiebelringen und Kasselerscheiben auf Tellern anrichten.

Sellerie-Apfel-Salat mit Putenschnitzeln | Fruchtig

4 Portionen

Pro Portion: E: 23 g, F: 24 g, Kh: 26 g, kJ: 1707, kcal: 408, BE: 2,0

4 EL Apfelessig
3 EL Ahornsirup
2 EL mittelscharfer Senf
2 EL Walnussöl
3 EL Sonnenblumenöl
Salz, gem. Pfeffer
1 rotschaliger Apfel
600 g Knollensellerie
25 g gesalzene, geröstete Pekannusskerne
½ Bund Schnittlauch
100 g Romana-Salatherzen
4 dünne Putenschnitzel (je etwa 80 g)
2 EL Sonnenblumenöl
1 EL frische Thymianblättchen
2 EL Orangenmarmelade

Zubereitungszeit: 30 Minuten

1. Essig mit Ahornsirup und Senf verrühren. Walnuss- und Sonnenblumenöl unterschlagen. Die Vinaigrette mit Salz und Pfeffer würzen.

2. Apfel abspülen, abtrocknen und mit der Schale bis zum Kerngehäuse auf der Haushaltsreibe grob raspeln. Die Apfelraspel sofort mit der Vinaigrette vermischen.

3. Sellerie schälen, abspülen, abtropfen lassen und ebenfalls grob raspeln. Auch die Sellerieraspel sofort mit der Vinaigrette vermischen.

4. Pekannusskerne grob hacken. Schnittlauch abspülen, trocken tupfen und in Röllchen schneiden.

5. Salat putzen. Salatblätter vom Strunk zupfen und vorsichtig abspülen, aber nicht drücken. Den Salat in einem Sieb gut abtropfen lassen oder trocken schleudern. Salatblätter in feine Streifen schneiden.

6. Die Putenschnitzel kurz unter fließendem kalten Wasser abspülen, trocken tupfen, mit Salz und Pfeffer würzen. Sonnenblumenöl in einer Pfanne erhitzen. Die Putenschnitzel darin von jeder Seite bei starker Hitze etwa 2 Minuten braten. Dann Thymian und Orangenmarmelade hinzugeben und unterrühren. Die Pfanne von der Kochstelle nehmen.

7. Sellerie-Apfel-Salat mit Romana-Salat, Pekannusskernen und Schnittlauchröllchen vermischen und mit den Putenschnitzeln anrichten.

Beilage: Getoastete Fladenbrotscheiben.

Sellerie-Apfel-Suppe mit Wasabi I

Für Gäste – mit feiner Schärfe

4 Portionen

Pro Portion: E: 19 g, F: 25 g, Kh: 26 g, kJ: 1689, kcal: 404, BE: 2,0

500 g	*junger Knollensellerie*
350 g	*mehligkochende Kartoffeln*
180 g	*Staudensellerie*
1	*Zwiebel*
250 g	*säuerliche Äpfel (etwa 2 Stück)*
2 EL	*Butter oder Margarine*
	Salz
	gem. Pfeffer
1 l	*heiße Gemüsebrühe*
250 g	*geräuchertes Fischfilet, z. B. Forelle, Lachsforelle oder Lachs*
150 g	*Schlagsahne*
4–5 gestr. TL	*Wasabi-Pulver oder Meerrettich (aus dem Glas)*
2–3 EL	*Zitronensaft*

Zubereitungszeit: 25 Minuten

1. Für die Suppe Knollensellerie und Kartoffeln schälen, abspülen, abtropfen lassen und in etwa 1 cm große Würfel schneiden. Den Staudensellerie putzen, abspülen, abtropfen lassen, Selleriegrün beiseitelegen. Selleriestangen in feine Scheiben schneiden. Zwiebel abziehen und in kleine Würfel schneiden.

2. Äpfel heiß abspülen, abtropfen lassen, halbieren und entkernen. Stängelansätze und Blüten entfernen. Die Hälfte der Äpfel in feine Spalten schneiden. Butter oder Margarine in einem Topf zerlassen. Apfelspalten darin von beiden Seiten anbraten, herausnehmen und beiseitestellen.

3. Knollensellerie-, Kartoffelwürfel, Staudenselleriescheiben und Zwiebelwürfel im verbliebenen Bratfett unter Rühren etwa 4 Minuten andünsten. Mit Salz und Pfeffer würzen. Heiße Gemüsebrühe hinzugießen, zum Kochen bringen und etwa 12 Minuten bei schwacher Hitze kochen.

4. Restliche Apfelhälften in Stücke schneiden, in die Suppe geben und weitere etwa 3 Minuten bei schwacher Hitze kochen lassen.

5. In der Zwischenzeit Fischfilet in mundgerechte Stücke zupfen oder in Streifen schneiden und beiseitestellen.

6. Die Suppe mit einem Pürierstab pürieren. Sahne hinzugießen und kurz aufkochen. Wasabi-Pulver mit etwas Wasser glatt rühren. Die Suppe mit Salz, Pfeffer, angerührtem Wasabi-Pulver und Zitronensaft abschmecken.

7. Beiseitegelegtes Selleriegrün abspülen, trocken tupfen und klein schneiden. Die Suppe mit dem Fisch, angebratenen Apfelspalten und Selleriegrün anrichten.

Tipp: Die Suppe schmeckt auch lecker mit Kasseler-Aufschnitt oder geräuchertem Schinken.

Sesambagel mit Heidelbeerfrischkäse I

Fruchtig

4 Portionen

Pro Portion: E: 8 g, F: 21 g, Kh: 48 g, kJ: 1774, kcal: 424, BE: 4,0

200 g Doppelrahm-Frischkäse
1 EL Ahornsirup oder flüssiger Honig
150 g frische Heidelbeeren

4 Sesambagel (Fertigprodukt vom Bäcker)

50 g frische Heidelbeeren
einige Minzeblättchen

Zubereitungszeit: 10 Minuten

1. Frischkäse mit Ahornsirup oder Honig in einer Schüssel zu einer glatten Creme verrühren. Heidelbeeren verlesen, kurz abspülen und auf Küchenpapier gut abtropfen lassen.

2. Die Hälfte der Beeren mit einer Gabel leicht zerdrücken und zusammen mit den restlichen Beeren unter die Frischkäsecreme rühren. (Nicht zu lange rühren, sonst wird der Aufstrich durch den austretenden Fruchtsaft zu flüssig.) Die Frischkäsecreme in 4 Portionen teilen.

3. Die Bagels waagerecht halbieren. Auf jede Bagelunterhälfte 1 Portion der Frischkäsecreme geben und die oberen Bagelhälften darauflegen.

4. Heidelbeeren verlesen, kurz abspülen und trocken tupfen. Sesambagel mit abgespülten, trocken getupften Minzeblättchen und Heidelbeeren garnieren und sofort servieren.

Tipp: Der Frischkäse lässt sich besser verrühren, wenn er 30 Minuten vor der Verarbeitung aus dem Kühlschrank genommen wird.

Shrimps mit buntem Bratreis und Eiern I

Für Gäste

4 Portionen

Pro Portion: E: 24 g, F: 17 g, Kh: 44 g, kJ: 1792, kcal: 426, BE: 3,5

200 g	*8-Minuten-Reis*
	Salz
1 mittelgroße Stange	*Porree (Lauch)*
2 mittelgroße	*Möhren*
evtl. 2	*rote Pfefferschoten*
1 walnussgroßes Stück	*frischer Ingwer*
1	*Schalotte*
2 EL	*Sonnenblumenöl*
250 g	*TK-Shrimps*
4–5 EL	*Sojasauce*
	mildes Currypulver
1 EL	*Butter oder Margarine*
4	*Eier (Größe M)*
1 Bund	*Schnittlauch*

Zubereitungszeit: 30 Minuten

1. Reis in kochendem Salzwasser nach Packungsanleitung zubereiten.

2. In der Zwischenzeit den Porree putzen, die Stange längs halbieren, gründlich waschen, abtropfen lassen und in Streifen schneiden. Möhren putzen, schälen, abspülen, abtropfen lassen und in dünne Scheiben schneiden. Pfefferschoten längs aufschneiden und entkernen. Schoten abspülen, trocken tupfen und in sehr dünne Streifen schneiden. Ingwer schälen. Die Schalotte abziehen. Ingwer und Schalotte sehr fein würfeln.

3. Das Sonnenblumenöl in einer großen Pfanne oder einem Wok erhitzen. Ingwer- und Schalottenwürfel darin anbraten. Möhrenscheiben, Porree- und Pfefferschotenstreifen hinzugeben und unter Rühren kurz

mitbraten. Gefrorene Shrimps unterheben und mit anbraten. Mit 3 Esslöffeln Wasser und Sojasauce ablöschen. Die Zutaten gut umrühren und unter Rühren etwa 4 Minuten braten.

4. Den gegarten Reis mit einer Gabel etwas auflockern, vorsichtig untermischen und weitere etwa 3 Minuten mitbraten lassen. Mit Curry und evtl. etwas Sojasauce würzen. Den bunten Bratreis kurz warm stellen.

5. Butter oder Margarine in einer Pfanne zerlassen. Die Eier vorsichtig aufschlagen und nebeneinander in das Fett gleiten lassen. Eiweiß mit Salz bestreuen. Die Eier etwa 5 Minuten bei mittlerer Hitze braten, bis das Eiweiß fest ist.

6. In der Zwischenzeit den Schnittlauch abspülen, gut trocken tupfen und in Röllchen schneiden. Die Shrimps mit buntem Bratreis und Eiern anrichten, mit Schnittlauchröllchen bestreuen.

Slim-Frikadelle auf Petersilien-Mashed-Potatoes | Raffiniert

2 Portionen

Pro Portion: E: 44 g, F: 9 g, Kh: 45 g, kJ: 1867, kcal: 446, BE: 3,5

30 g Instant-Couscous
4 EL heißes Wasser
450 g mehligkochende Kartoffeln
Salz
250 g Rindertatar
100 g Magerquark
2 EL TK-Zwiebelwürfel
2 TL mittelscharfer Senf
gem. Pfeffer
2 TL Sonnenblumenöl
4 EL Milch (1,5 % Fett)
60 g Frischkäse (0,2 % Fett)
ger. Muskatnuss
4 EL klein geschnittene Petersilie
evtl. etwas glatte Petersilie

Zubereitungszeit: 20 Minuten

1. Couscous in eine kleine Schale geben und mit dem heißen Wasser übergießen. Couscous etwa 3 Minuten quellen, dann abkühlen lassen.

2. Kartoffeln schälen, abspülen, abtropfen lassen und in gleichmäßige etwa 2 cm große Würfel schneiden. Kartoffelwürfel knapp mit Wasser bedeckt in einem Topf zugedeckt zum Kochen bringen. Dann Salz hinzugeben. Die Kartoffelwürfel etwa 8 Minuten garen.

3. In der Zwischenzeit Rindertatar in eine Schüssel geben. Quark, Zwiebelwürfel und Senf gut unterkneten. Die Tatarmasse mit Salz und Pfeffer würzen. Couscous kurz unterarbeiten. Aus der Tatarmasse mit leicht angefeuchteten Händen 4–6 Frikadellen formen.

4. Sonnenblumenöl in einer beschichteten Pfanne erhitzen. Die Frikadellen darin unter Wenden etwa 5 Minuten goldbraun braten.

5. Die gegarten Kartoffelwürfel abgießen, gut abdämpfen lassen und grob zerstampfen, Milch und Frischkäse dabei unterarbeiten. Mashed Potatoes mit Salz, Pfeffer und Muskat abschmecken. Die Petersilie unterrühren.

6. Die Frikadellen und Mashed Potatoes auf Tellern anrichten. Nach Belieben mit abgespülter, trocken getupfter, klein geschnittener Petersilie bestreuen.

Beilage: Gegarte und leicht angebratene Blumenkohlröschen.

Spaghetti aglio olio

Beliebt

2 Portionen

Pro Portion: E: 24 g, F: 20 g, Kh: 89 g, kJ: 2663, kcal: 637, BE: 7,5

2 ½ l	*Wasser*
2 ½ gestr. TL	*Salz*
250 g	*Spaghetti*
1–2	*Knoblauchzehen*
1 kleines	
Bund	*Petersilie*
2 EL	*Olivenöl*
	Salz
	gem. Pfeffer
50 g	*ger. Parmesan*

Zubereitungszeit: 20 Minuten

1. Das Wasser in einem großen Topf zugedeckt zum Kochen bringen. Dann Salz und Spaghetti hinzugeben. Die Spaghetti im geöffneten Topf bei mittlerer Hitze nach Packungsanleitung bissfest kochen, dabei gelegentlich umrühren.

2. In der Zwischenzeit Knoblauch abziehen und in dünne Scheiben schneiden. Petersilie abspülen und trocken tupfen. Die Blättchen von den Stängeln zupfen, Blättchen klein schneiden.

3. Olivenöl in einer Pfanne erhitzen. Die Knoblauchscheiben darin glasig bis hellbraun dünsten.

4. Die gegarten Spaghetti in ein Sieb geben, mit heißem Wasser abspülen und abtropfen lassen. Spaghetti und Petersilie in das heiße Knoblauchöl geben und untermischen, mit Salz und Pfeffer würzen.

5. Spaghetti aglio olio in tiefen Tellern anrichten und mit Parmesan bestreuen.

Tipp: Schön scharf werden die Spaghetti so: Beim Andünsten der Knoblauchscheiben zum Olivenöl ½–1 getrocknete, zerbröselte, rote Pfefferschote (Peperoncino) hinzugeben (Foto).

Spaghetti mit Schinken-Creme-Sauce | Für Kinder

4 Portionen

Pro Portion: E: 32 g, F: 29 g, Kh: 103 g, kJ: 3370, kcal: 809, BE: 8,0

30 g Butter
1 EL Weizenmehl
200 ml Hühnerbrühe
250 g Crème fraîche
5 l Wasser
5 gestr. TL Salz
500 g Spaghetti
150 g TK-Erbsen
200 g Kochschinken
1 Bund Frühlingszwiebeln
Salz, gem. Pfeffer
Worcestersauce

Zubereitungszeit: 25 Minuten

1. Die Butter in einem Topf zerlassen. Das Mehl darin unter Rühren so lange erhitzen, bis es hellgelb ist. Hühnerbrühe hinzugießen, mit einem Schneebesen gut durchschlagen. Dabei darauf achten, dass keine Klümpchen entstehen. Die Sauce zum Kochen bringen, Crème fraîche unterrühren und etwa 10 Minuten bei schwacher Hitze kochen lassen, dabei gelegentlich umrühren.

2. In der Zwischenzeit das Wasser in einem großen Topf zugedeckt zum Kochen bringen. Dann Salz und Spaghetti hinzugeben. Die Spaghetti im geöffneten Topf bei mittlerer Hitze nach Packungsanleitung bissfest kochen, dabei gelegentlich umrühren.

3. Anschließend die Spaghetti in ein Sieb geben, mit heißem Wasser abspülen und abtropfen lassen.

4. Die gefrorenen Erbsen unter die Sauce rühren. Den Schinken in sehr feine Streifen schneiden (einige Streifen beiseitelegen) und ebenfalls hinzugeben. Die Sauce weitere etwa 5 Minuten kochen lassen.

5. Frühlingszwiebeln putzen, abspülen, abtropfen lassen, in feine Scheiben schneiden, in die Sauce geben und kurz mitgaren lassen. Die Sauce mit Salz, Pfeffer und Worcestersauce abschmecken.

6. Die Schinken-Creme-Sauce mit den beiseitegelegten Schinkenstreifen bestreuen und mit den Spaghetti servieren.

Tipp: Falls die Sauce zu dick wird, etwas Schlagsahne oder Hühnerbrühe unterrühren.

Spaghettipfanne „Bella Italia" I

Weckt das Fernweh

4 Portionen

Pro Portion: E: 10 g, F: 6 g, Kh: 55 g, kJ: 1337, kcal: 319, BE: 4,5

3 l	*Wasser*
3 gestr. TL	*Salz*
300 g	*Spaghetti*
2	*Knoblauchzehen*
250 g	*Cocktailtomaten*
75 g	*Rucola (Rauke)*
2 EL	*Olivenöl*
	Salz
	frisch geschroteter Pfeffer

Zubereitungszeit: 25 Minuten

1. Das Wasser in einem großen Topf zugedeckt zum Kochen bringen. Dann Salz und Spaghetti hinzugeben. Spaghetti im geöffneten Topf bei mittlerer Hitze nach Packungsanleitung bissfest kochen, dabei gelegentlich umrühren.

2. In der Zwischenzeit Knoblauch abziehen, die Zehen jeweils halbieren. Tomaten abspülen, trocken tupfen, halbieren und die Stängelansätze herausschneiden. Rucola putzen und die dicken Stiele entfernen. Rucola abspülen, trocken tupfen und in mundgerechte Stücke zupfen.

3. Die gegarten Spaghetti in ein Sieb geben, mit heißem Wasser abspülen und abtropfen lassen.

4. Olivenöl in einer großen Pfanne erhitzen. Die Knoblauchstücke hinzugeben und bei mittlerer Hitze etwa 4 Minuten dünsten. Knoblauchstücke aus der Pfanne nehmen.

5. Spaghetti in das Knoblauchöl geben, unter Rühren wieder erhitzen. Zunächst die Tomatenhälften hinzugeben und miterhitzen (die Tomaten sollen nicht gegart werden, sondern nur erwärmt, das schont die Vitamine und sorgt für festen Biss).

6. Rucola hinzugeben, unterheben. Die Spaghettipfanne mit etwas Salz und Pfeffer abschmecken, sofort servieren.

Tipp: Mögen Sie den nussigen Geschmack von Rucola nicht, ersetzen Sie ihn durch Mini-Romana-Salat. In diesem Fall schmecken Sie das Gericht mit 2 Esslöffeln Balsamico bianco und 1 Prise Zucker ab.

Spaghettisalat, chinesischer I

Vegetarisch

2 Portionen

Pro Portion: E: 17 g, F: 8 g, Kh: 83 g, kJ: 1992, kcal: 477, BE: 6,0

2 l	*Wasser*
2 gestr. TL	*Salz*
200 g	*Spaghetti*
1 Bund	*Frühlingszwiebeln (etwa 250 g)*
3–4 EL	*Sojasauce*
1–2 TL	*China-Gewürzmischung*
	Salz
	gem. Pfeffer
	Zucker
1 EL	*Sojaöl (ersatzweise Sonnenblumen- oder Olivenöl)*

Zubereitungszeit: 20 Minuten, ohne Durchziehzeit

1. Wasser in einem großen Topf zugedeckt zum Kochen bringen. Dann Salz und Spaghetti hinzugeben. Die Spaghetti im geöffneten Topf bei mittlerer Hitze nach Packungsanleitung bissfest kochen, dabei gelegentlich umrühren. Anschließend die Spaghetti in ein Sieb geben, mit kaltem Wasser abspülen und abtropfen lassen. Spaghetti nach Belieben mit einer Küchenschere mehrmals in Stücke schneiden.

2. In der Zwischenzeit Frühlingszwiebeln putzen, abspülen, abtropfen lassen und in feine Scheiben schneiden.

3. In einer kleinen Schüssel 3 Esslöffel Sojasauce mit China-Gewürz, Salz, Pfeffer und 1 Prise Zucker gut verrühren, Sojaöl unterschlagen. Die abgekühlten Nudeln mit den Frühlingszwiebelscheiben und der Sauce gut vermischen. Den Salat durchziehen lassen.

4. Salat vor dem Servieren nochmals mit der restlichen Sojasauce und den Gewürzen abschmecken.

Tipps: Wer mag, würfelt zusätzlich 150 g Hähnchenbrustfilet oder 1 Putenbrustschnitzel (beides abgespült und trocken getupft). Die Fleischwürfel in 1 Esslöffel Sojaöl anbraten, mit Salz und Pfeffer würzen und abgekühlt unter den Salat mischen. Der Salat schmeckt besonders gut, wenn er einige Stunden durchziehen kann.

Spargel, gratinierter

Vegetarisch
2 Portionen

Pro Portion: E: 15 g, F: 26 g, Kh: 17 g, kJ: 1549, kcal: 367, BE: 1,0

1 kg frischer, weißer Spargel
Salz
1 mittelgroße Tomate
50 g ger. Gratin-Käse
25 g Semmelbrösel
2 EL Pesto (aus dem Glas)
2 EL Olivenöl

Zubereitungszeit: 20 Minuten
Gratinierzeit: 10–15 Minuten

1. Den Spargel von oben nach unten schälen. Darauf achten, dass die Schalen vollständig entfernt, die Köpfe aber nicht verletzt werden. Die unteren Enden abschneiden (holzige Stellen vollständig entfernen). Spargelstangen abspülen und abtropfen lassen.

2. Wasser in einem hohen Topf zum Kochen bringen. Dann Salz und Spargelstangen hinzugeben. Die Spargelstangen wieder zum Kochen bringen und in 10–13 Minuten bissfest kochen. Die Spargelstangen herausnehmen, abtropfen lassen und in eine längliche Auflaufform legen.

3. Den Backofen vorheizen.
Ober-/Unterhitze: etwa 220 °C
Heißluft: etwa 200 °C

4. Tomate abspülen, abtrocknen, halbieren, entkernen und den Stängelansatz herausschneiden. Die Tomate in Würfel schneiden.

5. Gratin-Käse und Semmelbrösel vermischen. Die Spargelstangen mit Pesto bestreichen (nicht zu viel Pesto daraufgeben, sonst schmeckt alles nur nach Pesto). Tomatenwürfel darauf verteilen und mit der Käse-Semmelbrösel-Mischung bestreuen. Mit Olivenöl beträufeln. Die Form auf dem Rost in den vorgeheizten Backofen schieben. Den Spargel **10–15 Minuten gratinieren.**

Spätzle mit Lamm-Sugo I

Mit Alkohol, wenn Sie es möchten

4 Portionen

Pro Portion: E: 36 g, F: 11 g, Kh: 78 g, kJ: 2421, kcal: 573, BE: 6,5

400 g	*ausgelöstes Lammrückenfilet oder Lammhackfleisch*
2 EL	*Olivenöl*
2	*Zwiebeln*
2	*Knoblauchzehen*
1 EL	*Weizenmehl*
4 l	*Wasser*
200 ml	*Rotwein oder Tomatensaft*
100 ml	*heiße Gemüsebrühe*
	Salz, gem. Pfeffer
je 1 TL	*getrocknete Rosmarinnadeln und gerebelter Thymian*
4 gestr. TL	*Salz*
400 g	*Spätzle*
1	*rote Paprikaschote*

Zubereitungszeit: 25 Minuten

1. Lammrückenfilet mit Küchenpapier trocken tupfen und in sehr kleine Würfel schneiden.

2. Das Olivenöl in einer Pfanne erhitzen. Lammwürfel oder -hackfleisch darin unter Wenden bei starker Hitze anbraten. Das Lammhackfleisch mit einem Pfannenwender fein zerdrücken.

3. Zwiebeln und Knoblauch abziehen, in kleine Würfel schneiden, hinzugeben und mit andünsten. Mit Mehl bestäuben und kurz mitdünsten lassen.

4. In der Zwischenzeit für die Spätzle Wasser in einem großen Topf zugedeckt zum Kochen bringen.

5. Rotwein oder Tomatensaft und heiße Brühe zu dem Lammfleisch in die Pfanne geben und zum Kochen bringen. Mit Salz, Pfeffer und Kräutern würzen. Die Zutaten zugedeckt etwa 5 Minuten bei mittlerer Hitze garen.

6. Salz und Spätzle ins kochende Wasser geben. Die Spätzle im geöffneten Topf bei mittlerer Hitze nach Packungsanleitung garen, dabei gelegentlich umrühren.

7. Zwischenzeitlich Paprikaschote halbieren, entstielen, entkernen und die weißen Scheidewände entfernen. Schote abspülen, abtropfen lassen und in kleine Würfel schneiden. Paprikawürfel unter die Lammfleischsauce rühren und kurz mitgaren lassen.

8. Die gegarten Spätzle in ein Sieb geben, mit heißem Wasser abspülen und abtropfen lassen. Spätzle mit Lamm-Sugo auf Tellern anrichten und sofort servieren.

Speckschollen

Klassisch – für Gäste

4 Portionen

Pro Portion: E: 47 g, F: 15 g, Kh: 6 g, kJ: 1455, kcal: 349, BE: 0,5

4	*küchenfertige Schollen (je etwa 300 g)*
	Salz, gem. Pfeffer
etwa 150 g	*durchwachsener Speck*
1	*Bio-Zitrone (unbehandelt, ungewachst)*
40 g	*Weizenmehl*
3–4 EL	*Speiseöl, z. B. Sonnenblumenöl*
einige Stängel	*Dill*

Zubereitungszeit: 30 Minuten

1. Schollen kurz unter fließendem kalten Wasser abspülen, trocken tupfen, mit Salz und Pfeffer einreiben.

2. Speck in Würfel schneiden. Die Zitrone heiß abwaschen, abtrocknen und achteln. Die Schollen in Mehl wenden, überschüssiges Mehl leicht abschütteln.

3. Speiseöl in einer Pfanne erhitzen. Die Speckwürfel darin ausbraten, herausnehmen und warm stellen.

4. Die Schollen in 2 großen Pfannen in dem Speckfett etwa 8 Minuten von jeder Seite braun und gar braten, evtl. noch etwas Speiseöl hinzugeben. Die Schollen herausnehmen und auf einer vorgewärmten Platte anrichten.

5. Dill abspülen und trocken tupfen. Die warm gestellten Speckwürfel auf den Schollen verteilen. Die Schollen mit Zitronenspalten und Dillstängeln garniert servieren.

Beilage: Salzkartoffeln und Feldsalat.

Tipp: Zusätzlich 150–200 g gepulte Krabben in dem Speckfett anbraten und auf den Schollen verteilen.

Spinatnudeln I

Würzig – vegetarisch

3 Portionen

Pro Portion: E: 23 g, F: 26 g, Kh: 63 g, kJ: 2430, kcal: 581, BE: 5,0

250 g Spaghetti
2 1/2 l Wasser
2 1/2 gestr. TL Salz
40 g Pinienkerne oder gestiftelte Mandeln
1–2 rote Peperoni
2 Zwiebeln
4 EL Olivenöl
450 g TK-Blattspinat
Salz, gem. Pfeffer
40 g gehobelter Parmesan

Zubereitungszeit: 30 Minuten

1. Spaghetti zweimal durchbrechen. Wasser in einem großen Topf zugedeckt zum Kochen bringen. Salz und Spaghetti hinzugeben. Spaghetti im geöffneten Topf bei mittlerer Hitze nach Packungsanleitung bissfest kochen, dabei gelegentlich umrühren.

2. In der Zwischenzeit Pinienkerne oder Mandeln in einem Wok ohne Fett unter Rühren goldbraun rösten, herausnehmen und abkühlen lassen. Peperoni entstielen, dann der Länge nach aufschneiden, entkernen, abspülen, abtropfen lassen und in Ringe schneiden. Zwiebeln abziehen und klein würfeln.

3. Zwei Esslöffel des Olivenöls in dem Wok erhitzen. Zwiebelwürfel darin bei mittlerer Hitze andünsten. Den unaufgetauten Blattspinat hinzugeben und den Deckel auflegen. Den Spinat etwa 10 Minuten garen. Dann den Deckel abnehmen und den Spinat so lange weitergaren, bis die Flüssigkeit verdampft ist. Spinat herausnehmen.

4. Zwischenzeitlich die gegarten Spaghetti in ein Sieb geben, mit heißem Wasser abspülen und abtropfen lassen.

5. Das restliche Olivenöl in dem Wok erhitzen. Die Spaghetti darin unter Rühren anbraten. Peperoniringe hinzufügen und kurz mit anbraten. Spinat und Pinienkerne oder Mandeln unter die Nudeln mischen und erhitzen. Die Spinatnudeln mit Salz und Pfeffer abschmecken und vor dem Servieren mit gehobeltem Parmesan bestreuen.

Spinatsuppe mit gebratenem Ei

Vegetarisch – preiswert

4 Portionen

Pro Portion: E: 7 g, F: 17 g, Kh: 6 g, kJ: 890, kcal: 213, BE: 0,5

Für die Einlage:

15 g Butter
2 Eier (Größe M)

Für die Suppe:

2 Zwiebeln
1 Knoblauchzehe
25 g Butter
1 EL Weizenmehl
750 ml heiße Gemüsebrühe
300 g TK-Blattspinat
75 g Schlagsahne
Salz
gem. Pfeffer
ger. Muskatnuss

Zubereitungszeit: 25 Minuten

1. Für die Einlage Butter in einer Pfanne zerlassen. Eier vorsichtig aufschlagen, von beiden Seiten bei schwacher Hitze braten. Eier aus der Pfanne nehmen und auf einen Teller geben.

2. Für die Suppe Zwiebeln und Knoblauch abziehen, in kleine Würfel schneiden.

3. Butter in einem Topf zerlassen. Die Zwiebel- und Knoblauchwürfel darin andünsten. Dann mit Mehl bestäuben und unterrühren. Nach und nach die heiße Brühe hinzugießen und unter Rühren zum Kochen bringen. Dabei darauf achten, dass keine Klümpchen entstehen. Gefrorenen Spinat und Sahne unterrühren. Die Zutaten unter Rühren wieder zum Kochen bringen.

4. Spinatsuppe mit Salz, Pfeffer und Muskat würzen, zugedeckt etwa 5 Minuten bei schwacher Hitze kochen lassen.

5. In der Zwischenzeit die gebratenen Eier in Streifen schneiden.

6. Spinatsuppe in tiefen Tellern oder Suppentassen verteilen und mit den Eierstreifen garnieren.

Tipps: Dazu passt knuspriges Baguette. Sehr gut schmecken auch feine Räucherlachsstreifen in der Suppe.

Spirelli mit Puten-Schnitzelchen I

Würzig – fruchtig

4 Portionen

Pro Portion: E: 41 g, F: 22 g, Kh: 88 g, kJ: 3027, kcal: 724, BE: 7,5

400 g	*Putenschnitzel*
	Salz
	gem. Pfeffer
2–3 TL	*Gyros-Gewürzmischung*
3 geh. EL	*Weizenmehl*
240 g	*abgetropfte Aprikosenhälften (aus der Dose)*
3 1/2–4 l	*Wasser*
3 1/2–4	
gestr. TL	*Salz*
350–400 g	*Spirelli (Spiralnudeln)*
3 EL	*Speiseöl, z. B. Rapsöl*
3 EL	*TK-Zwiebelwürfel*
150 g	*Schlagsahne*
250 ml	*heiße Gemüsebrühe*
150 g	*TK-Erbsen*

Zubereitungszeit: 20 Minuten

1. Die Putenschnitzel kurz unter fließendem kalten Wasser abspülen, gut trocken tupfen und in 8 gleich große Stücke (je etwa 50 g) schneiden. Mit Salz, Pfeffer und Gyros-Gewürz würzen. Die Fleischstücke (Schnitzelchen) in Mehl wenden, überschüssiges Mehl abklopfen. Aprikosenhälften in Spalten schneiden.

2. Das Wasser in einem großen Topf zugedeckt zum Kochen bringen. Dann Salz und Nudeln hinzugeben. Die Nudeln im geöffneten Topf bei mittlerer Hitze nach Packungsanleitung bissfest garen, dabei gelegentlich umrühren.

3. In der Zwischenzeit Speiseöl in einer Pfanne erhitzen. Die Schnitzelchen darin von beiden Seiten etwa 4 Minuten kross anbraten. Zwiebelwürfel hinzugeben und glasig dünsten.

4. Die Schnitzelchen aus der Pfanne nehmen und kurz warm stellen. Den Bratensatz mit Sahne und Brühe ablöschen und kräftig aufkochen.

5. Die gefrorenen Erbsen in die Sauce geben, mit Salz und Pfeffer würzen. Die Sauce etwa 2 Minuten kochen lassen.

6. Aprikosenspalten in die Sauce geben, wieder zum Kochen bringen und nochmals etwa 1 Minute kochen lassen. Schnitzelchen in die Sauce legen und kurz erhitzen.

7. Die gegarten Nudeln in ein Sieb geben, mit heißem Wasser abspülen und abtropfen lassen. Die Nudeln mit der Sauce und den Schnitzelchen auf Tellern anrichten.

Tipp: Statt der fertigen Gyros-Gewürzmischung können Sie auch ein mildes Currypulver verwenden.

Spirelli-Topf mit Rauchenden I

Beliebt

4 Portionen

Pro Portion: E: 26 g, F: 37 g, Kh: 66 g, kJ: 2933, kcal: 701, BE: 5,5

2	*Zwiebeln*
20 g	*Butter*
1 EL	*Tomatenmark*
350 g	*Spirelli (Spiralnudeln)*
750 ml	*Gemüsebrühe*
250 ml	*Tomaten- oder Gemüsesaft (aus Tetrapak oder Flasche)*
4	*Rauchenden (Mettwürstchen)*
	Salz, gem. Pfeffer
1 Prise	*Zucker*

Zubereitungszeit: 20 Minuten

1. Zwiebeln abziehen und in kleine Würfel schneiden. Butter in einem Topf oder in einer hohen Pfanne zerlassen. Die Zwiebelwürfel darin andünsten. Tomatenmark unterrühren und kurz mitdünsten lassen. Nudeln hinzufügen.

2. Die Brühe und den Tomaten- oder Gemüsesaft hinzugießen, unter Rühren zum Kochen bringen und etwa 10 Minuten bei mittlerer Hitze unter gelegentlichem Rühren kochen lassen.

3. In der Zwischenzeit die Rauchenden in Scheiben schneiden und unter den Spirelli-Topf rühren. Mit Salz, Pfeffer und Zucker abschmecken. Den Spirelli-Topf noch etwa 5 Minuten ziehen lassen.

Tipp: Statt der Rauchenden können Sie auch Kochschinken oder Kasseler in Streifen im Spirelli-Topf miterwärmen.

Spitzkohl-Fleischwurst-Pfanne mit Spätzle I

Für Kinder

4 Portionen

Pro Portion: E: 25 g, F: 44 g, Kh: 40 g, kJ: 2717, kcal: 650, BE: 3,0

1 Knoblauchzehe
1 große Zwiebel (etwa 100 g)
1 kleiner Spitzkohl (etwa 700 g)
400 g Fleischwurst
3 EL Olivenöl
125 ml Fleischbrühe
100 g Schlagsahne
Salz, gem. Pfeffer
evtl. Kümmelsamen
500 g frische Spätzle (aus dem Kühlregal)

Zubereitungszeit: 30 Minuten

1. Knoblauch und Zwiebel abziehen, in kleine Würfel schneiden. Vom Spitzkohl die äußeren schlechten Blätter entfernen. Kohl vierteln und den Strunk herausschneiden. Kohlviertel kurz abspülen, abtropfen lassen und in Streifen schneiden. Die Fleischwurst enthäuten und in grobe Streifen schneiden.

2. Olivenöl in einer großen Pfanne erhitzen. Knoblauch- und Zwiebelwürfel darin andünsten. Die Kohlstreifen hinzufügen und unter gelegentlichem Rühren mitdünsten.

3. Brühe und Sahne hinzugießen, zum Kochen bringen und zugedeckt etwa 5 Minuten garen. Der Kohl sollte noch bissfest sein. Mit Salz, Pfeffer und evtl. Kümmel abschmecken.

4. Spätzle und Fleischwurstscheiben unterheben, etwa 5 Minuten miterhitzen. Die Spitzkohl-Fleischwurst-Pfanne evtl. nochmals mit den Gewürzen abschmecken.

Tipps: Wenn Sie keine Spätzle aus dem Kühlregal bekommen, können Sie auch 250 g getrocknete Spätzle verwenden, die Sie nach Packungsanleitung kochen und abgetropft hinzufügen. Sehr gut schmeckt die Spitzkohl-Pfanne auch mit in Streifen geschnittenem Leberkäse statt mit Fleischwurst.

Steaksandwich | Macht richtig satt

2 Portionen

Pro Portion: E: 49 g, F: 29 g, Kh: 74 g, kJ: 3214, kcal: 763, BE: 6,0

1 Ciabatta oder 1 kleines Baguette (etwa 300 g)
1 Rumpsteak (etwa 300 g, Zimmertemperatur) oder
1 Hüftsteak (das ist nicht so teuer und manchmal zarter als Rumpsteak)
5 EL Olivenöl
2 Stängel Rosmarin
Salz, gem. Pfeffer
Saft von
1 Zitrone
2 EL Dijon-Senf
etwas Rucola (Rauke)

Zubereitungszeit: 20 Minuten

1. Den Backofen vorheizen.
Ober-/Unterhitze: etwa 100 °C
Heißluft: etwa 80 °C

2. Ciabatta oder Baguette im vorgeheizten Backofen etwa 10 Minuten erwärmen.

3. In der Zwischenzeit Rumpsteak oder Hüftsteak mit Küchenpapier trocken tupfen und anschließend waagerecht durchschneiden. Die Fleischscheiben mithilfe eines Fleischklopfers (ist dieser nicht vorhanden, lassen sich auch Topf oder Pfanne umfunktionieren) so lange bearbeiten, bis die Scheiben etwa 1 cm dick sind. Die plattierten Fleischscheiben mit etwa 1 Esslöffel des Olivenöls einreiben.

4. Rosmarin abspülen und trocken tupfen. Die Nadeln von den Stängeln zupfen. Die Fleischscheiben mit den Rosmarinnadeln bestreuen und kräftig mit Salz und Pfeffer würzen.

5. Etwa 2 Esslöffel des restlichen Olivenöls in einer Pfanne erhitzen. Die Fleischscheiben darin von jeder Seite etwa 1 Minute braten, bis das Fleisch innen noch leicht rosa ist (die Garzeit kann je nach Geschmack verkürzt bzw. verlängert werden). Die Fleischscheiben aus der Pfanne nehmen, mit etwas Zitronensaft beträufeln und mit Alufolie zugedeckt etwa 5 Minuten ruhen lassen.

6. In der Zwischenzeit das erwärmte Ciabatta oder Baguette waagerecht aufschneiden und die untere Schnittfläche mit dem restlichen Olivenöl beträufeln und mit Senf bestreichen.

7. Rucola abspülen und trocken tupfen. Die dicken Stiele entfernen. Rucola auf der bestrichenen Brotseite verteilen. Die Steaks darauflegen und mit dem entstandenen Bratensaft beträufeln. Die oberen Hälften darauflegen und sofort servieren.

Steckrübensuppe mit Salami und Petersilie I

Löffel für Löffel genießen

4 Portionen

Pro Portion: E: 9 g, F: 29 g, Kh: 12 g, kJ: 1418, kcal: 341, BE: 1,0

- *400 g Steckrübe*
- *200 g Möhren*
- *1 Zwiebel*
- *3 Schalotten*
- *100 g Salami im Stück*
- *3 EL Butter*
- *1 l heiße Fleischbrühe*
- *1 Bund glatte Petersilie*
- *150 g Crème fraîche*
- *Salz*
- *gem. Pfeffer*

Zubereitungszeit: 30 Minuten

1. Für die Suppe die Steckrübe und Möhren putzen, schälen, abspülen, abtropfen lassen und in etwa 1 ½ cm große Würfel schneiden.

2. Zwiebel und Schalotten abziehen und in Scheiben schneiden. Salami etwa 1 cm groß würfeln.

3. Einen Esslöffel Butter in einem Topf zerlassen, die Zwiebelscheiben darin andünsten. Steckrüben- und Möhrenwürfel hinzugeben und etwa 5 Minuten unter gelegentlichem Rühren mitdünsten.

4. Die heiße Brühe hinzugießen und zum Kochen bringen. Das Gemüse zugedeckt etwa 15 Minuten bei schwacher Hitze kochen lassen.

5. In der Zwischenzeit die restliche Butter in einer Pfanne zerlassen. Salamiwürfel und Schalottenscheiben darin anbraten. Petersilie abspülen und trocken tupfen. Die Blättchen von den Stängeln zupfen. Blättchen in feine Streifen schneiden.

6. Den Topf von der Kochstelle nehmen und Crème fraîche unter die Suppe rühren. Die Suppe pürieren, mit Salz und Pfeffer abschmecken.

7. Die Steckrübensuppe in tiefen Tellern oder Suppentassen verteilen. Salamiwürfel, Schalottenscheiben und Petersilienstreifen daraufgeben und servieren.

Steirischer Kartoffelsalat I

Vegetarisch – raffiniert

4 Portionen

Pro Portion: E: 14 g, F: 21 g, Kh: 28 g, kJ: 1529, kcal: 366, BE: 2,0

Zum Vorbereiten:

750 g gegarte Pellkartoffeln

Für die Sauce:

150 ml heiße Gemüsebrühe
4 EL Kräuteressig
2 EL Speiseöl, z. B. Rapsöl
1 Prise Currypulver
Salz
gem. Pfeffer
1 Prise Zucker

Für den Salat:

200 g eingelegter, abgetropfter Kürbis (aus dem Glas)
4 hart gekochte Eier
3 EL geröstete Kürbiskerne
2 EL Kürbiskernöl

Zubereitungszeit: 25 Minuten

1. Zum Vorbereiten Pellkartoffeln pellen und in dünne Scheiben schneiden (evtl. mit einem Eierschneider).

2. Für die Sauce Brühe mit Essig in einer großen Salatschüssel verrühren. Speiseöl unterschlagen. Sauce mit Curry, Salz, Pfeffer und Zucker würzen.

3. Für den Salat Kürbisstücke und Kartoffelscheiben unter die Sauce mischen. Den Salat etwa 5 Minuten durchziehen lassen.

4. In der Zwischenzeit die Eier pellen und in Stücke schneiden. Den Kartoffelsalat nochmals mit Salz und Pfeffer abschmecken. Den Kartoffelsalat mit Eierstücken und Kürbiskernen anrichten, mit Kürbiskernöl beträufeln.

Tipp: Wer den Salat lieber etwas milder mag, verwendet nur 100 ml Brühe und mischt zusätzlich 75 g Crème fraîche unter die Sauce.

Variante: Für einen **Kartoffel-Schinken-Salat** die Pellkartoffelscheiben mit der Sauce mischen. Dann 2 geputzte, gewürfelte Paprikaschoten, 150 g gewürfelten Kochschinken und 4 Esslöffel schwarze, entsteinte, Olivenringe unterheben. Den Salat nochmals mit Salz, Pfeffer und Essig abschmecken.

Strammer Max

Beliebt – klassisch

2 Portionen

Pro Portion: E: 18 g, F: 24 g, Kh: 22 g, kJ: 1595, kcal: 382, BE: 2,0

40 g Butter
2 Scheiben Brot, z. B. Mischbrot oder Vollkornbrot
2 Eier (Größe M)
Salz
etwa 80 g gewürfelter oder dünn geschnittener, roher Schinken
2 abgetropfte Gewürzgurken

Zum Garnieren:
evtl. einige Schnittlauchröllchen und Radieschenscheiben

Zubereitungszeit: 15 Minuten

1. Die Hälfte der Butter in einer Pfanne zerlassen. Die Brotscheiben darin von beiden Seiten anrösten, aus der Pfanne nehmen und auf 2 Teller legen.

2. Die restliche Butter in der Pfanne zerlassen. Die Eier vorsichtig aufschlagen und nebeneinander in das Fett gleiten lassen. Eiweiß mit Salz bestreuen. Eier etwa 5 Minuten bei mittlerer Hitze braten, bis das Eiweiß fest ist.

3. Den Schinken auf den Brotscheiben verteilen und je 1 Spiegelei daraufsetzen.

4. Strammen Max nach Belieben mit Schnittlauchröllchen und Radieschenscheiben garnieren und mit den Gurken sofort servieren.

Tipps: Varianten zum Strammen Max gibt es viele. So können Sie den rohen Schinken durch eine dicke Scheibe Kochschinken oder angebratenen Leberkäse austauschen. Zusätzlich können Sie darauf noch 1 Käsescheibe oder Tomatenscheiben legen.

Süßkartoffel-Couscous-Salat |

Vegetarisch – etwas Besonderes

4 Portionen

Pro Portion: E: 6 g, F: 8 g, Kh: 54 g, kJ: 1329, kcal: 316, BE: 4,5

75 g Couscous
knapp 300 ml Gemüsebrühe
1 Schalotte
½ Salatgurke
750 g gegarte, mittelgroße Süßkartoffeln (Bataten, als Pellkartoffeln zubereitet)
40 g abgetropfte, grüne Oliven ohne Stein (etwa 18 Stück)
3 geh. TL abgetropfte Kapern
4–5 EL Limettensaft
2 EL Olivenöl (20 g)
Salz
gem. Pfeffer
Chilipulver oder -flocken
5 Stängel Petersilie

Zubereitungszeit: 25 Minuten

1. Couscous mit der Gemüsebrühe nach Packungsanleitung zubereiten. Den garen Couscous in eine Salatschüssel geben.

2. Die Schalotte abziehen, halbieren und in feine Würfel schneiden. Die Salatgurke abspülen, abtrocknen und das Ende abschneiden. Gurke längs halbieren, entkernen und in Streifen schneiden.

3. Süßkartoffeln pellen und in mundgerechte Stücke schneiden. Die Oliven halbieren, mit den Kapern mischen und beiseitestellen.

4. Für die Salatsauce 4 Esslöffel Limettensaft mit dem Olivenöl verschlagen, mit Salz, Pfeffer und Chilipulver (Chiliflocken) würzen.

5. Den beiseitegestellten Couscous mit 2 Gabeln etwas auflockern. Die Schalottenwürfel, Gurkenstreifen, Kartoffelstücke und die Oliven-Kapern-Mischung hinzufügen und unterheben. Die Limettensauce mit den Salatzutaten vermengen.

6. Zum Servieren die Petersilie abspülen, gut trocken tupfen und die Blättchen von den Stängeln zupfen. Die Blättchen fein hacken. Die Petersilienblätter unter den Salat mischen. Den Süßkartoffel-Couscous-Salat mit Limettensaft, Salz, Pfeffer und Chili säuerlich-scharf abschmecken und servieren.

Tipps: Die Süßkartoffeln am Vortag als Pellkartoffeln garen. Dafür die Süßkartoffeln abspülen und in Salzwasser in 15–20 Minuten zugedeckt gar kochen. Kartoffeln abgießen und kalt stellen. Sie können natürlich auch „normale" Kartoffeln für den Salat verwenden. Den Couscous können Sie durch die gleiche Menge Bulgur ersetzen.

Abwandlung: Für einen **Süßkartoffelsalat mit Roter Bete** (4 Personen) ersetzen Sie die Salatgurke durch etwa 200 g Rote Bete (vakuumverpackt, vorgegart). Die Rote Bete in Würfel schneiden und wie unter Punkt 5 beschrieben unter den Salat heben.

Warenkunde: Süßkartoffeln, auch Bataten genannt, kommen ursprünglich aus Mittel- und Südamerika, sie werden aber auch in Portugal oder Spanien angebaut. Süßkartoffeln gibt es mit orangerotem und weißem Fruchtfleisch. Sie sind trotz ihres Namens nicht verwandt mit unseren Kartoffeln, in den Anbauländern jedoch – wie die Kartoffel – ein Grundnahrungsmittel. Die Süßkartoffeln werden wie unsere Kartoffeln zubereitet und kühl-dunkel aufbewahrt.

Süßsaure Caponata

Grüße aus Italien

6 Portionen

Pro Portion: E: 10 g, F: 16 g, Kh: 30 g, kJ: 1293, kcal: 309, BE: 2,0

2 rote Zwiebeln
2 Knoblauchzehen
2 Auberginen (je etwa 200 g)
1 große Zucchini (etwa 200 g)
je 1 rote und gelbe Paprikaschote
4 EL Olivenöl
Salz, gem. Pfeffer
4 EL Weißweinessig
2 l Tomatensaft
100 g Rosinen
etwa 250 g Rispentomaten
evtl. Zucker
1 Bund Basilikum
100 g geröstete Pinienkerne

Zubereitungszeit: 30 Minuten

1. Zwiebeln und Knoblauch abziehen und jeweils in kleine Würfel schneiden. Auberginen und Zucchini abspülen, abtrocknen und die Stängelansätze bzw. Enden abschneiden. Auberginen und Zucchini in etwa 1 cm große Würfel schneiden. Die Paprikaschoten halbieren, entstielen, entkernen und die weißen Scheidewände entfernen. Schoten ebenfalls in etwa 1 cm große Würfel schneiden.

2. Olivenöl in einem Topf erhitzen. Zwiebel- und Knoblauchwürfel darin andünsten. Die vorbereiteten Gemüsewürfel portionsweise hinzugeben und mit andünsten.

3. Das Gemüse mit Salz und Pfeffer würzen, dann mit Essig ablöschen, den Tomatensaft hinzugießen. Die Rosinen unterrühren. Die Zutaten zum Kochen bringen und etwa 15 Minuten bei mittlerer Hitze kochen lassen.

4. In der Zwischenzeit die Tomaten abspülen, trocken tupfen, in den Eintopf geben und miterhitzen. Eintopf mit Salz, Pfeffer und evtl. etwas Zucker abschmecken. Basilikum abspülen und trocken tupfen. Die Blättchen von den Stängeln zupfen. Blättchen in Streifen schneiden. Caponata mit Pinienkernen und Basilikumstreifen bestreut servieren.

Beilage: Ofenfrisches Baguette.

Tipp: Für Fleischesser gebratene Salciccia (italienische Bratwurst) dazureichen.

Tagliatelle mit Rucola-Tomaten-Sauce I

Vegetarisch – tolles Sommeressen

4 Portionen

Pro Portion: E: 19 g, F: 16 g, Kh: 81 g, kJ: 2319, kcal: 555, BE: 6,5

4 l Wasser
200 g Rucola (Rauke)
120 g abgetropfte, getrocknete Tomaten in Öl
2 Zwiebeln
2 Knoblauchzehen
4 gestr. TL Salz
400 g Tagliatelle (breite Bandnudeln)
3 EL Tomatenöl (von den Tomaten)
40 g Pinienkerne
Salz
gem. Pfeffer

Zubereitungszeit: 20 Minuten

1. Das Wasser in einem großen Topf zugedeckt zum Kochen bringen. Zwischenzeitlich Rucola putzen und die dicken Stiele entfernen. Rucola abspülen und trocken tupfen. Von den Tomaten das Öl auffangen und 3 Esslöffel abmessen. Tomaten in Streifen schneiden. Zwiebeln und Knoblauch abziehen, in kleine Würfel schneiden.

2. Salz und Nudeln ins kochende Wasser geben. Die Nudeln im geöffneten Topf bei mittlerer Hitze nach Packungsanleitung bissfest garen, dabei gelegentlich umrühren.

3. In der Zwischenzeit 3 Esslöffel des aufgefangenen Tomatenöls in einer großen Pfanne erhitzen. Zwiebel- und Knoblauchwürfel darin andünsten. Pinienkerne hinzugeben und unter Rühren mitbräunen lassen. Tomatenstreifen unterrühren.

4. Rucola in Stücke zupfen und kurz mit in der Pfanne erwärmen. Mit Salz und Pfeffer würzen.

5. Die gegarten Nudeln in ein Sieb geben, mit heißem Wasser abspülen und abtropfen lassen. Die Nudeln in eine vorgewärmte Servierschale oder Schüssel geben, mit der Rucola-Tomaten-Mischung vermengen und nochmals mit Salz und Pfeffer abschmecken, sofort servieren.

Tipp: Wer es etwas pikanter mag, bestreut die fertige Pasta mit etwas zerbröseltem Gorgonzola.

Tandoori-Garnelen mit Spinat I

Für Gäste

4 Portionen

Pro Portion: E: 29 g, F: 19 g, Kh: 6 g, kJ: 1302, kcal: 311, BE: 0,5

500 g Garnelen (ohne Schale)
4 TL Tandoori-Paste (indische Gewürzpaste, aus dem Glas)
100 g rote Zwiebeln
2 Knoblauchzehen
250 g frischer Blattspinat
Salz
4 EL Sojaöl

250 g Joghurt (10 % Fett)

Zubereitungszeit: 30 Minuten

1. Garnelen kurz unter fließendem kalten Wasser abspülen, trocken tupfen und evtl. entdarmen. Garnelen mit der Tandoori-Paste vermischen.

2. Zwiebeln und Knoblauch abziehen, in kleine Würfel schneiden. Spinat verlesen und die Stiele abschneiden. Spinatblätter gründlich waschen und abtropfen lassen. Die Spinatblätter in kochendem Salzwasser etwa 30 Sekunden blanchieren. Spinatblätter mit einer Schaumkelle herausnehmen, mit kaltem Wasser abschrecken und in einem Sieb gut abtropfen lassen.

3. Sojaöl in einem Wok erhitzen. Die Garnelen darin etwa 2 Minuten unter Rühren anbraten. Zwiebel- und Knoblauchwürfel hinzufügen und kurz andünsten. Blattspinat hinzugeben und kurz unter Rühren erhitzen. Den Joghurt unterheben oder extra zu den Tandoori-Garnelen mit Spinat servieren.

Beilage: Reisnudeln.

Tandoori-Pastinaken-Gratin mit Schinken I

Ein Hauch Asien

2 Portionen

Pro Portion: E: 28 g, F: 12 g, Kh: 35 g, kJ: 1559, kcal: 371, BE: 3,0

750 g	*Pastinaken (vorbereitet gewogen etwa 550 g)*
2 TL	*Sonnenblumenöl*
2 EL	*TK-Zwiebelwürfel*
3–4 TL	*Tandoori-Paste (indische Gewürzpaste, aus dem Glas)*
300 ml	*heiße Gemüsebrühe*
	Salz, gem. Pfeffer
60 g	*magerer Kochschinken (ohne Fettrand)*
100 g	*Gratin-Käse (etwa 12 % Fett)*

Zubereitungszeit: 20 Minuten
Überbackzeit: 8–10 Minuten

1. Pastinaken putzen, schälen, abspülen, abtropfen lassen und in etwa 1/2 cm dicke Scheiben schneiden. Sonnenblumenöl in einem Topf erhitzen. Die gefrorenen Zwiebelwürfel hinzugeben und unter Rühren andünsten. Pastinakenscheiben hinzugeben und kurz mitdünsten lassen.

2. Die Tandoori-Paste und die heiße Gemüsebrühe unterrühren, zum Kochen bringen. Mit Salz und Pfeffer würzen. Pastinakenscheiben zugedeckt etwa 7 Minuten bei schwacher Hitze dünsten.

3. In der Zwischenzeit den Backofen vorheizen.
Ober-/Unterhitze: etwa 220 °C
Heißluft: etwa 200 °C

4. Den Schinken in Streifen schneiden und unter die Pastinakenscheiben mischen. Pastinaken-Schinken-Mischung mit dem Tandoori-Fond in 2 kleine Gratinformen (gefettet) füllen und mit dem Käse bestreuen. Die Formen auf dem Rost in den vorgeheizten Backofen schieben. Tandoori-Pastinaken-Gratin **8–10 Minuten überbacken.**

Beilage: Fladenbrot.

Tipps: Die indische Würzpaste ist recht scharf und intensiv im Geschmack, deshalb zunächst vorsichtig dosieren und evtl. nachwürzen. Statt der fertigen Würzpaste können Sie zum Würzen der Kochflüssigkeit auch Currypulver verwenden.

Teriyaki-Asia-Pfanne I

Exotisch

4 Portionen

Pro Portion: E: 25 g, F: 9 g, Kh: 39 g,
kJ: 1411, kcal: 336, BE: 3,0

1 rote Paprikaschote (etwa 200 g)
200 g rosé Champignons
1 Bund Frühlingszwiebeln (etwa 200 g)
150 g gut abgetropfte Soja-, Mungobohnen- oder Bambussprossen (aus dem Glas oder frisch)
150 g Mie-Nudeln (Instant-Nudeln)
2 Knoblauchzehen
2–3 EL Speiseöl, z. B. Sojaöl
250 g TK-Blattspinat
300 g gegarte Tiefsee-Garnelen (aus dem Kühlregal)
gem. Pfeffer
grob geschroteter Chili
6 EL Teriyaki-Sauce (asiatische Würzsauce, erhältlich im Asialaden)

Zubereitungszeit: 25 Minuten

1. Die Paprikaschote halbieren, entstielen, entkernen und die weißen Scheidewände entfernen. Die Schote abspülen, abtropfen lassen und in feine Streifen schneiden. Die Champignons putzen, evtl. kurz abspülen, trocken tupfen und in Scheiben schneiden. Frühlingszwiebeln putzen, abspülen, abtropfen lassen und schräg in Scheiben schneiden. Frische Sprossen in ein Sieb geben, mit kaltem Wasser abspülen und abtropfen lassen.

2. Die Nudeln in eine Schüssel geben, mit reichlich kochendem Wasser übergießen und zugedeckt nach Packungsanleitung gar ziehen lassen. Knoblauch abziehen und in Scheiben schneiden.

3. Das Speiseöl in einer großen Pfanne erhitzen. Die Knoblauchscheiben und den gefrorenen Spinat darin etwa 2 Minuten andünsten. Spinat vorsichtig an den Pfannenrand schieben.

4. Die Garnelen kurz unter fließendem kalten Wasser abspülen und gut trocken tupfen. Garnelen in dem Bratfett von beiden Seiten anbraten und ebenfalls an den Pfannenrand schieben.

5. Frühlingszwiebelscheiben, Paprikastreifen und Champignonscheiben in die Mitte der Pfanne geben und in dem verbliebenen Bratfett etwa 6 Minuten unter gelegentlichem Wenden braten, mit Pfeffer und Chili würzen.

6. Die gegarten Nudeln durchrühren und in einem Sieb abtropfen lassen. Nudeln und Sprossen mit dem Gemüse und den Garnelen in der Pfanne vermischen (den Spinat dabei am besten am Pfannenrand belassen). Anschließend die Teriyaki-Sauce darüberträufeln. Die Asia-Pfanne nochmals etwa 1 Minute bei starker Hitze unter Wenden braten.

Teufelssalat | Würzig

4–6 Portionen

Pro Portion: E: 18 g, F: 15 g, Kh: 34 g, kJ: 1453, kcal: 347, BE: 2,5

1 rote Chilischote
500 g Schweinebraten-Aufschnitt in dicken Scheiben
340 g abgetropfte Ananasstücke (aus der Dose)
285 g abgetropfter Gemüsemais (aus der Dose)
250 ml Tomatenketchup
75 ml Ananassaft (aus der Dose)
Salz
gem. Pfeffer
½ Bund Frühlingszwiebeln

Zubereitungszeit: 15 Minuten, ohne Durchziehzeit

1. Die Chilischote abspülen und trocken tupfen. Die Schote längs halbieren, entstielen, entkernen und in feine Stückchen schneiden.

2. Den Schweinebraten in etwa 1 cm große Stücke schneiden. Von den Ananasstücken den Saft auffangen und 75 ml Saft abmessen.

3. Die Schweinebratenstücke mit Ananasstücken, Mais und Chilistückchen in einer Schüssel mischen.

4. Den Ketchup mit dem abgemessenen Ananassaft verrühren, mit Salz und Pfeffer würzen. Die Sauce unter die Salatzutaten mischen.

5. Frühlingszwiebeln putzen, abspülen, abtropfen lassen und in feine Scheiben schneiden. Frühlingszwiebelscheiben unter den Salat heben. Den Salat mindestens 15 Minuten durchziehen lassen. Anschließend nochmals mit Salz und Pfeffer abschmecken.

Texanische Pizza | Etwas Besonderes

4 Portionen

Pro Portion: E: 29 g, F: 29 g, Kh: 65 g, kJ: 2683, kcal: 641, BE: 5,0

250 g abgetropfte, weiße Bohnen (aus der Dose)
500 g Tomaten
200 g passierte Tomaten (aus dem Tetrapak)
100 g Texicana Sauce (Tomaten-Chili-Sauce)
1 Pck. frischer Pizzateig (400 g, aus dem Kühlregal)
100 g ger. Emmentaler
100 g Bacon (Frühstücksspeck) in Scheiben
4 Eier (Größe M)

Zubereitungszeit: 15 Minuten
Backzeit: etwa 25 Minuten

1. Den Backofen vorheizen.
Ober-/Unterhitze: etwa 220 °C
Heißluft: etwa 200 °C

2. Die Bohnen in ein Sieb geben, mit kaltem Wasser abspülen und gut abtropfen lassen. Die Tomaten abspülen, abtrocknen, halbieren und die Stängelansätze herausschneiden. Tomaten in Scheiben schneiden. Die passierten Tomaten mit der Texicana Sauce verrühren.

3. Den Pizzateig mit dem Backpapier auf einem Backblech entrollen. Den Teig am Rand rundherum leicht hochdrücken. Den Teig mit der Saucenmischung bestreichen. Die Bohnen gleichmäßig darauf verteilen, mit den Tomatenscheiben belegen und mit dem Käse bestreuen.

4. Das Backblech in den vorgeheizten Backofen schieben. Die Pizza **etwa 15 Minuten backen.**

5. In der Zwischenzeit die Baconscheiben in einer Pfanne ohne Fett knusprig braten. Die Baconscheiben auf die vorgebackene Pizza legen. Die Eier aufschlagen und auf die Pizza setzen.

6. Das Backblech wieder in den heißen Backofen schieben. Die Pizza **bei gleicher Backofentemperatur weitere etwa 10 Minuten backen,** bis die Eier gestockt sind.

Thai-Nudeln | Exotisch – mit feiner Schärfe

4 Portionen

Pro Portion: E: 11 g, F: 24 g, Kh: 40 g, kJ: 1733, kcal: 416, BE: 3,0

2	*Knoblauchzehen*
2 EL	*Speiseöl, z. B. Sojaöl*
1–2 TL	*Thai-Currypaste (aus dem Glas, erhältlich im Asialaden)*
400 ml	*Kokosmilch*
400 g	*Brokkoli*
1 Bund	*Frühlingszwiebeln*
150 g	*rosé Champignons*
1	*rote Paprikaschote (etwa 200 g)*
125 g	*Cocktailtomaten*
	Salz
	gem. Pfeffer
150 g	*Instant-Mie-Nudeln (aus Weizenmehl)*
etwas	*Sojasauce*

Zubereitungszeit: 25 Minuten

1. Knoblauch abziehen und in Scheiben schneiden. Speiseöl in einer sehr großen Pfanne erhitzen. Die Knoblauchscheiben darin andünsten. Currypaste hinzugeben, unter Rühren kurz mitdünsten lassen. Mit Kokosmilch ablöschen, unter Rühren zum Kochen bringen und etwa 2 Minuten kochen lassen.

2. Von dem Brokkoli die Blätter entfernen. Brokkoli in Röschen teilen, die dicken Stiele schälen und klein schneiden. Die Brokkoliröschen und -stiele abspülen und trocken tupfen. Die Frühlingszwiebeln putzen, abspülen, abtropfen lassen und in Stücke schneiden. Champignons putzen, evtl. kurz abspülen und gut trocken tupfen. Große Champignons halbieren.

3. Paprikaschote halbieren, entstielen, entkernen und die weißen Scheidewände entfernen. Schote abspülen, trocken tupfen und in feine Streifen schneiden. Tomaten abspülen, trocken tupfen, halbieren und die Stängelansätze herausschneiden.

4. Brokkoliröschen, -stiele, Frühlingszwiebelstücke, Champignons und Paprikastreifen zum Kokosfond in die Pfanne geben. Mit Salz und Pfeffer würzen, zum Kochen bringen. Das Gemüse etwa 5 Minuten bei schwacher Hitze kochen lassen.

5. In der Zwischenzeit Instant-Nudeln in eine große Schüssel geben. Mit kochendem Wasser übergießen und zugedeckt nach Packungsanleitung gar ziehen lassen.

6. Die Kokos-Gemüse-Sauce nochmals mit Salz und Pfeffer abschmecken. Tomatenhälften hinzugeben und kurz aufkochen. Die gegarten Nudeln durchrühren, in einem Sieb gut abtropfen lassen, zur Kokos-Gemüse-Sauce geben und untermischen. Nochmals kurz erhitzen. Die Thai-Nudeln mit Sojasauce abschmecken und nach Belieben in der Pfanne servieren. Oder die Thai-Nudeln in Portionsschalen anrichten.

Tipp: Zum Würzen benötigen Sie nicht unbedingt die Thai-Currypaste. Schmecken Sie den Kokosfond stattdessen kräftig mit Sojasauce, Pfeffer und evtl. etwas Chili ab.

Thymian- oder Rosmarin-baguettes I

Beliebt
8 Stück

Pro Stück: E: 3 g, F: 16 g, Kh: 17 g, kJ: 948, kcal: 227, BE: 1,5

4 Baguettebrötchen
150 g Butter
grobes Meersalz
1 Bund Thymian oder Rosmarin

Zubereitungszeit: 10 Minuten
Backzeit: etwa 5 Minuten

1. Die Baguettebrötchen waagerecht halbieren und auf dem Aufbackrost des Toasters jeweils 2–3 Minuten aufbacken.

2. In der Zwischenzeit den Backofen vorheizen.
Ober-/Unterhitze: etwa 200 °C
Heißluft: etwa 180 °C

3. Butter mit etwas Salz geschmeidig rühren. Thymian oder Rosmarin abspülen, trocken tupfen und die Blättchen bzw. die Nadeln von den Stängeln zupfen. Die Thymianblättchen bzw. Rosmarinnadeln fein hacken. Die Kräuter unter die Butter rühren.

4. Die aufgebackenen Baguettehälften mit der Kräuterbutter bestreichen. Baguettehälften auf ein Backblech (mit Backpapier belegt) legen.

5. Das Backblech in den vorgeheizten Backofen schieben. Die Baguettes **etwa 5 Minuten backen.**

6. Die Baguettes sofort servieren.

Tipps: Sie können die Baguettes auch unzerteilt schräg einschneiden und Butter in die Einschnitte streichen. Die Baguettes müssen dann zuvor nicht auf dem Toaster aufgebacken werden, sondern nur einmal im Backofen bei der angegebenen Temperatur etwa 6 Minuten gebacken werden. Sie können die frischen Kräuter durch 3 Teelöffel gerebelten Thymian oder Rosmarin ersetzen.

Thailändischer Rindfleischsalat

Exotisch

4 Portionen

Pro Portion: E: 29 g, F: 21 g, Kh: 25 g, kJ: 1695, kcal: 405, BE: 1,5

- 1 *rote Peperoni (etwa 15 g)*
- 2 *Knoblauchzehen*
- 30 g *frischer Ingwer*
- 6 EL *Limettensaft*
- 4 EL *Sojasauce*
- 4 EL *brauner Zucker*
- 2 EL *Sesamöl (geröstet)*
- 2 EL *Speiseöl, z. B. Sonnenblumenöl*
- evtl. *Salz*
- 4 *Frühlingszwiebeln*
- 1 *rote Zwiebel*
- 250 g *Salatgurke*
- 400 g *Cocktailtomaten*
- 4 Stängel *Koriander*
- 5 Stängel *Thai-Basilikum*
- 4 Stängel *Minze*
- 50 g *gesalzene, geröstete Erdnusskerne*
- 300 g *Roastbeef-Aufschnitt*

Zubereitungszeit: 30 Minuten

1. Peperoni halbieren, entstielen, entkernen, abspülen und abtropfen lassen. Die Peperoni in dünne Streifen schneiden. Den Knoblauch abziehen. Ingwer schälen. Knoblauch und Ingwer klein würfeln.

2. Den Limettensaft mit Sojasauce und Zucker verrühren. Sesam- und Sonnenblumenöl unterschlagen. Peperonistreifen, Knoblauch- und Ingwerwürfel unterrühren. Die Salatsauce evtl. noch mit etwas Salz abschmecken.

3. Die Frühlingszwiebeln putzen, abspülen, abtropfen lassen und in feine Scheiben schneiden. Zwiebel abziehen und in feine Spalten schneiden. Gurke schälen und die Enden abschneiden. Gurke in dünne Scheiben schneiden. Tomaten abspülen, abtropfen lassen und vierteln, dabei die Stängelansätze herausschneiden.

4. Kräuterstängel abspülen und trocken tupfen. Die Blättchen von den Stängeln zupfen. Die Blättchen grob zerschneiden. Die Erdnusskerne fein hacken.

5. Den Roastbeef-Aufschnitt mit den Zwiebelspalten, Frühlingszwiebel-, Gurkenscheiben, Tomatenvierteln, Kräutern und der Salatsauce mischen.

6. Den Salat dekorativ auf Tellern anrichten und mit den Erdnusskernen bestreut servieren.

Tilapiafilet „Bordelaise" I

Beliebt

2 Portionen

Pro Portion: E: 37 g, F: 51 g, Kh: 40 g, kJ: 3204, kcal: 766, BE: 3,0

2 Tilapiafilets (je etwa 180 g)
Salz
gem. Pfeffer
6 EL Semmelbrösel
3–4 EL Olivenöl
1 Bund Schnittlauch
2–3 Stängel Dill
1 EL körniger Senf
1 EL Butter

2 kleine Salatgurken (etwa 300 g)
125 g Schmand (Sauerrahm)
Zucker

Zubereitungszeit: 30 Minuten
Garzeit: 8–10 Minuten

1. Den Backofen vorheizen.
Ober-/Unterhitze: etwa 200 °C
Heißluft: etwa 180 °C

2. Fischfilets kurz unter fließendem kalten Wasser abspülen, trocken tupfen, mit Salz und Pfeffer würzen. Die Fischfilets in eine Auflaufform (gefettet) legen.

3. Semmelbrösel mit dem Olivenöl zu einer feucht-bröseligen Masse verrühren. Kräuter abspülen und trocken tupfen. Schnittlauch in feine Röllchen schneiden. Einige Dillspitzen zum Garnieren beiseitelegen. Restliche Dillspitzen von den Stängeln zupfen. Spitzen klein schneiden.

4. Die Kräuter mit dem Senf unter die Bröselmischung rühren. Mit Salz und Pfeffer würzen. Kräuter-Brösel-Masse auf den Fischfilets verteilen. Butter in Flöckchen daraufsetzen. Die Form auf dem Rost in den vorgeheizten Backofen schieben und die Fischfilets **8–10 Minuten garen.**

5. In der Zwischenzeit die Gurken abspülen, abtrocknen und die Enden abschneiden. Die Gurken mit der Schale in dünne Scheiben schneiden oder hobeln. Schmand glatt rühren, mit Salz, Pfeffer und 1 Prise Zucker würzen. Die Gurkenscheiben vorsichtig mit dem Schmand verrühren, nochmals abschmecken.

6. Die Fischfilets auf einer Platte anrichten und mit den beiseitegelegten Dillspitzen garnieren. Die Schmandgurken in einer Schale dazureichen.

Tintenfischringe, gebackene I

Mit Alkohol

4 Portionen

Pro Portion: E: 44 g, F: 26 g, Kh: 36 g, kJ: 2394, kcal: 572, BE: 3,0

800 g küchenfertige, blanchierte Tintenfischringe
Saft von
1 Zitrone
Salz
gem. Pfeffer

Für den Bierteig:

200 g Weizenmehl
250 ml helles Bier
2 Eier (Größe M)
1 Prise Salz

Zum Frittieren:

etwa 1 1/2 l Speiseöl

Zubereitungszeit: 20 Minuten

1. Tintenfischringe unter fließendem kalten Wasser abspülen und trocken tupfen. Tintenfischringe mit Zitronensaft beträufeln, mit Salz und Pfeffer würzen.

2. Für den Teig Mehl in eine Rührschüssel geben und mit dem Bier zu einem glatten Teig verrühren. Die Eier trennen, Eigelb gut unterrühren. Den Teig mit etwas Salz würzen. Eiweiß steif schlagen und unterheben.

3. Öl in einem hohen Topf oder in einer Fritteuse auf etwa 180 °C erhitzen.

4. Die Tintenfischringe durch den Teig ziehen, am Schüsselrand abstreifen und portionsweise schwimmend in dem siedenden Olivenöl goldgelb ausbacken. Die Tintenfischringe mit einem Schaumlöffel herausnehmen, auf Küchenpapier abtropfen lassen und servieren.

Tipps: Nach Belieben mit Zitronenspalten und Petersilienblättchen garnieren. Für dieses Rezept schmeckt als Frittieröl Olivenöl besonders gut. Erhitzen Sie es aber nicht zu hoch. Es ist nur bis 180 °C hitzestabil.

Toast-Burger mit Salat

Köstlicher Sommergenuss

4 Portionen

Pro Portion: E: 33 g, F: 30 g, Kh: 33 g, kJ: 2252, kcal: 537, BE: 2,5

Für den Salat:

350 g Tomaten
250 g Salatgurke
1 Zwiebel
2 gelbe Paprikaschoten (etwa 400 g)
etwa 150 g Eisbergsalat
2 EL Weißweinessig
4–5 EL Olivenöl
Salz
gem. Pfeffer
Zucker
20 abgetropfte, schwarze Oliven mit Stein, z. B. Kalamata

4 Toastbrötchen (Toasties, je etwa 50 g)
4 Minzeblätter
250 g Speisequark (40 % Fett)
½ gebratenes, abgekühltes Hähnchen (vom Grill oder Imbiss, etwa 400 g)

Zubereitungszeit: 30 Minuten

1. Tomaten abspülen, abtrocknen, halbieren und die Stängelansätze herausschneiden. Die Tomaten in Scheiben schneiden. Die Gurke abspülen, abtrocknen und die Enden abschneiden. Gurke mit der Schale in dünne Scheiben schneiden. Etwa 20 Gurkenscheiben beiseitelegen.

2. Die Zwiebel abziehen, zuerst in dünne Scheiben schneiden, dann in Ringe teilen. Paprikaschoten halbieren, entstielen, entkernen und die weißen Scheidewände entfernen. Schoten abspülen, abtropfen lassen und in kleine Stücke schneiden.

3. Eisbergsalat putzen, abspülen und gut abtropfen lassen. 8 Salatblätter lösen und je 2 Blätter servierschalenartig ineinanderlegen. Restlichen Eisbergsalat in feine Streifen schneiden.

4. Essig mit Olivenöl verschlagen, mit Salz, Pfeffer und 1 Prise Zucker würzen. Salatsauce mit Tomaten-, Gurkenscheiben, Zwiebelringen, Eisbergsalatstreifen und Oliven vermischen. Den Salat in den Eisbergschälchen anrichten.

5. Toastbrötchen toasten. In der Zwischenzeit Minzeblätter abspülen, trocken topfen und klein schneiden. Quark mit Salz und Pfeffer würzen, Minze unterrühren.

6. Die Haut von dem Hähnchen entfernen. Hähnchenfleisch vom Knochen lösen und in Streifen schneiden.

7. Die Toastbrötchen waagerecht durchschneiden. Die unteren Brötchenhälften mit Minzequark bestreichen.

8. Die Hähnchenstreifen und beiseitegelegten Gurkenscheiben darauf verteilen. Obere Toastbrötchenhälften darauflegen und mit dem Salat servieren.

Tipps: Statt des gebratenen halben Hähnchens können Sie auch 400 g frisches Hähnchenbrustfilet unter fließendem kalten Wasser abspülen, mit Küchenpapier trocken tupfen und in Streifen schneiden. Mit Salz und Pfeffer würzen. Die Hähnchenbrustfiletstreifen in einer Pfanne in erhitztem Speiseöl von allen Seiten in 8–10 Minuten bei mittlerer Hitze goldbraun braten. Für den Salat können Sie auch rote oder grüne Paprikaschoten verwenden und den Eisbergsalat durch Chinakohl ersetzen.

Tomatenreis mit Auberginen

Vegetarisch

4 Portionen

Pro Portion: E: 6 g, F: 6 g, Kh: 35 g, kJ: 953, kcal: 226, BE: 3,0

150 g 8-Minuten-Reis
Salz
1 Aubergine (etwa 350 g)
1 Knoblauchzehe
2 EL Olivenöl
2 EL Tomatenmark
1 Zwiebel
1 Stange Porree (Lauch, etwa 200 g)
400 g stückige Tomaten (aus der Dose)
gem. Pfeffer
1 TL gerebelter Thymian
½ Bund Petersilie

Zubereitungszeit: 25 Minuten

1. Reis in kochendem Salzwasser nach Packungsanleitung quellen lassen.

2. In der Zwischenzeit Aubergine abspülen, abtrocknen und den Stängelansatz entfernen. Aubergine in kleine Würfel schneiden, mit 1 Teelöffel Salz bestreuen und einige Minuten ziehen lassen.

3. Zwischenzeitlich Knoblauch abziehen, in kleine Würfel schneiden und mit etwas Salz bestreuen. Das Olivenöl in einem Topf erhitzen. Knoblauchwürfel und Tomatenmark darin andünsten. Auberginenwürfel hinzugeben und mitdünsten lassen.

4. Zwiebel abziehen und in kleine Würfel schneiden. Den Porree putzen, die Stange längs halbieren, gründlich waschen, abtropfen lassen und in feine Streifen schneiden. Zwiebelwürfel und Porreestreifen zu den Auberginenwürfeln geben und mit andünsten.

5. Stückige Tomaten zu dem Gemüse in den Topf geben und kurz mitdünsten.

6. Den gegarten Reis unterheben. Mit Salz, Pfeffer und Thymian kräftig würzen. Tomatenreis zugedeckt bei schwacher Hitze 4–5 Minuten ziehen lassen.

7. Den Tomatenreis mit den Gewürzen abschmecken, mit abgespülter, trocken getupfter, klein geschnittener Petersilie bestreut servieren.

Tipp: Der Tomatenreis schmeckt sowohl heiß als auch kalt sehr gut.

Tomatensuppe I

Vegetarisch – fettarm

4 Portionen

Pro Portion: E: 4 g, F: 10 g, Kh: 12 g, kJ: 694, kcal: 166, BE: 1,0

2	***Zwiebeln***
2	***Knoblauchzehen***
2 EL	***Olivenöl***
800 g	***Tomaten (aus der Dose)***
500 ml	***heiße Gemüsebrühe***
1	***Lorbeerblatt***
1 Prise	***Zucker***
	Salz, gem. Pfeffer
	Cayennepfeffer
	gerebelter Oregano
einige	***Basilikumblättchen***

Zubereitungszeit: 30 Minuten

1. Zwiebeln und Knoblauch abziehen, klein würfeln.

2. Das Olivenöl in einem Topf erhitzen. Zwiebel- und Knoblauchwürfel darin andünsten.

3. Tomaten, Gemüsebrühe und Lorbeerblatt hinzugeben, mit Zucker, Salz, Pfeffer, Cayennepfeffer und Oregano würzen.

4. Die Tomatensuppe zum Kochen bringen und zugedeckt etwa 15 Minuten bei schwacher Hitze kochen lassen.

5. Das Lorbeerblatt entfernen. Die Suppe mit einem Stabmixer pürieren. Tomatensuppe nochmals aufkochen lassen und mit den Gewürzen abschmecken.

6. Die Basilikumblättchen abspülen und trocken tupfen.

7. Die Tomatensuppe in tiefen Tellern oder Suppentassen verteilen und mit den Basilikumblättchen bestreut servieren. Nach Belieben etwas frisch gemahlenen Pfeffer auf die Suppe geben.

Tipps: Dazu schmeckt Ciabatta. Geben Sie einige kleine Mozzarella-Kugeln oder Olivenscheiben in die Suppe. Wer Fleisch mag, bestreut die Suppe mit feinen Streifen von Parmaschinken und geriebenem Parmesan.

Tortellini mit Walnusskernen

Vegetarisch

4 Portionen

Pro Portion: E: 21 g, F: 57 g, Kh: 46 g, kJ: 3284, kcal: 784, BE: 4,0

5 l	*Wasser*
200 g	*Walnusskerne*
2–3	*Knoblauchzehen*
3 Stängel	*Majoran*
5 gestr. TL	*Salz*
500 g	*grüne Tortellini, z. B. mit Spinatfüllung*
2 EL	*Olivenöl*
150 g	*Schlagsahne*
100 ml	*Gemüsebrühe*
30 g	*ger. Parmesan*
	Salz, gem. Pfeffer

Zubereitungszeit: 30 Minuten

1. Das Wasser in einem großen Topf zugedeckt zum Kochen bringen. Zwischenzeitlich 150 g der Walnusskerne in einem Mixer oder mit einem Pürierstab grob pürieren. Knoblauch abziehen und in kleine Würfel schneiden. Majoran abspülen und trocken tupfen. Die Blättchen von den Stängeln zupfen.

2. Salz und Tortellini ins kochende Wasser geben. Die Tortellini im geöffneten Topf bei mittlerer Hitze nach Packungsanleitung bissfest kochen, dabei gelegentlich umrühren.

3. In der Zwischenzeit das Olivenöl in einer großen Pfanne erhitzen. Knoblauchwürfel und ein Drittel der Majoranblättchen darin andünsten. Gehackte und ganze Walnusskerne hinzufügen, kurz miterhitzen. Sahne und Brühe hinzugießen, unterrühren und erhitzen. Parmesan ebenfalls unterrühren. Die Sauce mit Salz und Pfeffer würzen.

4. Die gegarten Tortellini in ein Sieb geben, mit heißem Wasser abspülen und tropfnass in eine vorgewärmte Schüssel geben. Die Walnusssauce daraufgeben und vorsichtig unter die Tortellini mischen. Tortellini mit Walnusskernen auf Tellern anrichten und mit den restlichen Majoranblättchen bestreuen. Sofort servieren.

Tipp: Sie können statt der Schlagsahne die gleiche Menge Crème fraîche oder Frischkäse verwenden.

Tortellini-Auflauf mit Pesto I

Würzig

4 Portionen

Pro Portion: E: 23 g, F: 33 g, Kh: 48 g, kJ: 2438, kcal: 585, BE: 4,0

etwa 5 l	*Wasser*
2	*Tomaten (etwa 100 g)*
3 Scheiben	*Frühstücksspeck (Bacon, etwa 30 g)*
1 EL	*Olivenöl*
5 gestr. TL	*Salz*
500 g	*frische Tortellini (aus dem Kühlregal, je nach Belieben mit Käse-, Spinat- oder Fleischfüllung)*
200 g	*TK-Erbsen*
100 ml	*Milch (3,5 % Fett)*
200 g	*Sahne zum Kochen (15 % Fett)*
4 EL	*rotes Pesto (aus dem Glas)*
	Salz, gem. Pfeffer
50 g	*ger. Parmesan*

Zubereitungszeit: 20 Minuten
Garzeit: etwa 20 Minuten

1. Das Wasser in einem großen Topf zugedeckt zum Kochen bringen. In der Zwischenzeit Tomaten abspülen, abtrocknen, halbieren und die Stängelansätze herausschneiden. Tomaten entkernen und in Würfel schneiden.

2. Frühstücksspeck in grobe Stücke schneiden. Eine Pfanne ohne Fett erwärmen und die Speckstücke darin knusprig braten. Dann die Speckstücke herausnehmen. Olivenöl in der Pfanne erhitzen. Tomatenwürfel hinzugeben und kurz andünsten.

3. Den Backofen vorheizen.
Ober-/Unterhitze: etwa 200 °C
Heißluft: etwa 180 °C

4. Salz und Tortellini in das kochende Wasser geben. Tortellini nach Packungsanleitung garen. Die TK-Erbsen in der letzten Minute zu den Tortellini in den Topf geben und miterhitzen. Anschließend die Tortellini und Erbsen in ein Sieb geben und abtropfen lassen.

5. Die Tortellini und Erbsen mit den angedünsteten Tomatenwürfeln und etwa der Hälfte der Speckstücke in eine große, flache Auflaufform (gefettet) geben.

6. Milch mit Sahne und 2 Esslöffeln Pesto verrühren, mit Salz und Pfeffer würzen. Die Pestosahne auf die Tortellini-Mischung gießen. Restliches Pesto, Parmesan und restliche Speckstücke darauf verteilen. Die Form auf dem Rost in den vorgeheizten Backofen (unteres Drittel) schieben. Den Auflauf **etwa 20 Minuten garen.**

Trauben-Apfel-Salat mit Kapern

Fruchtig

3 Portionen

Pro Portion: E: 7 g, F: 15 g, Kh: 68 g, kJ: 1860, kcal: 446, BE: 5,5

3 EL Sonnenblumenkerne
900 g kernlose, helle Weintrauben
3 EL abgetropfte Kapern
3 große, süßliche Äpfel, z. B. Red Delicious oder Royal Gala
1 1/2 EL Apfelessig
Salz
gem. Pfeffer
Zucker
3 EL Sonnenblumenöl

Zubereitungszeit: 15 Minuten, ohne Durchziehzeit

1. Die Sonnenblumenkerne in einer Pfanne ohne Fett unter Rühren goldbraun rösten, auf einen Teller geben und abkühlen lassen.

2. In der Zwischenzeit Weintrauben abspülen, abtropfen lassen und evtl. mit Küchenpapier trocken tupfen. Die Weintrauben entstielen, je nach Größe längs halbieren oder vierteln und mit den Kapern in einer Schüssel mischen.

3. Äpfel heiß abwaschen, abtrocknen, vierteln und das Kerngehäuse herausschneiden. Apfelviertel mit der Schale zuerst in Spalten, dann quer in Stücke schneiden. Die Apfelstücke, Sonnenblumenkerne, Weintrauben und Kapern in eine Schüssel geben und vorsichtig vermischen.

4. Apfelessig mit Salz, Pfeffer und Zucker verrühren, Sonnenblumenöl unterschlagen. Die Marinade über den Salat gießen. Den Salat gut durchziehen lassen.

5. Den Salat vor dem Servieren nochmals mit den Gewürzen abschmecken.

Tipp: Sonnenblumenöl ist relativ neutral im Geschmack. Wer möchte, nimmt für ein intensiv herb-süßes Aroma ein Traubenkernöl oder für eine nussige Note ein Kürbiskern- oder Walnussöl.

Überbackener Kürbis mit Zartweizen I

Gut vorzubereiten – pikant

2 Portionen

Pro Portion: E: 24 g, F: 14 g, Kh: 60 g, kJ: 1937, kcal: 463, BE: 5,0

125 g Zartweizen (vorgegarter Weizen)
1 l Gemüsebrühe
1 Zwiebel
400 g vorbereitetes Kürbis-Fruchtfleisch, z. B. Hokkaido
1 EL Sonnenblumenöl
50–75 ml Gemüsebrühe (von dem Zartweizen)

2 EL Schnittlauchröllchen
etwa ½ TL abgeriebene Bio-Zitronenschale (unbehandelt, ungewachst)
200 g körniger Frischkäse
Salz
gem. Pfeffer
ger. Muskatnuss

1–2 TL zerstoßene rosa Pfefferbeeren

Zubereitungszeit: 20 Minuten
Überbackzeit: etwa 20 Minuten

1. Den Zartweizen nach Packungsanleitung mit der Gemüsebrühe zubereiten. Dann den Zartweizen in ein Sieb geben, dabei die Gemüsebrühe auffangen und 50–75 ml abmessen, beiseitestellen.

2. In der Zwischenzeit Zwiebel abziehen und klein würfeln. Kürbis-Fruchtfleisch in etwa 1 ½ cm große Würfel schneiden.

3. Den Backofen vorheizen.
Ober-/Unterhitze: etwa 200 °C
Heißluft: etwa 180 °C

4. Sonnenblumenöl in einem Topf erhitzen. Die Zwiebelwürfel darin andünsten. Kürbiswürfel hinzufügen und etwa 2 Minuten unter gelegentlichem Rühren mitdünsten. Gemüsebrühe hinzugießen. Die Kürbiswürfel zugedeckt in etwa 8 Minuten bissfest dünsten, dabei sollte die Gemüsebrühe fast verdampft sein.

5. In der Zwischenzeit die Schnittlauchröllchen mit Zitronenschale und Frischkäse mischen, mit Salz und Pfeffer würzen. Das Kürbisgemüse mit Salz und Muskat abschmecken. Den Zartweizen untermischen. Die Kürbis-Weizen-Mischung in einer Auflaufform (gefettet) verteilen.

6. Die Frischkäsemasse löffelweise daraufgeben und vorsichtig verstreichen. Rosa Pfefferbeeren daraufstreuen. Die Form auf dem Rost in den vorgeheizten Backofen (unteres Drittel) schieben. Das Kürbisgemüse **etwa 20 Minuten überbacken** und dann heiß servieren.

Tipp: Dieses Rezept lässt sich für 4 Portionen einfach verdoppeln. Die Garzeit bleibt gleich.

Waffeln, einfache |

Klassisch

7–8 Waffeln

Pro Waffel: E: 6 g, F: 22 g, Kh: 49 g, kJ: 1771, kcal: 423, BE: 4,0

Für den Rührteig:

175 g Butter oder Margarine (zimmerwarm)
175 g Zucker
Salz
4 Eier (Größe M)
200 g Weizenmehl
1 Pck. Dr. Oetker Pudding-Pulver Vanille-Geschmack
1 gestr. TL Dr. Oetker Backin
100 ml Milch (3,5 % Fett) oder Wasser

Zum Bestäuben:

etwas Puderzucker

Zubereitungszeit: 30 Minuten

1. Das Waffeleisen erhitzen, evtl. leicht fetten, dabei die Herstelleranleitung beachten.

2. Für den Teig die Butter oder Margarine mit einem Mixer (Rührstäbe) auf höchster Stufe geschmeidig rühren. Nach und nach Zucker und 1 Prise Salz unterrühren. So lange rühren, bis eine gebundene Masse entstanden ist.

3. Die Eier nach und nach unterrühren (jedes Ei etwa ½ Minute). Mehl mit Pudding-Pulver und Backpulver mischen, abwechselnd mit Milch oder Wasser in 2 Portionen kurz auf mittlerer Stufe unterrühren.

4. Je Waffel 2–3 Esslöffel Teig in das erhitzte Waffeleisen geben und leicht verstreichen. Die Waffeln goldbraun backen, herausnehmen und nebeneinander auf einen Kuchenrost legen.

5. Die Waffeln mit Puderzucker bestäuben und noch warm servieren.

Tipps: Die Waffeln schmecken auch gut als süßer Pausensnack: Erkaltete Waffeln teilen, dünn mit Konfitüre oder Nuss-Nougat-Creme bestreichen. Zwei Waffelteile aufeinanderlegen und gut verpackt mitnehmen. Zusätzlich Obstsalat in einen dicht schließenden Behälter geben und zusammen mit den Waffeln mitnehmen.

Waldpilzsalat I

Raffiniert

4 Portionen

Pro Portion: E: 16 g, F: 15 g, Kh: 3 g, kJ: 879, kcal: 210, BE: 0,0

1 kg Waldpilze, z. B. Maronen, Steinpilze, Pfifferlinge, Birkenpilze, Rotkappen
5 EL Olivenöl
2 Zwiebeln
1 Knoblauchzehe
10 Stängel Thymian
Saft von
1 Zitrone
Salz
gem. Pfeffer
150 g Kochschinken in Scheiben
1 Bund glatte Petersilie

Zubereitungszeit: 30 Minuten

1. Pilze putzen, evtl. kurz abspülen und gut trocken tupfen. Große Pilze in kleine Stücke schneiden.

2. Das Olivenöl in einer großen Pfanne erhitzen. Die Pilze darin evtl. in 2 Portionen unter Rühren anbraten. Zwiebeln und Knoblauch abziehen, in kleine Würfel schneiden und ebenfalls mit anbraten. Die Pilze etwa 10 Minuten garen, aus der Pfanne nehmen und abkühlen lassen.

3. Thymian abspülen und trocken tupfen. Die Blättchen von den Stängeln zupfen, die Blättchen klein schneiden. Die Pilze mit Zitronensaft, Salz, Pfeffer und Thymianblättchen würzen. Schinken in Streifen schneiden.

4. Petersilie abspülen und trocken tupfen. Die Blättchen von den Stängeln zupfen, die Blättchen klein schneiden. Schinkenstreifen und Petersilie unter den Pilzsalat heben.

Beilage: Ofenfrisches Baguette.

Wasabi-Seelachs mit Gurken-Sprossen-Salat I

Ein Hauch Asien

3 Portionen

Pro Portion: E: 30 g, F: 12 g, Kh: 25 g, kJ: 1393, kcal: 333, BE: 1,5

Für den Gurken-Sprossen-Salat:

3 EL Zitronen- oder Limettensaft
etwa 3 TL Sojasauce
Zucker
Salz
gem. Pfeffer
1–2 Salatgurken (etwa 600 g)
1–2 säuerliche Äpfel (etwa 300 g)
150 g Mungobohnen-Keimlinge (frisch oder abgetropft aus dem Glas)

Für den Wasabi-Seelachs:

60 g Wasabi-Erdnusskerne (aus Dose oder Beutel)
375 g mageres Fischfilet, z. B. Seelachs oder Kabeljau (frisch oder TK)
3 TL Sonnenblumenöl

evtl. einige Stängel frischer Koriander

Zubereitungszeit: 30 Minuten

1. Für den Salat den Zitronen- oder Limettensaft mit Sojasauce, Zucker, Salz und Pfeffer in einer Schüssel verrühren.

2. Die Salatgurken schälen, abspülen, trocken tupfen und die Enden abschneiden. Die Salatgurken fein hobeln. Äpfel schälen, halbieren, entkernen, in Spalten schneiden und ebenfalls fein hobeln. Die Gurken- und Apfelraspel unter das Dressing rühren und den Salat etwas durchziehen lassen.

3. In der Zwischenzeit frische Mungobohnen-Keimlinge verlesen, in ein Sieb geben, mit kaltem Wasser abspülen und gut abtropfen lassen.

4. Für den Seelachs Wasabi-Erdnusskerne sehr fein hacken. Fischfilet (TK-Fischfilet vorher auftauen) kurz unter fließendem kalten Wasser abspülen, trocken tupfen und in 3 gleich große Stücke teilen, mit Salz würzen. Fischfiletstücke in den gehackten Nusskernen wenden und diese gut andrücken.

5. Sonnenblumenöl in einer beschichteten Pfanne erhitzen. Fischfiletstücke darin unter vorsichtigem Wenden bei schwacher Hitze etwa 6 Minuten goldbraun braten (Achtung: Die Panade wird schnell dunkel, das Fett nicht zu stark erhitzen!).

6. Die Fischfiletstücke aus der Pfanne nehmen, auf einen vorgewärmten Teller geben und zugedeckt kurz warm halten.

7. Die Mungobohnen-Keimlinge im verbliebenen Bratfett unter Rühren kurz knackig anbraten.

8. Koriander abspülen und trocken tupfen. Die Blättchen von den Stängeln zupfen. Die Blättchen grob zerschneiden.

9. Die Korianderblättchen mit dem Gurken-Sprossen-Salat und den Keimlingen vermischen. Den Salat nochmals mit den Gewürzen abschmecken.

10. Wasabi-Seelachs mit dem Salat auf Tellern anrichten und servieren.

Beilage: Langkornreis.

Weißkohlsalat mit Speck I

Klassisch

6 Portionen

Pro Portion: E: 4 g, F: 11 g, Kh: 8 g, kJ: 621, kcal: 148, BE: 0,5

1 kleiner Weißkohl (etwa 750 g)
2 rote Paprikaschoten
Salz
gem. Pfeffer
100 g fetter Speck
1 gestr. TL mittelscharfer Senf
etwas Weinessig
1/2 TL Zucker

Zubereitungszeit: 25 Minuten

1. Weißkohl putzen, vierteln und den Strunk herausschneiden. Weißkohl abspülen, abtropfen lassen, fein hobeln oder schneiden. Weißkohl in ein Sieb geben, mit kochendem Wasser überbrühen und anschließend gut abtropfen lassen.

2. Paprika halbieren, entstielen, entkernen und die weißen Scheidewände entfernen. Die Schoten abspülen, abtropfen lassen und in Streifen schneiden. Den Weißkohl in eine Schüssel geben und mit den Paprikastreifen gründlich mischen. Den Salat mit Salz und Pfeffer würzen.

3. Speck in kleine Würfel schneiden, in einer Pfanne ohne Fett goldbraun ausbraten und zu der Weißkohl-Paprika-Mischung geben. Den Salat mit Senf, Essig und Zucker würzen. Anschließend nochmals mit Salz und Pfeffer abschmecken.

Wiener Schnitzel | Klassisch

4 Portionen

Pro Portion: E: 30 g, F: 15 g, Kh: 23 g, kJ: 1452, kcal: 347, BE: 2,0

4 Kalbsschnitzel (je etwa 120 g, aus der Oberschale) oder
8 kleine Schnitzel (je etwa 60 g)
Salz, gem. Pfeffer
2 Eier (Größe M)
2 EL Schlagsahne
50 g Weizenmehl
150 g Semmelbrösel
200 g Butterschmalz oder Margarine
4 Bio-Zitronenscheiben (unbehandelt, ungewachst)

Zubereitungszeit: 30 Minuten

1. Die Schnitzel mit Küchenpapier trocken tupfen. Die Schnitzel etwas dünner klopfen, mit Salz und Pfeffer würzen.

2. Die Eier mit der Sahne in einem tiefen Teller schaumig schlagen. Schnitzel zunächst in Mehl wenden, überschüssiges Mehl abklopfen, dann durch die Eiersahne ziehen, am Schüsselrand abstreifen und zuletzt in Semmelbröseln wenden. Panade leicht andrücken.

3. Butterschmalz oder Margarine evtl. portionsweise in einer großen Pfanne gut erhitzen. Die Schnitzel darin leicht schwimmend von jeder Seite je nach Größe 2–3 Minuten braten.

4. Anschließend die Schnitzel herausnehmen und auf Küchenpapier abtropfen lassen.

5. Die Schnitzel mit Zitronenscheiben anrichten.

Beilage: Bratkartoffeln oder Kartoffelsalat und grüner Blattsalat.

Tipps: Die Panade nicht zu fest andrücken, damit sie schön locker wird und sich beim Braten leicht wellt. Die Kalbsschnitzel können Sie durch Schweineschnitzel ersetzen. Diese dann 3–4 Minuten braten.

Wirsing in Orangen-Senf-Rahm zu Minuten-Schnitzelchen I

Klassiker mal anders

2 Portionen

Pro Portion: E: 32 g, F: 14 g, Kh: 21 g, kJ: 1428, kcal: 341, BE: 1,5

2	*Zwiebeln*
700 g	*junger Wirsing*
2 EL	*Sonnenblumenöl*
	Salz, gem. Pfeffer
1/4 TL	*Gemüsebrühenpulver*
etwa 2 TL	*mittelscharfer Senf*
150 g	*Sahne zum Kochen (7 % Fett)*
150 ml	*Orangensaft*
200 g	*Minuten-Schnitzelchen*

Zubereitungszeit: 30 Minuten

1. Zwiebeln abziehen und in kleine Würfel schneiden. Wirsing putzen, vierteln und den Strunk herausschneiden. Wirsingviertel abspülen, abtropfen lassen und in etwa 2 cm dicke Spalten schneiden. Dabei die harten Blattrippen entfernen.

2. Einen Esslöffel Sonnenblumenöl in einem Topf erhitzen, Zwiebelwürfel darin andünsten. Wirsingspalten hinzugeben und von beiden Seiten anbraten, mit Salz, Pfeffer und Gemüsebrühenpulver würzen.

3. Senf mit Sahne und Orangensaft verschlagen, zu den Wirsingspalten in den Topf geben, zum Kochen bringen und zugedeckt etwa 10 Minuten bei schwacher Hitze dünsten.

4. In der Zwischenzeit Schnitzelchen mit Küchenpapier trocken tupfen, mit Salz und Pfeffer würzen. Restliches Sonnenblumenöl in einer beschichteten Pfanne erhitzen. Die Schnitzelchen darin von beiden Seiten braun braten.

5. Den Wirsing nochmals mit den Gewürzen abschmecken und mit den Schnitzelchen anrichten.

Beilage: Salzkartoffeln oder Roggenmischbrot.

Wirsingsuppe mit Kräuter-Pesto I

Gut vorzubereiten – für Kinder

4 Portionen

Pro Portion: E: 39 g, F: 21 g, Kh: 34 g, kJ: 2003, kcal: 478, BE: 2,5

1,3 l heißes Wasser
2 EL körnige Brühe (Instant)
1 Lorbeerblatt
2 Gewürznelken
2 Pimentkörner
1 Zwiebel
Salz
gem. Pfeffer
1 Hähnchenbrust mit Knochen (etwa 500 g)
1 mittelgroßer Kohlrabi (etwa 450 g)
3 Möhren (etwa 300 g)
1 kleiner Wirsing (etwa 500 g)
125 g Suppennudeln, z. B. Mini-Muschelnudeln

Für das Pesto:

1 großes Bund glatte Petersilie
6 EL Olivenöl
2 EL Brühe (von der Suppe)
1 TL abgeriebene Schale von 1 Bio-Zitrone (unbehandelt, ungewachst)
2 EL ger. Parmesan

Zubereitungszeit: 25 Minuten

1. Für die Suppe heißes Wasser, Brühe, Lorbeerblatt, Gewürznelken und Pimentkörner in einem Topf zum Kochen bringen. Zwiebel abziehen, in Spalten schneiden und hinzugeben. Mit 1 ½ gestrichenen Teelöffeln Salz und Pfeffer würzen.

2. Hähnchenbrust kurz unter fließendem kalten Wasser abspülen, abtropfen lassen und in die kochende Brühe geben. Die Hähnchenbrust etwa 20 Minuten bei schwacher Hitze kochen lassen.

3. In der Zwischenzeit Kohlrabi schälen, abspülen und abtropfen lassen. Möhren putzen, schälen und abtropfen lassen. Kohlrabi und Möhren in kleine Stücke schneiden. Kohlrabi- und Möhrenstücke nach etwa 10 Minuten Garzeit der Hähnchenbrust in die Brühe geben und mitgaren lassen.

4. Wirsing putzen, halbieren und den Strunk herausschneiden. Kohlhälften abspülen, abtropfen lassen, in grobe Streifen schneiden. Kohlstreifen und Nudeln in die Suppe geben, wieder zum Kochen bringen und weitere etwa 8 Minuten mitgaren lassen.

5. Die Hähnchenbrust mit einer Schaumkelle aus der Brühe nehmen und kurz abkühlen lassen. Das Fleisch von den Knochen lösen und die Haut entfernen. Das Fleisch in Scheiben schneiden, in die Suppe geben und nochmals kurz erhitzen. Von der Brühe etwa 2 Esslöffel abnehmen.

6. Für das Pesto Petersilie abspülen und trocken tupfen. Die groben Stiele abschneiden. Petersilie, Olivenöl, Brühe und Zitronenschale in einen hohen Rührbecher geben und mit einem Stabmixer pürieren. Parmesan unterrühren. Pesto mit Salz und Pfeffer würzen.

7. Die Suppe mit den Fleischscheiben in tiefen Tellern anrichten. Das Kräuter-Pesto nach Geschmack daraufgeben oder dazureichen.

Wurst-Käse-Salat I

Herzhafter Frühstückssnack

4 Portionen

Pro Portion: E: 28 g, F: 52 g, Kh: 4 g, kJ: 2461, kcal: 588, BE: 0,0

250 g Zwiebeln
250 g Emmentaler
350 g Fleischwurst
75 g abgetropfte Gewürzgurken (aus dem Glas)

Für die Sauce:

2 EL Weißweinessig
2 EL Wasser
1 TL mittelscharfer Senf
Salz
gem. Pfeffer
Zucker
4 EL Speiseöl, z. B. Sonnenblumenöl

1 EL Schnittlauchröllchen

Zubereitungszeit: 25 Minuten

1. Zwiebeln abziehen, zunächst in Scheiben schneiden, dann in Ringe teilen. Zwiebelringe in kochendem Wasser etwa 2 Minuten blanchieren, dann in ein Sieb geben und abtropfen lassen.

2. Emmentaler entrinden und in Streifen schneiden. Die Fleischwurst enthäuten. Die Fleischwurst und Gewürzgurken in Scheiben schneiden, Wurstscheiben evtl. halbieren.

3. Für die Sauce Essig mit Wasser, Senf, Salz, Pfeffer und Zucker verrühren. Das Speiseöl unterschlagen. Die Salatzutaten mit der Sauce vermengen und den Wurst-Käse-Salat mit Schnittlauchröllchen bestreut servieren.

Tipps: Den Wurst-Käse-Salat als kleine Mahlzeit mit Laugenbrötchen oder -brezeln oder als Partysalat servieren. Sie können den Salat auch mit Geflügelfleischwurst oder Kasseler zubereiten. Der Salat schmeckt gut durchgezogen noch besser.

Würzige Kartoffel-Bohnen-Suppe I

Löffel für Löffel genießen

4 Portionen

Pro Portion: E: 17 g, F: 15 g, Kh: 31 g, kJ: 1395, kcal: 332, BE: 2,5

300 g Kartoffeln
2 Zwiebeln (etwa 150 g)
500 g weiße Bohnenkerne (aus der Dose)
4 Salbeiblättchen
2 EL Speiseöl
1 l Gemüsebrühe
Salz
gem. Pfeffer
200–300 g Pfifferlinge
150 g frische Steinpilze
100 g Cabanossi
evtl. 1 EL Speiseöl

Zubereitungszeit: 30 Minuten

1. Kartoffeln schälen, abspülen, abtropfen lassen und in Würfel schneiden. Die Zwiebeln abziehen und klein würfeln. Die Bohnen in ein Sieb geben, mit kaltem Wasser abspülen und abtropfen lassen. Salbeiblättchen abspülen und trocken tupfen.

2. Speiseöl in einem großen Topf erhitzen. Zwiebel- und Kartoffelwürfel darin andünsten. Die Bohnen und Salbeiblättchen hinzugeben, unter Rühren kurz mit andünsten. Die Brühe hinzugießen, mit wenig Salz und Pfeffer würzen. Die Zutaten zum Kochen bringen und zugedeckt etwa 20–30 Minuten bei schwacher Hitze kochen lassen.

3. In der Zwischenzeit die Pfifferlinge und Steinpilze putzen, evtl. kurz abspülen und trocken tupfen. Große Pfifferlinge und Steinpilze halbieren.

4. Cabanossi in Scheiben schneiden, in einer Pfanne ohne Fett von beiden Seiten knusprig anbraten und herausnehmen. Pfifferlinge und Steinpilze in dem verbliebenen Bratfett (evtl. 1 Esslöffel Speiseöl hinzufügen) unter Rühren kräftig anbraten, mit Salz und Pfeffer würzen.

5. Pilze und Cabanossischeiben in die Suppe geben und kurz mitkochen lassen. Die Suppe mit Salz und Pfeffer abschmecken und servieren.

Zander auf dem Fenchelbett

Für Gäste

4 Portionen

Pro Portion: E: 28 g, F: 5 g, Kh: 5 g, kJ: 748, kcal: 178, BE: 0,5

2 Fenchelknollen (je etwa 200 g)
200 g Cocktailtomaten
1 Zucchini (etwa 200 g)
8 Stängel Zitronenthymian
Salz
gem. Pfeffer
Saft von 1 Limette
evtl. etwas Knoblauchpulver oder 1 abgezogene Knoblauchzehe
4 kleine Zanderfilets (je etwa 130 g)
evtl. einige Spalten von 1 Bio-Limette (unbehandelt, ungewachst)

Außerdem:

4 Auflaufförmchen

Zubereitungszeit: 20 Minuten
Garzeit: 15–20 Minuten

1. Den Backofen vorheizen.
Ober-/Unterhitze: etwa 220 °C
Heißluft: etwa 200 °C

2. Die Fenchelknollen putzen, abspülen, abtropfen lassen, Fenchelgrün beiseitelegen. Knollen längs halbieren und anschließend quer in Streifen schneiden.

3. Die Tomaten abspülen, abtrocknen, halbieren und evtl. die Stängelansätze herausschneiden. Zucchini abspülen, abtrocknen und die Enden abschneiden. Zucchini längs vierteln, dann quer in schmale Stücke schneiden.

4. Zitronenthymian abspülen und trocken tupfen. Die Blättchen von den Stängeln zupfen. Etwa 4 Stängel zum Garnieren beiseitelegen.

5. Die Fenchelstreifen mit den Tomatenhälften und Zucchinistücken in einer Schüssel gut vermischen. Die Gemüsemischung mit den Thymianblättchen, Salz, Pfeffer und der Hälfte des Limettensaftes würzen.

6. Gemüse nach Belieben zusätzlich mit Knoblauchpulver oder 1 zerdrückten Knoblauchzehe würzen.

7. Die Zanderfilets kurz unter fließendem kalten Wasser abspülen und trocken tupfen.

8. Zanderfilets mit Salz und Pfeffer würzen, mit dem restlichen Limettensaft beträufeln.

9. Die Gemüsemischung in 4 feuerfeste Auflaufförmchen (gefettet) geben und die Zanderfilets darauflegen.

10. Auflaufförmchen auf dem Rost in den vorgeheizten Backofen schieben. Die Zanderfilets **15–20 Minuten garen.**

11. Zanderfilets mit dem beiseitegelegten Fenchelgrün, den Thymianstängeln und evtl. den Limettenspalten garnieren.

Beilage: Salzkartoffeln.

Tipps: Wenn Sie keinen Zitronenthymian bekommen, können Sie ebenso gut Thymian verwenden. Sie können auch tiefgekühlte Zanderfilets verwenden. Diese müssen nur so lange angetaut werden, dass sie sich voneinander lösen lassen. Sie können das Gericht auch in einer großen Auflaufform zubereiten. Die Garzeit ändert sich dadurch nicht.

Zaziki | Klassisch

5 Portionen

Pro Portion: E: 9 g, F: 11 g, Kh: 5 g, kJ: 649, kcal: 155, BE: 0,5

250 g Joghurt (10 % Fett)
250 g Magerquark
2 EL Zitronensaft
2 EL Olivenöl
1/2 Salatgurke (etwa 200 g)
2–3 Knoblauchzehen
1/2 gestr. TL Salz
gem. weißer Pfeffer

einige schwarze Oliven

Zubereitungszeit: 15 Minuten

1. Joghurt, Quark, Zitronensaft und Olivenöl in eine Rührschüssel geben und glatt rühren.

2. Die Gurke schälen, der Länge nach halbieren und die Kerne mit einem Löffel herauskratzen. Dann die Gurke auf der Haushaltsreibe grob raspeln. Gurkenraspel zur Joghurt-Quark-Masse in die Rührschüssel geben.

3. Knoblauch abziehen und durch eine Knoblauchpresse direkt in die Rührschüssel drücken. Die Gurkenraspel und Knoblauch gut unterrühren. Zaziki mit Salz und Pfeffer würzen und abschmecken. Zaziki bis zum Servieren zugedeckt in den Kühlschrank stellen.

4. Zaziki vor dem Servieren in eine hübsche Schüssel umfüllen. Die Oliven in einem kleinen Schälchen dazustellen.

Beilage: Fladenbrot.

Tipps: Je länger Zaziki steht, desto intensiver und schärfer wird der Geschmack. Zaziki nach Belieben mit einigen Gurkenraspeln garnieren.

Zimttoasts mit Obstspießen I

Süße Mahlzeit

4 Portionen

Pro Portion: E: 8 g, F: 11 g, Kh: 40 g, kJ: 1219, kcal: 292, BE: 3,5

3	*Eier (Größe M)*
125 ml	*Milch (3,5 % Fett)*
1 EL	*Zucker*
1/2 gestr. TL	*gem. Zimt*
2	*Kiwis*
2 Scheiben	*Ananas (aus der Kühltheke)*
8	*Erdbeeren*
3–4 Stängel	*Minze oder Zitronenmelisse*
1 1/2–2 EL	*flüssiger Honig*
60 g	*Butter oder Margarine*
8 Scheiben	*Toastbrot*

Außerdem:

8 Holzspieße

Zubereitungszeit: 30 Minuten

1. Eier mit Milch, Zucker und Zimt in einer flachen Schale verschlagen.

2. Die Kiwis schälen und in je 4 Scheiben schneiden. Ananasscheiben vierteln. Erdbeeren abspülen, trocken tupfen und entstielen.

3. Minze oder Zitronenmelisse abspülen und gut trocken tupfen. Die Blättchen von den Stängeln zupfen, Blättchen in feine Streifen schneiden.

4. Je 1 Ananasstück, 1 Kiwischeibe und 1 Erdbeere auf 8 Holzspieße aufreihen. Die Früchte mit Honig bestreichen und mit Minze- oder Zitronenmelissestreifen bestreuen.

5. Butter oder Margarine in einer beschichteten Pfanne erhitzen. Die Toastbrotscheiben halbieren, durch die Eiermilch ziehen, am Schalenrand abstreifen und in dem erhitzten Fett von beiden Seiten braten.

6. Die Zimttoasts mit den Obstspießen auf Tellern anrichten und sofort servieren.

Zitronen-Parmesan-Suppe I

Raffiniert

4 Portionen

Pro Portion: E: 26 g, F: 40 g, Kh: 10 g, kJ: 2129, kcal: 509, BE: 1,0

40 g	*Butter*
2 EL	*Weizenmehl*
1 l	*heiße Geflügelbrühe*
200 g	*Schlagsahne*
2	*Bio-Zitronen (unbehandelt, ungewachst)*
100 g	*Rucola (Rauke)*
4 EL	*Olivenöl*
	Salz
4 EL	*ger. Parmesan*
2	*Hähnchenbrustfilets (etwa 300 g)*
	gem. Pfeffer

Zubereitungszeit: 25 Minuten

1. Die Butter in einem Topf zerlassen. Das Mehl darin unter Rühren so lange erhitzen, bis es hellgelb ist. Nach und nach die heiße Brühe unter Rühren hinzugießen. Dabei darauf achten, dass keine Klümpchen entstehen.

2. Die Brühe unter Rühren zum Kochen bringen. Die Sahne hinzugießen und unter gelegentlichem Rühren etwa 10 Minuten bei schwacher Hitze kochen.

3. In der Zwischenzeit die Zitronen heiß abwaschen, abtrocknen und die Schale abreiben. 1–2 Teelöffel der Zitronenschale zum Garnieren beiseitelegen. Zitrone halbieren und den Saft auspressen. Rucola verlesen und dicke Stiele entfernen. Rucola abspülen und trocken tupfen. Einige Rucolablättchen zum Garnieren beiseitelegen. Restliche Blättchen in Stücke zupfen und in einen Rührbecher geben. Olivenöl und 1 Prise Salz hinzugeben, mit einem Pürierstab pürieren. Die Zitronenschale, Parmesan und die Hälfte des Zitronensaftes in die Suppe geben und nochmals pürieren.

4. Die Hähnchenbrustfilets kurz unter fließendem kalten Wasser abspülen und trocken tupfen. Die Filets in etwa 2 cm große Würfel schneiden, mit Salz und Pfeffer würzen. Hähnchenfleischwürfel in die Suppe geben und etwa 5 Minuten bei schwacher Hitze gar ziehen lassen. Die Suppe nach Belieben nochmals mit Zitronensaft und Salz abschmecken.

5. Die Suppe in tiefen Tellern oder Suppentassen verteilen. Suppe mit jeweils 1 Esslöffel Rucolaöl, beiseitegelegten Rucolablättchen und der beiseitegelegten Zitronenschale garnieren und heiß servieren.

Zitronen-Pasta-Salat | Warm genießen

4 Portionen

Pro Portion: E: 12 g, F: 14 g, Kh: 50 g, kJ: 1586, kcal: 378, BE: 4,0

2 1/2 l Wasser
2 1/2 gestr. TL Salz
250 g Nudeln, z. B. Penne oder Rigatoni
60 g abgetropfte, schwarze Oliven mit Stein, z. B. Kalamata
1 Bio-Zitrone (unbehandelt, ungewachst)
600 g Cocktailtomaten
4 Stängel Basilikum
3–4 EL Olivenöl
40 g abgetropfte Kapern
1/4–1/2 EL Chiliflocken
Salz
200 ml Gemüsebrühe
20 g fein ger. Parmesan

Zubereitungszeit: 25 Minuten

1. Das Wasser in einem großen Topf zugedeckt zum Kochen bringen. Dann Salz und Nudeln hinzugeben. Die Nudeln im geöffneten Topf bei mittlerer Hitze nach Packungsanleitung bissfest kochen, dabei gelegentlich umrühren.

2. In der Zwischenzeit die Oliven vom Stein schneiden. Die Zitrone heiß abwaschen, abtrocknen und die Schale mit einem Zestenreißer fein abziehen. Zitrone halbieren, den Saft auspressen und 4 Esslöffel davon abmessen.

3. Tomaten abspülen, abtrocknen, halbieren und die Stängelansätze herausschneiden. Basilikum abspülen und trocken tupfen. Die Blättchen von den Stängeln zupfen. Blättchen grob zerschneiden.

4. Olivenöl in einer großen Pfanne erhitzen. Tomatenhälften, Kapern, Oliven, Chiliflocken und Zitronenzesten darin etwa 1 Minute unter Rühren anbraten, mit Salz würzen. Die Zutaten mit dem abgemessenen Zitronensaft und der Gemüsebrühe ablöschen, zum Kochen bringen und auf die Hälfte einkochen lassen. Basilikum untermischen.

5. Die gegarten Nudeln in ein Sieb geben (nicht abschrecken!) und gut abtropfen lassen.

6. Die vorbereiteten Salatzutaten mit den Nudeln mischen. Den Zitronen-Pasta-Salat mit Parmesan bestreuen und warm servieren.

Zucchini-Käse-Suppe

Vegetarisch – mit Alkohol

4 Portionen

Pro Portion: E: 13 g, F: 28 g, Kh: 14 g, kJ: 1667, kcal: 399, BE: 1,0

500 g Zucchini
30 g Butter oder Margarine
1 Knoblauchzehe
2–3 EL Weizenmehl
750 ml heiße Gemüsebrühe
200 ml trockener Weißwein
80 g Gouda im Stück
200 g Sahne-Schmelzkäse
1 Bund Dill
Salz, gem. Pfeffer

Zubereitungszeit: 25 Minuten

1. Für die Suppe Zucchini waschen, abtrocknen und die Enden abschneiden. Die Zucchini grob raspeln. Butter oder Margarine in einem Topf zerlassen. Die Zucchiniraspel darin andünsten.

2. Knoblauch abziehen, durch eine Knoblauchpresse drücken und zu den Zucchiniraspeln in den Topf geben. Mehl daraufstäuben und kurz mit andünsten.

3. Brühe und Wein hinzugießen und gut unterrühren. Dabei darauf achten, dass keine Klümpchen entstehen. Die Zutaten unter Rühren zum Kochen bringen und 3–5 Minuten kochen lassen.

4. Den Käse grob reiben, mit dem Schmelzkäse in die Suppe geben und unter Rühren schmelzen lassen.

5. Dill abspülen und trocken tupfen. Die Spitzen von den Stängeln zupfen, einige zum Garnieren beiseitelegen, Dill klein schneiden.

6. Die Zucchini-Käse-Suppe mit Salz und Pfeffer abschmecken, in tiefen Tellern oder Suppentassen verteilen. Mit den beiseitegelegten Dillspitzen garnieren und sofort servieren.

Tipp: Möchten Sie die Suppe ohne Alkohol zubereiten, erhöhen Sie die Menge der Gemüsebrühe entsprechend.

Züricher Geschnetzeltes I

Klassisch – mit Alkohol

4 Portionen

Pro Portion: E: 29 g, F: 35 g, Kh: 9 g, kJ: 2052, kcal: 491, BE: 0,5

2 mittelgroße Zwiebeln
500 g Kalbfleisch (aus der Keule)
2 EL Weizenmehl
3 EL Butter oder Margarine
125 ml Weißwein
250 g Schlagsahne
Salz, gem. Pfeffer
Zucker

Zubereitungszeit: 30 Minuten

1. Die Zwiebeln abziehen und klein würfeln. Das Fleisch mit Küchenpapier trocken tupfen und in hauchdünne Scheiben schneiden. Fleischscheiben mit Mehl bestäuben.

2. Von der Butter oder Margarine 1 Esslöffel in einer beschichteten Pfanne zerlassen. Ein Viertel der Zwiebelwürfel und die Hälfte der Fleischscheiben darin etwa 2 Minuten unter gelegentlichem Wenden braten (Fleisch darf nicht braun werden!) und aus der Pfanne nehmen. Das Fleisch in einer Schüssel warm stellen, mit einem Teller zudecken.

3. Wieder 1 Esslöffel Butter oder Margarine in der Pfanne zerlassen. Dann die restlichen Fleischscheiben und ein weiteres Viertel der Zwiebelwürfel hineingeben und auf die gleiche Weise zubereiten.

4. Die restliche Butter oder Margarine zerlassen, restliche Zwiebelwürfel darin etwa 3 Minuten dünsten und mit Wein ablöschen. Die Sahne und die warm gestellten Fleischscheiben hinzufügen, mit Salz, Pfeffer und 1 Prise Zucker würzen. Das Geschnetzelte etwa 5 Minuten erhitzen und sofort servieren.

Beilage: Berner Rösti, Spätzle oder Reis und Blattsalat.

Tipp: Sie können zusätzlich 200 g geputzte und in Scheiben geschnittene Champignons mit der letzten Portion Zwiebelwürfel andünsten. Dann wie im Rezept beschrieben weiter zubereiten.

Zweierlei Blitz-Kartoffelsalate I

Kartoffelsalat mit Limette und Forelle

(im Foto oben)

Würzig

2 Portionen

Pro Portion: E: 15 g, F: 34 g, Kh: 35 g, kJ: 2142, kcal: 512, BE: 3,0

2	*geräucherte Forellenfilets ohne Haut (etwa 100 g)*
1	*Bio-Limette (unbehandelt, ungewachst)*
etwa 4 Stängel	*Petersilie*
2 TL	*Sahnemeerrettich (aus dem Glas)*
400 g	*Westfälischer Kartoffelsalat mit Ei und Gurke (aus dem Kühlregal)*
	Salz
	gem. Pfeffer
	Zucker

Zubereitungszeit: 15 Minuten

1. Forellenfilets in eine Schüssel geben. Die Filets mit einer Gabel fein zerpflücken. Limette heiß abwaschen, abtrocknen und die Schale abreiben. Limette halbieren und den Saft auspressen.

2. Petersilie abspülen und trocken tupfen. Die Blättchen von den Stängeln zupfen. Die Blättchen klein schneiden. Limettenschale, -saft, Sahnemeerrettich, Petersilie und den Kartoffelsalat zu den zerpflückten Forellenfilets in die Schüssel geben. Die Zutaten gut vermischen. Salat mit Salz, Pfeffer und Zucker abschmecken.

Tipp: Den Salat nach Belieben mit Bio-Limettenscheiben garniert servieren.

Kartoffelsalat mit Tunfisch und Avocado

(im Foto unten)

Herzhaft – fruchtig

3–4 Portionen

Pro Portion: E: 28 g, F: 48 g, Kh: 23 g, kJ: 2663, kcal: 636, BE: 1,5

150 g	*abgetropfter Tunfisch in Öl (aus der Dose)*
2	*Avocados*
4	*Frühlingszwiebeln*
1	*Bio-Zitrone (unbehandelt, ungewachst)*
400 g	*Kartoffelsalat mit Crème fraîche und Zwiebeln (aus dem Kühlregal)*
	Salz
	gem. Pfeffer
	Zucker

Zubereitungszeit: 20 Minuten

1. Tunfisch mit einer Gabel in Stücke zupfen. Avocados der Länge nach halbieren und jeweils den Stein herauslösen. Avocados schälen und in dünne Scheiben schneiden.

2. Frühlingszwiebeln putzen, abspülen, abtropfen lassen und in dünne Scheiben schneiden. Die Zitrone heiß abwaschen, abtrocknen und die Schale abreiben. Zitrone halbieren und den Saft auspressen.

3. Kartoffelsalat, Tunfischstücke, Avocado-, Frühlingszwiebelscheiben, Zitronenschale und -saft in einer Schüssel vorsichtig vermischen.

4. Den Kartoffelsalat mit Salz, Pfeffer und Zucker abschmecken.

Tipp: Den Salat portionsweise in Salatschälchen, ausgelegt mit grünen Salatblättern, anrichten.

Zwiebelmett-Pizza I

Leckerer Abendsnack

4 Portionen

Pro Portion: E: 38 g, F: 35 g, Kh: 67 g, kJ: 3097, kcal: 740, BE: 5,5

Für den Teig:

300 g Weizenmehl
1 gestr. TL Salz
1 TL Zucker
175 ml Milch (3,5 % Fett)

Für den Belag:

400 g abgetropfte, stückige Tomaten (aus der Dose)
Salz
gem. schwarzer Pfeffer
Zucker
2 EL Olivenöl
400 g Zwiebelmett
200 g ger. Gouda oder Mozzarella oder Pizzakäse
1 mittelgroße Zwiebel
12 Stängel Thymian

Zubereitungszeit: 25 Minuten
Backzeit: etwa 12 Minuten je Backblech

1. Für den Teig das Mehl in eine Rührschüssel geben. Salz, Zucker und Milch hinzugeben. Die Zutaten mit einem Mixer (Knethaken) zunächst kurz auf niedrigster, dann auf höchster Stufe zu einem glatten Teig verarbeiten. Den Teig kurz ruhen lassen.

2. Für den Belag in der Zwischenzeit stückige Tomaten mit einem Pürierstab pürieren. Die Tomatensauce mit Salz, Pfeffer, 1 Prise Zucker und Olivenöl würzen.

3. Den Backofen vorheizen.
Ober-/Unterhitze: etwa 220 °C
Heißluft: etwa 200 °C

4. Den Teig in 4 gleich große Portionen teilen und jeweils auf einer leicht bemehlten Arbeitsfläche zu einem flachen, runden Fladen ausrollen. Je 2 Fladen auf ein Backblech (mit Backpapier belegt) legen.

5. Die Teigfladen mit der Tomatensauce bestreichen. Zwiebelmett aus der Haut drücken, mit den Händen in kleine Stücke zupfen und auf der Tomatensauce verteilen. Mit Käse bestreuen. Die Zwiebel abziehen, in Streifen schneiden und auf die Pizzen legen.

6. Die Backbleche nacheinander (bei Heißluft zusammen) in den vorgeheizten Backofen schieben. Pizzen **etwa 12 Minuten je Backblech knusprig braun backen.**

7. In der Zwischenzeit Thymian abspülen und trocken tupfen. Die Thymianstängel nach etwa 10 Minuten Backzeit auf den Pizzen verteilen und die Pizzen fertig backen.

8. Die Pizzen vom Backpapier lösen und auf Pizzatellern verteilen. Die Pizzen mit Pfeffer bestreuen. Sofort servieren.

Tipps: Die Zwiebelmett-Pizza mit frisch gezapftem Bier oder leichtem Weißwein servieren. 1 Teelöffel abgetropfte Kapern nach den Zwiebelstreifen auf der Pizza verteilt, erhöht den „Lecker"-Effekt. Sie können auch einen fertigen Pizzateig (aus dem Kühlregal) verwenden.

Abwandlung: Anstelle der Tomatensauce einfach 300 g Crème fraîche mit Salz und Pfeffer abschmecken, auf den ausgerollten Teigfladen verteilen und die Pizzen wie ab Punkt 5 beschrieben weiter zubereiten.

Zwiebelpfannkuchen mit Kokossauce

Würzig

4 Portionen

Pro Portion: E: 6 g, F: 37 g, Kh: 41 g, kJ: 2164, kcal: 520, BE: 3,0

Für den Zwiebelteig:

350 g Zwiebeln
3 EL Klebreis (gegart)
8 EL Weizenmehl
125 ml Wasser
Salz
½ TL Zucker
2 EL Speiseöl

Für die Kokossauce:

375 ml ungesüßte Kokosmilch
2 EL Tomatenketchup
1 ½ gestr. TL Sambal Oelek
1 ½ EL Zucker
½ gestr. TL Salz
¼ TL gem. weißer Pfeffer

5 EL Speiseöl
2 Frühlingszwiebeln

Zubereitungszeit: 25 Minuten

1. Für den Teig Zwiebeln abziehen, in kleine Stücke schneiden und in einer Schüssel mit Klebreis, Mehl, Wasser, 1 Prise Salz, Zucker und Speiseöl zu einem Teig vermengen.

2. Für die Sauce Kokosmilch, Ketchup, Sambal Oelek, Zucker, Salz und Pfeffer in einer Schale verrühren.

3. Zwei Esslöffel Speiseöl in einem Wok mit flachem Boden oder in einer Pfanne erhitzen. Die Hälfte der Zwiebelteigmasse in die Pfanne geben, sodass der Boden gleichmäßig bedeckt ist. Den Pfannkuchen von beiden Seiten bei mittlerer Hitze etwa 5 Minuten goldbraun backen.

4. Wieder 2 Esslöffel Speiseöl in dem Wok oder in der Pfanne erhitzen. Die restliche Teigmasse hineingeben und einen zweiten Pfannkuchen auf die gleiche Weise zubereiten. Die Pfannkuchen warm stellen.

5. In der Zwischenzeit die Frühlingszwiebeln putzen, abspülen, abtropfen lassen und in Scheiben schneiden. Einige Frühlingszwiebelscheiben zum Garnieren beiseitelegen.

6. Das restliche Speiseöl in dem Wok oder in der Pfanne erhitzen, die Frühlingszwiebelscheiben darin anbraten.

7. Die Saucenmischung hinzugießen, unter Rühren aufkochen lassen und bei schwacher Hitze etwa 2 Minuten kochen lassen.

8. Zum Servieren die Sauce über die Pfannkuchen gießen oder dazureichen. Die Zwiebelpfannkuchen mit den beiseitegelegten Frühlingszwiebelscheiben garnieren.

Tipps: Sie können aus dem Zwiebelteig auch kleinere Pfannkuchen backen (Foto). Dafür den Zwiebelteig portionsweise in den Wok oder in die Pfanne geben, etwas flach drücken und wie unter Punkt 3 beschrieben goldbraun backen. Statt der Kokossauce können Sie auch eine **Barbecue-Sauce** zubereiten: Dafür 1 klein gewürfelte Zwiebel mit 300 ml Tomatenketchup, ½ Esslöffel Sambal Oelek, ½ Kaffeepott starkem Espresso und 1 Esslöffel gehackter Petersilie in einen hohen Rührbecher geben und mit dem Pürierstab pürieren.

Suppen & Eintöpfe

Vegetarisches

Mit Fleisch & Wurst

Mit Fisch & Meeresfrüchten

Aus dem Ofen